U0913134

高尔夫球运动与管理专业精品教材

高尔夫球
规则与裁判

主　编◎高元龙
副主编◎楼恒阳　盛炜垚　何兵雄

中国旅游出版社

前　言

目前，全球已启用2023版的《高尔夫球规则》，国内已出版的高尔夫球规则相关书籍，尚未及时更新内容，或仅对规则内容方面进行阐述与演绎，缺少对规则的解释与应用指导。

本书基于作者近20年的高尔夫学习与从业经历，以及多年的赛事执裁经验，历经数次修改与完善；并融合互联网新技术，以嵌入二维码的形式，将有关知识点通过视频、图片以及PPT等数字资源进行多维度、立体化的呈现。纸质内容与数字资源一体化设计，实现线上线下混合式学习。

本书主要为开设高尔夫、休闲体育等专业（方向）的院校师生以及广大的高尔夫球运动爱好者编写，同时也可以作为高尔夫球裁判员的培训教材。

由于高尔夫类课程有许多理论和实践问题尚在探索之中，加上时间和编者水平所限，书中疏漏与不妥之处在所难免，敬请广大读者批评指正，以便不断修订与完善。

编　者

2023年12月

目　录 CONTENTS

第一章　高尔夫球规则发展简史 …… 1

第一节　高尔夫球规则发展历程 …… 1

第二节　高尔夫球规则的制定过程 …… 6

第二章　高尔夫球运动礼仪规范 …… 10

第一节　高尔夫礼仪概述 …… 10

第二节　常见高尔夫礼仪规范 …… 11

第三章　常用基本定义 …… 15

第一节　高尔夫球场的构成 …… 15

第二节　可能妨碍打球的物体或状况 …… 23

第三节　比赛参与者 …… 34

第四节　比赛相关的物品（装备）…… 37

第五节　处置及其程序 …… 41

第六节　比赛赛制 …… 50

第七节　其他定义 …… 52

第四章　高尔夫球比赛的基本原则 …… 58

第一节　高尔夫球运动、球员的行为和规则（规则 1）…… 58

第二节　球场（规则 2）…… 68

第三节　高尔夫球比赛（规则 3）…… 71
第四节　球员的装备（规则 4）…… 87

第五章　一轮和一洞比赛 …… 101
第一节　一轮比赛（规则 5）…… 101
第二节　一洞比赛（规则 6）…… 116

第六章　关于打球 …… 130
第一节　寻找球：找到和辨认球（规则 7）…… 130
第二节　在球场的现有状况下打球（规则 8）…… 135
第三节　在球的现有位置打球；静止中球被拿起或移动（规则 9）…… 150
第四节　准备击球与击球；助言与帮助；球童（规则 10）…… 163
第五节　运动中球意外撞到人、动物或物体；故意影响运动中球的行为（规则 11）…… 174

第七章　沙坑和推杆果岭的特定规则 …… 182
第一节　沙坑（规则 12）…… 182
第二节　推杆果岭（规则 13）…… 186

第八章　标记、拿起和擦拭球；放置球回原位；在补救区内抛球；从错误的地方打球（规则 14） …… 198

第九章　免罚补救 …… 218
第一节　散置障碍物和可移动妨碍物的补救（规则 15）…… 218
第二节　异常球场状况（含不可移动妨碍物）、危险动物情景及陷入地面的球的补救（规则 16）…… 225

第十章　罚杆补救 …… 239
第一节　罚杆区（规则 17）…… 239
第二节　一杆加距离补救；球遗失或出界；暂定球（规则 18）…… 247
第三节　不可打之球（规则 19）…… 259

第十一章 比赛中的争议及其裁决（规则 20） …… 265

第十二章 其他赛制 …… 277

第一节 个人比杆赛和比洞赛的其他赛制（规则 21）…… 277

第二节 四人二球赛（轮换击球赛）（规则 22）…… 286

第三节 四球赛（规则 23）…… 291

第四节 团体赛（规则 24）…… 306

第十三章 对残疾球员规则的修改（规则 25） …… 309

第十四章 差点系统的运用与管理 …… 319

第一节 差点系统简介 …… 319

第二节 球员如何获得差点 …… 321

第三节 差点系统在比赛中的应用 …… 323

参考文献 …… 327

附录 《高尔夫球规则》2023 版 …… 328

练习题参考答案 …… 334

第一章 高尔夫球规则发展简史

第一节 高尔夫球规则发展历程

众所周知，苏格兰人和英格兰人曾经玩过一种游戏，这种游戏经过漫长的演变后，成了现在的高尔夫球运动。不过，我们对那个年代的高尔夫球是怎样打的、规则是如何制定的等问题却无从得知。

在高尔夫球运动发展的初期，针对没有形成规则的原因，人们也是众说纷纭。大多数学者认为，在那个年代的高尔夫球比赛基本上是比洞赛，而打球的人都是些绅士，出现争议时都能以友好的方式解决，这可能是最具说服力的解释了。

直到 1744 年 3 月 7 日，苏格兰爱丁堡的城镇委员会通过一项决议，宣布每年 4 月的第一个周一举办一次高尔夫球比赛。为了举行这次比赛，史上第一部有文字记载的《高尔夫球规则》诞生了。这部规则由爱丁堡球员荣誉社团于 1744 年 3 月 7 日完成编写，虽然一共只有 13 条，却奠定了现代高尔夫球运动的基础。

从出现第一部规则至今，高尔夫球规则的发展过程大致可以分为四个阶段。每个阶段的开始和结束点，都有一些标志性的事件发生，或是技术上的创新和进步，或是经济的大发展。

第一阶段：1750 年至 1850 年——雏形期

18 世纪中叶英格兰和苏格兰的战争告一段落后，两国进入了和平时期，政治、经济形势相对稳定，这种局势促进了高尔夫球活动向有组织的方向发展。在苏格兰、英格兰开始出现高尔夫俱乐部或社团，其中包括著名的荣誉社团——皇家古老高尔夫俱乐部（R & A）。

这些社团之间的交流十分频繁，许多人同时是多个俱乐部的会员。他们利用自己的身份，在各个俱乐部之间组织了一些比赛。最初，大多数俱乐部都能遵循 1744 年荣誉社团制定的第一部规则组织比赛。

随着打球者和俱乐部数量的增加，在第一部书面规则面世后的一百多年间，各个俱乐部纷纷推出自己的规则。一时间，高尔夫球规则版本满天飞，最多时出现过 30 多个版本，但其中最具影响力的还是爱丁堡荣誉社团的版本和圣安德鲁斯社团的版本，其他俱乐部的规则多数都是以这两个社团的版本为蓝本而编写的。

到了 19 世纪 30 年代，爱丁堡荣誉社团在财政方面出现了困难，不得不连续几年削减活动开支。同时，荣誉社团所在的球场人满为患，引起了打球人的诸多抱怨。到了 1836 年，荣誉社团被迫转移到马瑟尔堡，以解决面临的困难。

同时，圣安德鲁斯的高尔夫球活动得到了蓬勃发展。1832 年，他们开拓性地在每个果岭上使用两个球洞。1834 年，威廉姆四世国王同意对圣安德鲁斯俱乐部提供资助。此后，圣安德鲁斯球员社团正式更名为“圣安德鲁斯皇家古老高尔夫俱乐部”（The Royal and Ancient Golf Club of St. Andrews，简称 R & A）。当时，“皇家”二字不是轻易就能获取的。之后，R & A 在规则制定方面的话语权逐渐加重。

第二阶段：1851 年至 1899 年——巩固期

在此阶段，高尔夫球运动在苏格兰和英格兰都得到了快速发展，究其原因主要有三个：

（1）苏格兰铁路系统发展迅猛。在 1837—1870 年，苏格兰全国的铁路里程增长了十几倍。不断发展的铁路系统让英格兰人比以往任何时候都能更加便利地造访苏格兰各个高尔夫球场，从南部的特伦到北部的奈恩和多诺赫，许多苏格兰的高尔夫中心地区都从中受益，并逐渐成为英格兰高尔夫爱好者的度假天堂，且延续至今。

（2）高尔夫俱乐部数量的剧增。从 19 世纪 80 年代到 19 世纪末，苏格兰和英格兰两国的高尔夫俱乐部数量发生井喷式增长。以苏格兰为例，从 1850 年至 1880 年，新增 62 个高尔夫俱乐部，年均新增 2 个；但 19 世纪 80 年代期间，则增加了 80 个，90 年代这一数字直接上升到 360 个。

（3）古塔胶球的出现。在 19 世纪下半叶古塔胶球出现前，人们使用的是木质球，后来是皮革球。皮革球制作费时、成本高且容易损坏。1848 年，亚当·帕森特发明了古塔胶球，非常结实耐用，并且很容易在磨损后重新磨制和上色。1880 年后，古塔胶球的模制技术更加成熟，这使它更加耐用并且价格大幅下降，被人们普遍接受。

综合以上因素，促成了高尔夫球运动在这个时期得到了前所未有的快速发展。

在此期间，圣安德鲁斯在规则制定方面的权威和影响力仍在不断扩大。虽然在 19 世纪的大部分时间，一些比较出名的高尔夫俱乐部一直使用自己制定的规则，但从 1881 年起，英国公开赛就开始全部采用 R & A 的规则了，这标志着在高尔夫球规则领域，R & A 已经开始确立了自己的权威和领导地位。

此时，应该使规则得到统一的呼声在英国越来越强烈。绝大多数英国的俱乐部都希望 R & A 能够领导大家制定出统一的高尔夫球规则。最初，R & A 的意见是组成一个新的委员会，这个委员会共有 14 名成员，其中 R & A 自己的会员占 7 席，其他俱乐部占 7 席。但是，因为其他俱乐部就谁有资格进入委员会的问题而争论不休，最终导致 R & A 的计划无法实施。

R & A 在 1897 年 9 月 28 日举行的全体会议上，对原来的方案进行了调整，授权俱乐部组建一个委员会，称为“高尔夫球规则委员会”（以下简称规则委员会）。这个委员会由 15 名 R & A 自己的会员组成，它的权力仅限于解释规则方面的问题，且他们的决定或解释是最终的。同时，这个委员会也可以在规则的修改方面提出自己的意见，但是规则修改必须得到出席全会的三分之二代表通过才成立。时至今日，高尔夫球规则委员会的授权仍然仅限于此。

规则委员会成立后，立即开始行使权力，在 1898 年 1 月 10 日举行的第二次会议上公布了七条判例。从此，高尔夫球规则开始以案例法的形式发展，现在已经演变成一种非常成熟的解释系统——《高尔夫球规则判例》。《高尔夫球规则判例》用独特的形式保证了规则能在全球范围内拥有一致的解释，很多时候，规则的变动都是以判例形式首先出现的。

1899 年 9 月 26 日，第一版由规则委员会提议的《高尔夫球规则》得到了 R & A 的认可。这版规则得到了全世界所有俱乐部和所有球场的遵守，所以它是高尔夫球历史上真正意义上第一部统一的规则。这部规则的公布，结束了高尔夫球项目 150 多年以来的分裂和混乱，为高尔夫球运动的进一步发展奠定了坚实基础。

第三阶段：1900 年至 1950 年——分化期

高尔夫球规则在 19 世纪最后十年所取得的稳定局面并没有持续太久。

当高尔夫球运动进入美国并生根发芽后，事情很快发生了一些微妙的变化。随着美国高尔夫球运动的快速发展，美国人对世界高尔夫的影响力也与日俱增。人们逐渐意识到，在规则方面，英国和美国处在天平的两端，两个巨人之间必须达成某种妥协，才能使全世界的高尔夫爱好者遵循统一的规则。

苏格兰人算得上是美国高尔夫的鼻祖。18 世纪末将这项运动带到美国的正是一些苏格兰移民。到了 19 世纪 80 年代，高尔夫在美国开始呈现出蓬勃发展的势头，大家很快意识到，有必要成立一个组织来对这项运动的发展进行统一协调。

在这个过程中，苏格兰移民仍然发挥了重要的作用。

1894 年 12 月 22 日，美国五个重量级俱乐部的代表聚在一起，商讨成立一个全国性的高尔夫组织。最初，他们把这个组织的名字定为“美国业余高尔夫球协会”。不过，这个名字只用了两个月就夭折了，因为在 1895 年 2 月 21 日，大家便开会决定起一个更响亮的名字——美国高尔夫球协会（也就是 USGA，以下简称“美国高协”）。这次会议上还拟定了协会的章程，其中的第十条明确指出：“美国高协的比赛使用苏格兰圣安德鲁斯皇家古老高尔夫俱乐部批准的《高尔夫球规则》”。

显然，美国高协在其成立之初，完全认可并接受 R & A 在规则方面的权威地位。之后很多年，美国高协的规则和 R & A 的规则一直保持高度一致，但在表面“和谐”的背后，是美国高协不断积累的对圣安德鲁斯规则的不满情绪。

其实，不仅是美国的高尔夫球员对 R & A 的规则有意见，许多其他国家和地区的球员也有意见。究其原因，是因为世界上很多地方打高尔夫的具体环境和条件与英国相去甚远，R & A 的规则在当时根本无法涵盖到这些地方。

后来，美国高协与 R & A 之间在球出界的处罚方式、钢杆身的使用、阻碍球、高尔夫球的尺寸等方面发生的分歧越来越大，以至于出现两大巨头之间随时可能分道扬镳的风险。

这时，第二次世界大战爆发了。战争期间肯定不是频繁讨论高尔夫球规则的时候，因此，双方的一些争议也暂时被搁置。但即使在战争结束后，也依旧看不出能解决这些问题的任何迹象。很多人开始认识到，R & A 和美国高协两大机构之间的严重分歧使高尔夫球运动的完整性受到了前所未有的威胁，世界高尔夫球运动已经面临分崩瓦解的危险局面。

第四阶段：1951 年至今——统一期

置身于规则制定过程中的所有人都不愿意让眼前的局面继续恶化下去。1951 年春，R & A 和美国高协的代表，加上澳大利亚高尔夫联合会和皇家加拿大高尔夫球协会的各一名代表，共 12 人聚在一起，讨论如何解决目前的困境。

会议先在伦敦举行，而后转到了圣安德鲁斯。会议最后一致同意建立一部全世界统一的规则。次年，由 R & A 和美国高协制定的“联合规则”开创了高尔夫球运动的一个新世纪。

这部新规则发布的时候，正值全球高尔夫人口迅速增长的时候。新版规则的发布，对大量刚刚接触高尔夫球运动的人群产生了巨大影响。

从 1968 年开始，高尔夫球规则的主体部分一直在全世界范围内保持一致。R & A 和美国高协在规则方面的分歧主要体现在“当地规则”部分。

从 1984 年开始，R & A 和美国高协决定对规则的结构进行大幅度调整和重组，事实证明，这项工作得到了全球各个高尔夫组织和专家的高度支持。1984 版规则基本奠定了现代《高尔夫球规则》的框架。

到了 2017 年，R&A 和 USGA 对规则再次进行了大幅度调整，新的规则更加适应现代特点，大大降低了处罚的严厉性，规则的内容从 34 条减少到 24 条，语言更加通俗易懂。2019 版《高尔夫球规则》，已于 2019 年 1 月 1 日起，在全球启用。

【拓展阅读】

自1744年第一部书面的《高尔夫球规则》问世，至今已有270多年的历史。在此期间，规则变化的频率之快、程度之深都很令人震惊。

之所以出现这样的局面，主要有以下几个方面的原因：

（1）高尔夫球比赛的客观条件发生了巨大变化。高尔夫球运动在18世纪时，还是一群苏格兰体育爱好者的一项游戏，而今已发展成一项规模庞大、组织严密、风靡全球的运动项目。全世界无数爱好者在追随它，为它痴迷。基于此，规则的制定者当然要考虑对规则进行适度调整，以适应这种变化。

（2）高尔夫球运动的装备和器材发生了很大变化。高尔夫球运动的装备和器材主要是球杆和球。随着各项高科技大量涌入球杆和球的研发制造领域，如今的球手已经很难想象几百年前人们是如何打高尔夫的了。对于如此翻天覆地的变化，规则的管理机构必须小心地保持一种平衡，既要让器材的变革推动高尔夫球运动的发展，又不能让它完全主导球员在场上的发挥。

（3）高尔夫球运动被逐步推向高度商业化。第二次世界大战后，职业高尔夫球运动被高度商业化，使得这项运动迅速得到发展。高度的职业化和商业化是现代高尔夫球运动最明显的两个特征，同时，也对规则产生了深远的影响。

以上因素结合在一起，使数百年间人们对待高尔夫球运动的态度和观念发生了根本转变，高尔夫球规则不可避免地要被不断修订，以适应不断增长的打球人口、更普遍的比赛条件、全世界千差万别的球场状况，以及人们不断更新的观念。

第二节　高尔夫球规则的制定过程

一、规则和判例的制定过程

通过学习高尔夫球规则的发展史，我们可以发现，R & A和美国高协在制定规则方面的领导力并非由哪一方规定，而是在漫长的历史发展过程中，经过越来越多的组织认可和同意而逐渐形成的。

如前所述，最初在英国确立自己的权威地位后，R & A 曾提议组建一个 14 人的委员会，其中 R & A 自己的代表占 7 席，其余俱乐部的代表占 7 席。但这项提议因为各俱乐部为谁有资格进入该委员会争论不休而终止。在此情况下，R & A 大胆决定提名一个完全由自己的会员组成的 15 人委员会，称为“规则委员会”。这样，在众多俱乐部的支持下，R & A 在英国牢固确立了自己在规则制定方面的领导地位。

鉴于英国，特别是苏格兰在高尔夫球运动发展方面无与伦比的特殊地位，R & A 在规则领域的领导地位迅速扩展到世界其他国家和地区。目前，全球已有 138 个国家和地区的 152 个高尔夫组织隶属于 R & A，并承认其在规则方面的领导地位。但是，美国和墨西哥不包括在内。这两个国家的高尔夫球规则由美国高协管理。

随着影响力不断向全球扩张，R & A 规则委员会的构成方式也发生了很大变化。现在规则委员会共有 24 名代表组成，其中 R & A 的代表占 12 名，世界其他高尔夫机构占 12 名，这些机构分别来自日本、澳大利亚、新西兰、美国、加拿大、南非等国家和欧洲、南美地区。R & A 规则委员会每年召开四次会议讨论有关规则的各项议题。

从 2004 年起，圣安德鲁斯皇家古老高尔夫俱乐部决定将其对《高尔夫球规则》和《业余身份规则》进行制定、解释并提供裁决的责任和权利转交给 R & A 规则有限公司。从那以后，当我们谈论规则说到 R & A 时，实际上指的是 R & A 规则有限公司，而并非圣安德鲁斯皇家古老高尔夫俱乐部。

R & A 和美国高协的高尔夫球规则委员会每年会面两次来讨论规则的修改。历经分分合合，时断时续的复杂历史关系后，现在 R & A 和美国高协在规则制定方面的合作已经空前紧密。双方同意，规则如发生任何变动，必须得到 R & A 和美国高协的完全赞同，也就是，只要有一方反对，规则就会维持原样。双方根据这个原则，每四年出版一本新的《高尔夫球规则》，并一直保持不间断的评估。

为了普及和推广规则，R & A 在每一版新规则颁布后，都自掏腰包制作近400万册英文版《高尔夫球规则》免费在全球发行。现在，《高尔夫球规则》已被翻译成30多种不同语言的版本，其中包括中文，成为大大方便全世界高尔夫球爱好者学习这项运动的法典。

高尔夫球是一项户外运动，比赛场地广阔，球场上发生的规则事件极为复杂多样，尽管规则中已包含了绝大多数的情况，但对规则的解释还需要借助于《高尔夫球规则判例》。每一版《高尔夫球规则判例》都包含了超过1200条判例，以便委员会进行参照，确保规则在全世界范围内得到正确、一致的应用。

R & A 和美国高协的规则委员会定期讨论判例的新增、修订和删减。判例每两年修改并出版一次。

二、高尔夫球规则的发展趋势

自1744年爱丁堡荣誉社团制定第一部书面高尔夫球规则以来，规则已经出现了许多不同形式的版本。虽然我们还可以从中发现某些主观和武断的痕迹，但总体而言，不同时期的规则修订和完善都是按照以下思路进行的：

——使规则条文的组织更具逻辑性；

——使规则前后更加一致；

——使规则的表述更加清晰和准确。

为适应全球范围内现代高尔夫球运动的发展，R & A 规则有限公司和美国高协于2012年开始联合开展了“高尔夫球规则现代化运动”，并形成了2019版《高尔夫球规则》。这是自1984年以来，对于规则做出的最大的修改。

由于新版规则相对旧版有巨大变动，未来仍然可能需要对新版不断修订以使其逐步完善。

【扩展阅读】

迄今为止，有关高尔夫球运动的起源存在诸多说法。荷兰、比利时、英格兰、中国等国家都有一些证据显示那里才是高尔夫球运动的发源地。但是，鉴于苏格兰在高尔夫球运动普及、推广等方面的巨大贡献及广泛的影响力，目前高尔夫球界普遍认同苏格兰才是高尔夫球运动真正的发源地。

据史料记载，苏格兰人在15世纪中叶之前就在玩一些类似于高尔夫球的游戏。苏格兰詹姆斯国王二世在1457年曾下令禁止苏格兰人踢足球和打高尔夫球。当时，苏格兰和英格兰之间的战事不断，苏格兰士兵痴迷于足球和高尔夫球而疏远了射箭场的行为，令詹姆斯国王大为恼火。对于国王来说，领地显然要比游戏更重要，于是就出现了以上的禁令。

直到1491年，詹姆斯国王四世仍然奉行其祖辈的政策，禁止臣民从事足球、高尔夫球以及其他所谓“不适宜”的体育活动。

不过，这一切最终因为时间的推移和一场意外的婚姻而被改变。

1502年，詹姆斯四世与英格兰玛格丽特公主订婚，而玛格丽特公主的兄长是英国历史上赫赫有名的亨利八世。因此，苏格兰与英格兰一下子由宿敌变成了亲家。这场婚姻不仅改变了苏格兰与英格兰之间的关系，而且还改变了高尔夫球运动的命运。仅仅一年后，就有人发现詹姆斯国王四世订制了一套高尔夫球杆。

此后，他与博斯维尔伯爵同场竞技，成为高尔夫历史有文字记载的第一场比赛。

英格兰和苏格兰皇家血脉之间的关系，对于高尔夫球运动的发展极为重要。据有关文献记载，1681年，约克公爵（即后来的詹姆斯七世）在爱丁堡的高尔夫球场与一个名叫约翰·帕特森的贫穷鞋匠搭档，打了一场四人二球赛。鞋匠虽然穷，但看起来高尔夫球却打得相当不错，因为他和约克公爵最后赢了这场比赛，并且分到了奖金。这场比赛的奖金具体是多少金额，我们不得而知，但据说帕特森用这笔钱在爱丁堡盖了一幢大房子，里面展示着他的盾形徽章，上面刻着“Far and Sure”（意为“又远又准”）几个大字，向人们炫耀他的高超球技。

“高尔夫球规则发展简史”
讲课视频

第二章　高尔夫球运动礼仪规范

第一节　高尔夫礼仪概述

高尔夫被称为文明、健康、礼貌、自律的运动，具体表现在着装礼仪、行为礼仪和交际礼仪以及良好的社会诚信和自律意识等方面。

一、比赛中球员交往过程的礼貌和谦让

球员与球员之间、球员与球童之间，球员、球童、裁判、球场管理者、观众以及其他服务人员之间，存在各种不同身份人员之间的关系，有的是一种合作，有的是一种对手，有的是一种服务与被服务。当球员在最后一洞比赛结束后，球员之间（男子）脱帽、相互握手或拥抱致意。

二、对执行规则行为的自律和为人处世态度的诚信

高尔夫球比赛中大多数情况下是在没有裁判员监督下进行的，需要所有参与者自觉遵守规则。如规则 8、规则 9 等，大多情况下是要靠球员的行为自律和对待可能出现的违规的诚信态度，最后由裁判员判定。这样的例子不胜枚举，基本涵盖了大多数规则。

三、对球场保护的自觉意识和对他人行为的尊重

球员在球场上要始终为他人着想，不应以走动、讲话或制造不必要的声音等方式干扰他人打球。球员应认真修复任何由其造成的打痕和因球的冲击

对球洞区造成的损伤（不论损伤是否是由该球员自己造成的）。

四、对运动着装社会群体意识的遵守

高尔夫着装礼仪是高尔夫球运动“约定俗成”的一种社会群体意识，并成为高尔夫球运动中一项重要的礼仪规范。

第二节　常见高尔夫礼仪规范

一、安全

球员在击球或试挥时，应确保旁边或球杆、球、石块、小石子、树枝等可能打到的地方无人站立。

在前面的球员还没有走出射程之前，球员不应当打球。

在击球可能会危及附近或前方的球场工作人员时，球员应及时对其进行提醒。

如果打球后球飞向可能击中别人的地方，球员应当立即高声喊叫进行警告。在该场合告警的惯用词是“看球（Fore）”。

二、为其他球员着想

（一）不干扰或影响他人

球员在球场上要始终为其他球员着想，不应以走动、讲话或制造不必要的声音等方式干扰他人打球。球员应确保自己带到球场的任何电子用品不会对其他球员造成干扰。

（二）在发球区上

球员在未轮到自己开球前不应先架球。当其他人准备打球时，球员不应站在太靠近球的地方、球的正后方或球洞的正后方。

（三）在推杆果岭上

球员不应站在其他球员的打球线上；当其他球员击球时，注意不让自己的身影投射到其打球线上。本组其他球员全部击球进洞之前，球员应当留在推杆果岭上或其附近。

（四）记分

比杆赛中，如有必要，为其他人记分的球员应当在前往下一发球区的途中与相关球员核对刚打完之洞的成绩并将其准确记录下来。

（五）打球速度

球员应当保持良好的打球速度。委员会可以制定所有球员都应遵守的打球速度指南。一组球员有责任跟上前组。如果他们落后前组一个球洞且堵住了后组，他们应当请后组先行通过，无论这一组有几名球员。即使一组球员没有落后前组一个球洞，但如果后组的打球速度明显更快，他们也应当邀请打球速度较快的组先行通过。

（六）做好打球准备

在轮到自己打球时，球员应当尽快做好准备。在推杆果岭上或其附近打球时，球员应当把自己的球包或球车停放在适当的位置，以便能够尽快离开推杆果岭并走向下一个发球区。

（七）球可能遗失或出界

如果球员认为自己的球可能在罚杆区外遗失或出界时，为了节省时间，他应当打一个暂定球。一旦发现不太容易找到球，寻找球的球员应当尽快发出信号，让后组球员先行通过。他们应在找球没有超过 3 分钟之前发出信号。允许后组先行通过，在他们通过并走出射程之前，该组球员不应继续打球。

（八）球场上的优先权

除非委员会另有规定，球场上的优先权由一组球员的打球速度决定。任何要打完全部一轮的组有权超越不打完全部一轮的组。“一组球员”包括单独一名球员。

（九）对球场的保护

1. 沙坑

在离开沙坑前，球员应仔细平整好他在沙坑内造成的所有坑穴和足迹，以及其他人在附近造成的坑穴和足迹。如果沙坑附近有沙耙，应当使用沙耙进行平整。

2. 修复打痕、球痕和钉鞋造成的损伤

球员应认真修复他们造成的任何打痕，以及因球的冲击对推杆果岭表面造成的损伤（不论这些损伤是否由球员本人造成）。在本组所有球员都完成一个球洞后，应当修复由高尔夫球钉鞋对推杆果岭造成的损伤。

（十）避免不必要的损伤

无论出于生气还是其他原因，球员都应避免在试挥时削起草皮或把杆头砸入地面而对球场造成损伤。

在放置球包或旗杆时，球员和球童不应站在太靠近球洞的地方，在扶持旗杆或从球洞中取球时应当小心谨慎。

不用杆头从球洞中取球。

在推杆果岭上，球员不应将身体倚在球杆上。

球员在离开推杆果岭之前应将旗杆小心地放回到球洞中。

球员应严格遵守球场有关驾驶高尔夫球车的注意事项。

如果球员遵守这一部分的指导意见，会使每个人都更能享受高尔夫球运动带来的乐趣。

如果有球员在一轮比赛过程中或在一段时间内一直无视这些指导意见并损害了他人的利益，建议委员会考虑对违规球员采取适当的惩处措施，例如可以在限定的时间内禁止其在该球场打球，或不允许他参加某些赛事。由于要保护大多数愿意遵守上述指导意见的球员的利益，这种惩处应当说是合理的。在出现严重违反礼仪的行为时，委员会可以按照规则 33.7 取消相关球员的比赛资格。

第三章　常用基本定义

第一节　高尔夫球场的构成

一、球场

“球场”指的是委员会设定的任何边界线以内的全部比赛区域，并由规则划分的五个球场区域构成（发球区、普通区、罚杆区、沙坑和推杆果岭）。在理解“球场”这一定义时，还应注意以下几点：

一是位于边界线以内的所有区域都在界内，属于球场的一部分；二是位于边界线以外的所有区域都在界外，不属于球场的部分；三是边界线向地面上空和地面下方两个方向延伸。

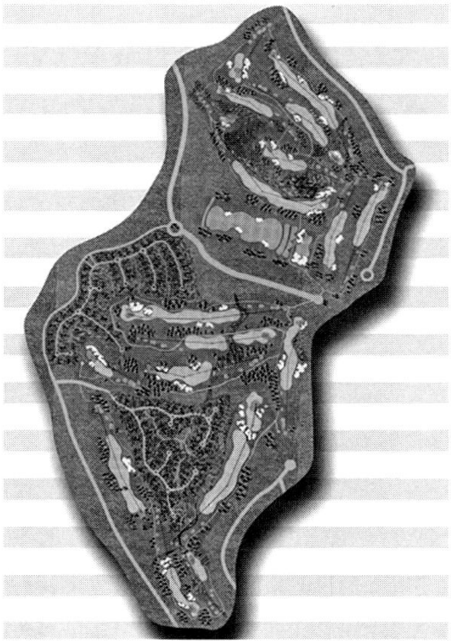

高尔夫球场平面图

高尔夫球场实景

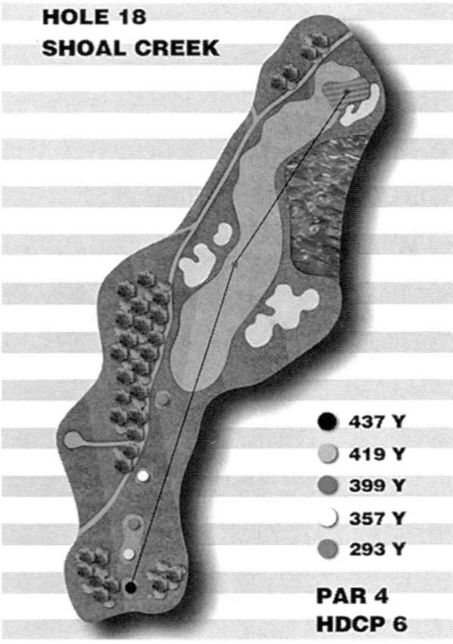

球道示意图

二、发球区

“发球区”指的是球员开始各比赛球洞时必须从其中打球的区域，是一个洞比赛的起始处。发球区是一个纵深为两个球杆长度的长方形区域：它的前端由委员会摆放的两个发球区标志的最前端的点的连线决定，以及两侧由这两个发球区标志的外侧点向后的连线决定。

发球区是规则划分的五种球场区域之一。球场上所有其他的开球位置（无论是否在同一个球洞或任何其他球洞）都属于普通区的一部分。

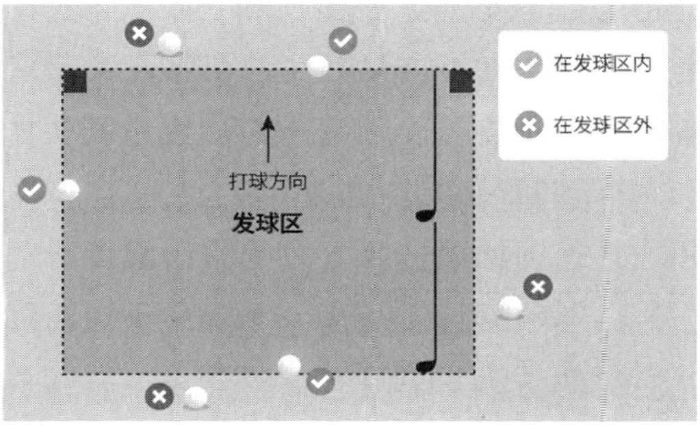

发球区示意图

发球区实景

三、普通区

“普通区”指的是除了以下四种规则划分的球场区域之外的所有球场部分：球员开始各比赛球洞时必须从其中打球的发球区；所有的罚杆区；所有的沙坑；以及球员正在比赛球洞的推杆果岭。普通区还包括球场上除发球区以外的所有其他开球位置；以及所有的错误果岭。它被称为“普通区”是因为以下原因。一是包含了大部分球场。在球到达推杆果岭之前，普通区是球员最经常打球的地方。二是包括了各种地面，以及在该区域生长着的或连接着的物体，如球道、长草和树木。

四、罚杆区

“罚杆区”指的是球员的球静止在其中后允许罚 1 杆补救的区域，它包括：球场上的任何水域（无论是否被委员会标记），如海、湖、池塘、河、沟渠、地表排水沟或其他公开水域（即使其中没有水）；以及任何其他被委员会标定为罚杆区的球场部分。

罚杆区是规则划分的五种球场区域之一，按照不同颜色，可以分为黄色罚杆区（用黄线或黄桩标记）为球员提供了两种补救选项；红色罚杆区（用红线或红桩标记）在黄色罚杆区可用的两种补救选项的基础上，又增加了额外的一个侧面补救选项。

如果委员会没有标记或指出某个罚杆区的颜色，该罚杆区被视为红色罚杆区。

罚杆区的边沿既向地面上空延伸，也向地面下方延伸：这意味着在边沿以内的所有地面和任何其他物体（例如任何自然或人工的物体），无论其在地表面上、地表面上空还是地表面下方，都是罚杆区的一部分。

如果某物体同时位于边沿之内和之外［例如罚杆区上方的桥，或者根部在边沿之内但一些枝干伸出了边沿之外（或者相反）的树］，只有位于边沿以内的部分才是这个罚杆区的一部分。

罚杆区的边沿应当用立桩、线或客观特征予以标定：

（1）立桩：当用立桩标定时，罚杆区的边沿由这些立桩在地面高度外侧点之间的连线决定，这些立桩本身位于罚杆区内。

（2）线：当用地面上的喷线标定时，罚杆区的边沿就是这条线的外侧边缘，这条线本身位于罚杆区内。

（3）客观特征：当用客观特征（例如海滩、沙漠或挡土墙）标定时，委员会应当指出如何标定这个罚杆区的边沿。

当用线或客观特征界定罚杆区的边沿时，可以使用立桩指示罚杆区的位置；当用立桩来界定或指示罚杆区的边沿时，这些立桩属于妨碍物。

如果委员会在界定罚杆区边沿时错误地将一片明显属于罚杆区的水域排除在外（例如将立桩放在某个位置，致使罚杆区内的某一部分水域看上去属于普通区），这片区域属于罚杆区的一部分。

如果委员会没有标定某片水域的边沿，这个罚杆区的边沿由其自然边界决定（即地面向下倾斜形成蓄水凹陷的地方）。

如果某片公开水域涵盖没有水（例如除雨季外平时保持干涸的排水沟或径流区），委员会可以将这片区域标定为普通区的一部分（这意味着它不是罚杆区）。

标定罚杆区

罚杆区实景

五、推杆果岭

“推杆果岭”指的是球员正比赛球洞的一片区域，该区域特别为推击而准备或被委员会标定为推杆果岭（例如使用临时果岭的场合）。一个球洞的推杆果岭包含了球员试图把球打进去的球洞。

推杆果岭是规则划分的五个球场区域之一。所有其他球洞（球员此时不在此打球）的推杆果岭都是错误果岭，属于普通区的一部分。

推杆果岭的边沿由这个特别准备的区域可以看到的起始处决定（例如此处的草已经明显被剪至可以指示边沿的程度），但委员会用其他方式（例如使用线或点）标定边沿时除外。

如果两个不同的球洞使用双果岭：打每个洞时，整个这片包含两个球洞的准备区域被视为推杆果岭。但是，委员会可以标定一条边沿，将这个双果岭分为两个不同的推杆果岭。这样一来，当球员打其中一个球洞时，这个双果岭为另一个球洞所使用的部分就是一个错误果岭。

推杆果岭实景

六、沙坑

“沙坑”指的是一个经过特别整理的、由沙子构成的区域。该区域多呈凹状，经去除草皮或泥土而成。

以下这些地方不属于沙坑：

（1）位于整理区域边沿并由泥土、草、码放的草皮或人工物体构成的内缘或侧壁；

（2）整理区域边沿以内的泥土或任何生长着的或连接着的自然物体（例如草、灌木或树木）；

（3）溢出或位于整理区域边沿之外的沙子；

（4）球场上不在整理区域边沿内的其他所有由沙子构成的区域（例如沙漠、其他自然沙地或有时被视为荒地的区域）。

“沙坑”是规则划分的五种球场区域之一。委员会可以把一片整理过的由沙子构成的区域定义为普通区的一部分（这意味着它不是沙坑），也可以把一片未经整理的由沙子构成的区域定义为沙坑。当某个沙坑正在修理而且委员会把它整个定义为整修地时，该沙坑被视为普通区的一部分（这意味着它已不是沙坑）。

沙坑实景

判断球是否位于沙坑内

七、界外

“界外”指的是位于委员会标定的球场边界线以外的所有区域。在该边界线以内的所有区域均属于界内。

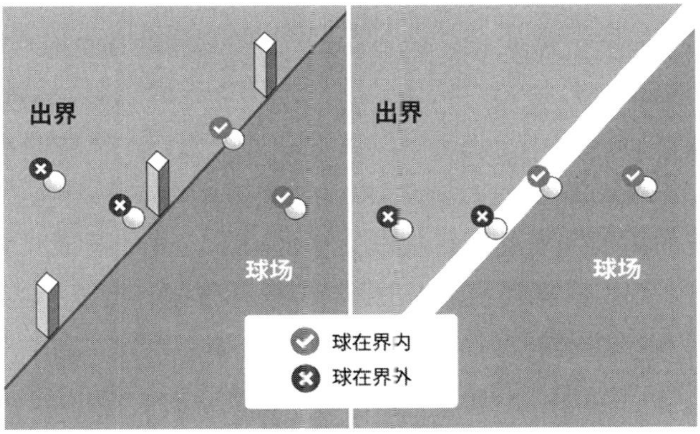

判断球是否出界

球场的边界线既向地面上空延伸，也向地面下方延伸。这意味着在边界线以内的所有地面和任何其他物体（例如任何自然的或人工的物体），无论其在地表面上、地表面上空还是地表面下方，都位于界内。如果某物体同时位于边界线之内和之外［例如搭在界外栅栏上的台阶，或者根部在边界线之外但一些枝干伸进了边界线之内（或者相反）的树］，只有位于边界线以外的部分才属于界外。

应该用界外标志或线标定边界线：

（1）界外标志：当用立桩或栅栏标定时，边界线由这些立桩或栅栏立柱（不包括倾斜的支架）在地面高度球场一侧的点之间的连线决定，这些立桩或栅栏立柱本身位于界外。当用诸如墙等其他物体标定时，或者当委员会希望用其他方式处理界外栅栏时，委员会应当标定边界线。

（2）线：当用地面上的喷线标定时，边界线就是这条线在球场一侧的边缘，这条线本身位于界外。

当用地面上的线标定边界线时，可以使用立桩指示边界线的位置；当用立桩来界定或指示界外线时，这些立桩属于界外标志。界外立桩或边界线应当是白色的。

八、禁打区

“禁打区”指的是委员会禁止打球的球场部分。禁打区必须被标定为异常球场状况或罚杆区的一部分。

委员会可以出于任何原因使用禁打区，例如：保护野生动物、动物栖息地，以及环境敏感区域；防止损毁幼树、花坛、苗圃、重铺草皮区域或其他种植区域；保护球员免遭危险；以及保护历史或文化古迹。

委员会应当用线或者立桩标定禁打区的边沿，这些线或立桩（或这些立桩的顶端）应当辨别禁打区不同于不含禁打区的常规异常球场状况或罚杆区。

九、补救区

“补救区”指的是球员按照某条规则补救时必须在其中抛球的区域。除了向后连线补救［参见规则 16.1c（2）、规则 17.1d（2）、规则 19.2b 和规则 19.3］外，所有补救的规则都要求球员使用一个特定的补救区，其大小和位置根据以下三个因素确定：

（1）参考点：从这个点开始测量补救区的大小。

（2）从参考点测量的补救区范围：补救区是从参考点开始的一支或两支球杆长度。

（3）补救区的位置限制：补救区的位置可能受到一个或多个方面的限制，

从而使它符合某些要求，例如：

①它只能在某些规则划分的球场区域，如只能在普通区，或者不能在沙坑和罚杆区内；

②它不能比参考点更靠近球洞，或者它必须在正从中补救的罚杆区或沙坑之外；

③此处不再受到正从中补救的状况的妨碍（按照相应规则的规定）。

向后连线补救：球员必须在正使用的规则允许的线上的某个位置抛球，此后所抛之球首先触及地面的点在任何方向的一支球杆长度将形成一个补救区。

使用向后连线补救时，如果球员被要求重新抛球或第二次抛球，他可以更改抛球的点（例如在更靠近或远离球洞的地方抛球），此后补救区也将根据该点发生变化，并且在不同的球场区域抛球。但是这样做并不改变规则 14.3c 的应用方式。

使用球杆长度决定补救区的范围时，球员可以直接穿越沟渠、洞穴或类似物体进行测量，也可以直接穿越或穿过某个物体（如树、栅栏、墙壁、涵洞、排水道或喷灌头）进行测量，但不可以穿过自然起伏的地面进行测量。

第二节　可能妨碍打球的物体或状况

一、散置障碍物

“散置障碍物”指的是任何没有与其他物体相连的自然物体，例如：石头、散落的草、树叶、树枝和树杈；死去的动物和动物的粪便；蠕虫、昆虫和类似的可以被轻易移走的动物，以及它们制造的土堆或结下的网（例如蠕虫的排泄物和蚁丘）；以及结实的土块（包括透气作业产生的泥芯）。

常见的散置障碍物

上述自然物体在以下情况下不是散置的：

仍与某物体连接着的或正在生长着的；牢固地嵌入了地面（也就是不能被轻易取出的）；或黏附在球上。

几点特殊情况：

沙子和松散的泥土不是散置障碍物（这一点不包括由蠕虫、昆虫和类似的动物制造的土堆）。

露水、霜和水不是散置障碍物。

雪和自然冰（不包括霜）可以是散置障碍物，当其位于地面上时也可以是临时积水，球员具有选择权。

蜘蛛网是散置障碍物，即使与其他物体相连也仍然如此。

球上的活体昆虫是散置障碍物。

释义 1：水果是什么性质？

水果从树上或灌木上掉落后即成为散置障碍物，即使在球场上没有找到水果从其上掉落下来的灌木或树亦如此。

例如，已被部分食用或切成数块的水果，以及从一块水果上剥下的果皮都是散置障碍物。但是，当被球员携带时，则是他的装备。

释义 2：散置障碍物何时成为妨碍物？

通过改造或加工处理后，散置障碍物可以被转变成妨碍物。

例如：一块原木（散置障碍物）在被切割并装上腿后即通过被制作成凳子（妨碍物）而被转变了性质。

释义 3：唾液的性质是什么?

唾液可以被视为临时积水，也可以被视为散置障碍物，球员有选择权。

释义 4：用于铺设道路表面的物体是散置障碍物吗?

碎石是散置障碍物，球员可以按照规则 15.1a 移走这些散置障碍物。这个权力不受以下事实的影响，即一条道路被铺上碎石后，它变成了一条人工表面的道路，使它成为不可移动的妨碍物。同样的原则也适用于用石块、碎贝壳、木屑或类似物体铺成的道路或通道。

在这样的情况下，该球员可以：

● 从这个球在妨碍物中的现有位置打球以及从道路（规则 15.1a）上移走碎石（散置障碍物）。

● 从异常球场状况（不可移动妨碍物）（规则 16.1b）采取补救，不受处罚。

● 该球员也可以在选择采取免罚补救之前从道路上移走一些碎石以判定在球的现有位置打球的可能性。

释义 5：活的昆虫属于“黏附在球上”的散置障碍物吗?

尽管死了的昆虫有可能被认为是黏附在球上，但活着的昆虫不可能被认为是黏附在球上，不管它们处于静止中还是移动中。因此，停在球上的活着的昆虫是散置障碍物。

二、妨碍物

“妨碍物”指的是除基本组成物和界外标志之外的任何人工物体。妨碍物的例子：人工表面的道路和通道，包括其人工边缘；建筑物和避雨亭；喷灌头、排水道、灌溉箱或控制箱；立桩、墙、栏杆和栅栏（但用以标定或指示球场的边界线时，它们属于界外标志而非妨碍物）；高尔夫球车、剪草机、汽车和其他车辆；垃圾箱、路标和长凳；球员的装备、旗杆和沙耙等。

妨碍物包括可移动妨碍物和不可移动妨碍物两种形式。如果一个不可移动妨碍物有一部分（例如一扇门或被固定缆线的一部分）符合可移动妨碍物的定义，这一部分被视为可移动妨碍物。

喷漆的点和线（如用来界定界外线和罚杆区的喷点和喷线），不是妨碍物。

常见的妨碍物——球车道
（不可移动妨碍物）

常见的妨碍物——塑料袋
（可移动妨碍物）

释义：球场标定时用油漆喷的点和划的线是什么性质？

尽管除界外标志或基本组成物之外的人工物体都是妨碍物，但油漆喷的点和划的线不是妨碍物。有些时候用油漆喷划的点和线是用于球场标记以外的目的（例如标示推杆果岭的前点和后点）。这种点和线不是异常球场状况，除非委员会把他们宣布为整修地（参见委员会处置程序；当地规则范本 F-21）。

三、可移动妨碍物

"可移动妨碍物"指的是不费力即可移动而且不会损坏该妨碍物或球场的妨碍物。

如果一个不可移动妨碍物或基本组成物有一部分（例如一扇门或被固定缆线的一部分）符合上述两个标准，这一部分被视为可移动妨碍物。但是，如果一个不可移动妨碍物或基本组成物的可移动部分不打算被人移动，上述规定即不适用（例如原属石墙一部分的一块松动的石头）。即使某个妨碍物是可移动的，委员会也可以将其定义为不可移动妨碍物。

四、不可移动妨碍物

“不可移动妨碍物”指的是不过分费力或不造成该妨碍物或球场的损坏即无法移动；并且在其他方面不符合可移动妨碍物的定义。如球场上灯柱、喷罐头、人工通道等。

球位于不可移动妨碍物上（场地喷灌装置）

任何妨碍物，即使它符合可移动妨碍物的定义，委员会也可将其定义为不可移动妨碍物。

释义：长在妨碍物周围的草皮属于妨碍物的一部分吗？

通向不可移动妨碍物的或覆盖在不可移动妨碍物上的任何草皮都不是该妨碍物的一部分。例如：一根水管一部分在地下，一部分在地上。如果位于地下的一部分水管把草皮“抬”了起来，这些被抬起来的草皮不是这个不可移动妨碍物的一部分。

五、异常球场状况

“异常球场状况”指的是以下四种规则定义的状况之一：

（1）动物的洞穴；（2）整修地；（3）不可移动妨碍物；（4）临时积水。

异常球场状况

六、动物

“动物”指的是动物界任何活着的成员（人除外），包括哺乳动物、鸟、爬行动物、两栖动物和无脊椎动物（如蠕虫、昆虫、蜘蛛和甲壳动物等）。

七、动物的洞穴

“动物的洞穴”指的是由动物在地里所挖的任何洞穴，但同时被定义为散置障碍物的动物（如蠕虫或昆虫）所挖的洞穴除外。“动物的洞穴”这个术语包括：

（1）动物从洞里挖出的松散物体；

（2）任何通往该洞穴的旧有足迹或痕迹；

（3）任何因为动物在地下挖洞而导致地面产生的凸起或变化的区域。

八、整修地

“整修地”指的是委员会标定为整修地的任何球场部分（无论是通过标记

还是其他方式）。任何被标定的整修地均包括：该标定区域边沿内的所有地面；以及生根于该标定区域内的任何草、灌木、树，或其他生长着的或连接着的自然物体，包括这些物体延伸至地面上空并处在该标定区域边沿之外的任何部分，但不包括任何连接于或低于该标定区域边沿之外的地面部分（如树根）。

即使委员会没有如此标定，整修地也包括：委员会或草坪人员在以下场合制造的任何洞穴：设置球场（如移走立桩后留下的洞穴，或双果岭上为另一个球洞的比赛而设的球洞）；或维护球场（如移走草皮或树桩或铺设管道时造成的洞穴，但不包括透气孔）。堆积起来打算以后移走的草屑、树叶或任何其他物体。但是，任何堆积起来打算移走的自然物体同时也是散置障碍物；而且如果委员会没有如此标定，弃置在球场上不打算移走的任何物体都不是整修地。靠近球员的球以至于该球员的击球或站位可能将其毁坏的任何动物的栖息场所（例如鸟巢），但是被定义为散置障碍物（例如蠕虫或昆虫）的动物所制造的栖息场所除外。

整修地的边沿应当用立桩、线或客观特征予以标定：

（1）立桩：当用立桩标定时，整修地的边沿由这些立桩在地面高度外侧点之间的连线决定，这些立桩本身位于整修地内。

（2）线：当用地面上的喷线标定时，整修地的边沿就是这条线的外侧边缘，这条线本身位于整修地内。

被标定为整修地的区域

（3）客观特征：当用客观特征（例如花坛或苗圃）标定时，委员会应当指出如何标定这个整修地的边沿。

当整修地的边沿用线或客观特征予以界定时，可以使用立桩来指示整修地的位置；用立桩来界定或指示整修地的边沿时，这些立桩属于妨碍物。

释义 1：由委员会或球场草坪维护人员导致的损伤一定是整修地吗？

由球场草坪维护人员制造的洞穴是整修地，即使没有被标示为整修地亦如此。但是，不是所有的由草坪人员导致的损伤都被默认为整修地，具体示例如下：

拖拉机碾出的车辙（但是委员会有理由把较深的车辙宣布为整修地）；

一个旧洞埋迹下沉到低于推杆果岭表面的高度，但参见规则 1.3c（在推杆果岭上被允许的改善）。

释义 2：球停在生根于整修地内的树上时是在整修地内吗？

一棵树生根在整修地内，并且球员的球停在这棵树的一根树枝上时，这个球是在这个整修地内，即使这根树枝延伸至所标定的区域之外亦如此。

当球员决定按照规则 16.1 采取补救，并且这个球的树上位置在地面上的垂直投影点位于这个整修地之外时，用于确定补救区和采取补救的参考点是在地面上的这个投影点。

释义 3：倒塌的树木或树桩一定是整修地吗？

委员会打算移走但尚未行动的倒塌的树木或树桩不能自动成为整修地。但是，如果这棵树或这根树桩正在被挖掘或切割打算之后移走的，则它们是“堆积起来打算以后移走”并因而成为整修地。例如，一棵树倒在普通区内但仍然与树桩相连时，不是整修地。但是，球员可以向委员会要求进行补救，并且委员会有理由宣布被这棵倒塌树木所覆盖的区域为整修地。

九、临时积水

“临时积水”指的是地表面上任何临时性的积水（例如下雨或灌溉造成的水洼，或从一片水域中溢出来的水）。它必须同时满足以下条件：

（1）不在罚杆区内；

（2）并且在球员站位前或站位后（没有用脚过度向下踩）时是可见的；

（3）仅仅是地面湿润、泥泞、松软，或者球员踩到地面上的瞬间方可以看到水是不够的，必须在球员站位前或站位后仍然存在积水。

几种特殊情况：

（1）露水和霜不是临时积水；

（2）雪和自然冰（不包括霜），可以是散置障碍物，当其位于地面上时也可以是临时积水，球员具有选择权；

（3）人造冰是妨碍物。

临时积水

十、陷入地面

“陷入地面”指的是球员的球位于他上一次击球造成的落痕内，并且球体有一部分低于地面高度。一个球不一定非要触及泥土才能被视为陷入地面（例如在球和泥土之间可能会夹有草和散置障碍物）。

十一、基本组成物

“基本组成物”指的是被委员会界定为球场挑战性的一部分而不允许从此处采取免罚补救的人工物体。基本组成物被视为不可移动的（参见规则8.1a）。但是，如果某个基本组成物的一部分（如一扇门或被固定缆线的一部分）符合可移动妨碍物的定义，这部分即被视为可移动妨碍物。被委员会定义为基本组成物的人工物体既不是妨碍物，也不是界外标志。

十二、自然力

“自然力”指的是诸如风、水或者因重力而使一些事情没有明显原因就发生了的自然效应。

十三、外部因素

“外部因素”指的是以下任何对球员的球、装备或球场产生影响的人或物体：

（1）任何人（包括其他球员），除了球员本人、球员的球童、球员的伙伴或对手或他们的球童；

（2）任何动物；

（3）任何自然的或人工的物体，或者任何其他物体（包括另一个运动中的球），但自然力除外；

（4）人工驱动的空气或水，例如由电扇吹出的空气或灌溉系统喷出的水。

释义：人工输送的空气和水的性质是属于外部因素吗？

尽管风和水是自然力而不是外部因素，但人工输送的空气和水都是外部因素。

例如：

● 球静止在推杆果岭上，从未被拿起并放置回原位。如果这个球被推杆果岭旁的风扇吹出来的空气移动，这个球必须被放置回原位（规则 9.6 和规则 14.2）。

● 静止中球被灌溉系统喷出的水所移动时，这个球必须被放置回原位（规则 9.6 和规则 14.2）。

十四、界外标志

“界外标志”指的是标定或指示界外的人工物体，例如墙壁、栅栏、立桩和栏杆。规则不允许从这里采取免罚补救。

界外标志包括界外栅栏的任何底座和立柱，但是不包括以下物体：

（1）连接在墙壁或栅栏上的倾斜的支架或绳索；

（2）用来跨越该墙壁或栅栏的任何台阶、桥或类似的建筑物。

界外标志被视为不可移动的，即使它们可以移动，或者任何部分可以移动（参见规则 8.1a）。界外标志不是妨碍物，也不是基本组成物。

界外的标定

释义 1：连接在界外标志上的物体是什么性质？

连接在界外标志上，但不是该界外标志一部分的物体是妨碍物，并且球员可能被允许对它们采取免罚补救。

委员会不希望对连接在界外标志上的妨碍物提供免罚补救时，可以引入一条当地规则并规定该妨碍物是基本组成物，在这种情况下，它失去了妨碍物的性质且不提供免罚补救。

例如，倾斜的支架紧靠着界外栅栏，以至于如果把这些支架留作妨碍物，实质上将使得球员从这个界外标志获得免罚补救，则委员会可以选择将这些支架定义为基本组成物。

释义 2：连接在界外标志上的门是什么性质？

一扇门被用来穿过界外墙或界外栅栏，它不是该界外标志的一部分。这样的门是妨碍物，但委员会选择将其定义为基本组成物时除外。

释义 3：可移动的界外标志或界外标志的可移动的部分，可以被移动吗？

界外标志被视为是不可移动的，即使该物体的一部分被设计成可移动的亦如此。为保证处置的一致性，本规定适用于所有界外标志。

在一轮比赛中涉及可移动的界外标志的例子包括：一个界桩妨碍了球员的站位，于是他把这根立桩从地上拔了出来（违反规则 8.1a），但是在拔出来的过程中这根立桩折断了。如果该球员在进行下一次击球之前意识到了该错误，他可以恢复被改善的环境，把足够长的断了的界外桩放置回原位使得该妨碍恢复到这根立桩被移走之前的状态。

但是，如果该改善无法被消除（例如界外标志已被弯曲或折断，所用的方式使得该改善无法被消除），该球员将无法避免处罚。

第三节　比赛参与者

一、球童

“球童”指的是一轮比赛中用以下方式帮助球员的人：

高尔夫球童

（1）携带、运送或管理球杆：在比赛过程中携带、运送（例如使用球车或手推车）或管理球员球杆的人是该球员的球童，即使他未被球员指定为其球童，但把球员的球杆、球包或球车挪开或出于礼貌而移动上述物品时（例如拿球员落下的球杆）除外。

（2）提供助言：除伙伴或伙伴的球童外，球员的球童是球员唯一可以征询助言的人。

（3）球童也可以按照规则允许的其他方式帮助球员（参见规则 10.3b）。

二、委员会

“委员会”指的是负责比赛或球场的一个人或一组人。

三、记分员

“记分员”指的是比杆赛中负责在球员的记分卡上记录成绩并证明该记分卡的人员。记分员可以是另一名球员，但不能是伙伴。

委员会可以指明谁是球员的记分员，也可以告诉球员如何选择一名记分员。

记分员

四、对手

“对手”指的是一场比赛中球员对抗的另一个人。“对手”这个术语仅用在比洞赛中。

五、伙伴

“伙伴”指的是在比洞赛或比杆赛中，与另一名球员作为一方一起比赛的球员。

六、裁判员

“裁判员”指的是委员会指定的判定事实问题并执行规则的官员。

（一）比洞赛中，裁判员的职责和权力取决于其被分配的角色

（1）当裁判员被指派整轮执裁一场比赛时，该裁判员要负责对任何自己

看到的或被告知的违规行为采取行动［参见规则 20.1b（1）］。

（2）当裁判员被指派在多场比赛、多个球洞或球场的某个部分执裁时，除非发生以下情况之一，否则他们无权牵扯入某场比赛之中：

①比赛中的球员寻求规则方面的帮助，或要求提供裁决［参见规则 20.1b（2）］。

②比赛中的一名或多名球员可能违反了规则 1.2（球员行为标准）、规则 1.3b（1）（两名或多名球员约定无视他们明知适用的任何规则或处罚）、规则 5.6a（过度延误）或规则 5.6b（快速打球）。

③有球员在第 1 洞出发地点迟到（参见规则 5.3）。

④有球员找球时间已到 3 分钟（参见规则 5.6a 和“遗失”的定义）。

（二）比杆赛中，裁判员要负责对自己看到的或被告知的任何违规行为采取行动

无论裁判员被指派负责在整轮比赛中跟随某组球员，还是被指派监控多组球员、球场的某些球洞或区域，这一点均适用。无论是比洞赛还是比杆赛，委员会均可限制裁判员的职责。

裁判员

七、一方

“一方”指的是在一轮比洞赛或比杆赛中作为单一组合参加比赛的两名或更多名伙伴。

无论每一位伙伴是打他自己的球（四球赛），还是伙伴们只打一个球（四人二球赛），每一组伙伴均为一方。

“一方”不同于一支队伍（团队）。团体赛中，各支队伍由多名球员组成，这些球员可单独参赛，或者组成若干方参赛。

第四节　比赛相关的物品（装备）

一、球标

“球标”指的是拿起一个球之前用来标记此球所在位置的人工物品，例如球座、硬币、制作成球标的物品或其他小型装备。

当某条规则提及一个被移动的球标时，指的是放置在球场上标记一个已被拿起但尚未放置回原位的球的位置的球标。

（注：球标必须是人工物体，所以球员在打球时不能随便捡一个石子或叶子就去标记球的位置，否则被罚一杆。）

球标

二、装备

“装备”指的是球员或其球童使用、穿着、手持或携带的任何物品。

用于维护球场的物品，例如沙耙，只有当它们被球员或球童持在手中或携带时，才属于装备。除球杆外，其他人为球员携带的物品不属于装备，即使这些物品是球员的。

（注：不在比赛状态的球属于装备。）

释义：其他人为球员携带的物品属于什么性质？

球员或他的球童之外的其他人所携带的物品，球杆除外，属于外部因素，即使它们属于球员亦如此。但是，当被球员或他的球童携带时，它们属于该球员的装备。

例如，如果球员请一名观众来携带他的雨伞，则这把雨伞在被观众携带期间是外部因素。但是，当观众把这把雨伞交给了该球员时，即成为他的装备。

三、旗杆

“旗杆”指的是委员会提供的一根可移动的杆子，它插在球洞中用来向球员们指示球洞的位置。旗杆包括旗布和任何其他连接在这根杆子上的材料或物品。

当某个人工或自然物体，例如球杆或棍子，被用来指示球洞的位置时，出于应用规则的目的，该物体按照旗杆予以对待。

装备规则对旗杆作了规定。

释义：用作旗杆的物体将被按照旗杆进行处理。

一个人工或自然物体被用来标示球洞的位置时，该物体被视为旗杆进行同样处理。

例如，当旗杆已被移走并且球员想要标示球洞的位置，但不想浪费时间去取这支旗杆时，其他人可以用一支球杆来标示这个球洞的位置。但是，出于应用本规则的目的，这支球杆将被当作旗杆来进行处理。

四、球洞

“球洞”指的是正比赛球洞的推杆果岭上的结束地点。

球洞的直径必须为 4.25 英寸（108mm），深度至少为 4 英寸（101.6mm）。如果使用衬筒，衬筒的外壁直径不得超过 4.25 英寸（108mm）。除非土质状况要求衬筒距离表面更近一些，否则它必须至少沉入推杆果岭表面以下 1 英寸（25.4mm）。

球洞

五、记分卡

“记分卡”指的是比杆赛中记录球员各洞成绩的文件。

记分卡可以用委员会批准的任何纸质或电子形式，但要具有以下功能：

（1）可以填入球员在各洞的成绩；

（2）记分员和球员可以通过亲自签字或者委员会批准的电子确认的方式证明卡上的成绩。

	NAME	HANDICAP	MEMBERSHIP NO	SIGNATURE
EVENT	PLAYER A			
DATE	PLAYER B			
MARKER	PLAYER C			
	PLAYER D			

HOLE	1	2	3	4	5	6	7	8	9	OUT
BLACK	411	576	193	450	314	392	170	534	380	3426
GOLD	383	549	169	424	292	368	148	508	367	3208
BLUE	370	525	161	399	282	345	132	486	344	3044
WHITE	329	490	140	358	264	313	112	461	321	2788
RED	279	452	120	327	217	263	90	440	255	2443
PAR	4	5	3	4	4	4	3	5	4	36
A										
B										
C										
D										
HANDICAP	11	3	17	5	13	7	15	1	9	

HOLE	10	11	12	13	14	15	16	17	18	IN	TOT	HDP	NET
BLACK	523	464	379	182	428	423	128	559	437	3613	7039		
GOLD	501	444	361	166	414	401	197	543	419	3446	6654		
BLUE	486	417	340	160	398	378	176	509	399	3263	6307		
WHITE	453	371	304	140	386	338	158	472	357	2979	5767		
RED	414	316	252	115	340	297	143	438	293	2608	5051		
PAR	5	4	4	3	4	4	3	5	4	36	72		
A													
B													
C													
D													
HANDICAP	4	12	14	18	10	8	16	2	6				

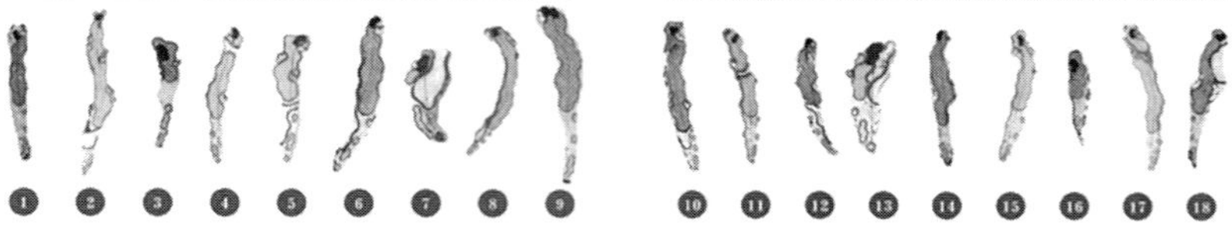

记分卡

（注：比洞赛不要求使用记分卡，但是球员可以用它帮助自己记录比洞赛的成绩。）

六、球座

“球座”指的是用来把球架离地面以便从发球区把它击出的一种物品。它不得长于 4 英寸（101.6mm），并且必须符合装备规则的规定。

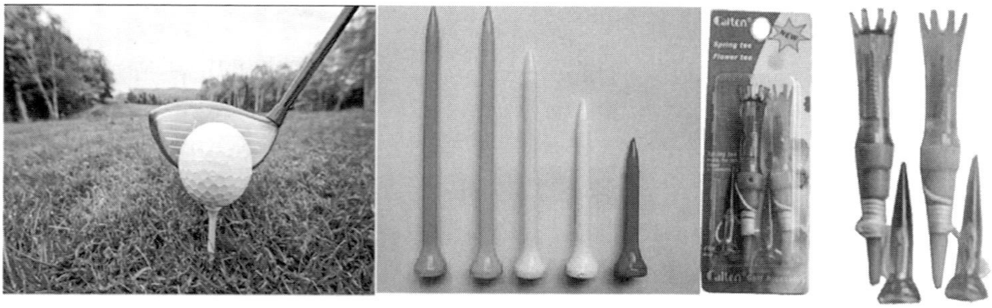

球座

第五节　处置及其程序

一、球杆长度

“球杆长度”指的是球员在一轮比赛中［根据规则 4.1b（1）的允许］所拥有的 14 支（或少于 14 支）球杆里最长的那支球杆的长度，但推杆除外。

球杆长度用来确定球员在各个球洞的发球区的范围，以及按照某条规则补救时确定球员补救区的范围。

出于测量上述区域的目的，应使用整支球杆的长度（从球杆的趾部开始至握把底端）。但是，握把底端的任何附加物体均不计入球杆长度。

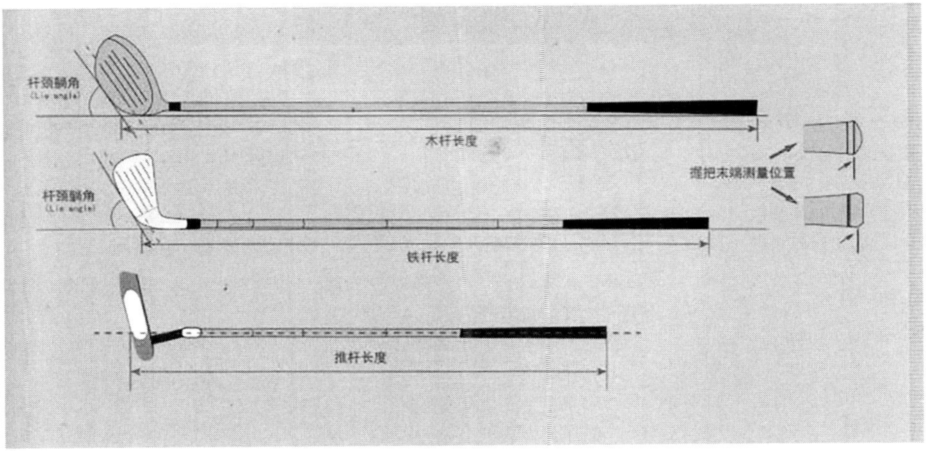

球杆长度

释义 1：如何使用“球杆长度”进行测量？

出于进行测量的目的，决定补救区范围时使用的是整支球杆的长度，从球杆的趾部开始，到手柄的末端结束。但是，如果球杆装有头套或手柄的末端装有附件，在用它进行测量时，均不得被用作球杆的一部分。

释义 2：最长的球杆断了时如何进行测量？

球员在一轮比赛中携带的最长的球杆断了时，这支断了的球杆将继续被用来决定他的补救区的范围。但是，如果最长的球杆断了且规则允许该球员用另外一支球杆来替换这支球杆［规则 4.1b（3）例外］，并且他进行了替换，则这支断了的球杆将不再作为他的最长的球杆。

如果球员用少于14支球杆开始了一轮比赛，然后决定补充另外一支球杆，这支球杆比他开始比赛时所携带的球杆都更长，则补充的这支球杆要被用来进行测量，但它是推杆时除外。

二、抛球

“抛球”指的是出于让一个球进入比赛状态的意图，用手持球并松手使其经过空中落下，是在打球过程中最为常见的事情之一。

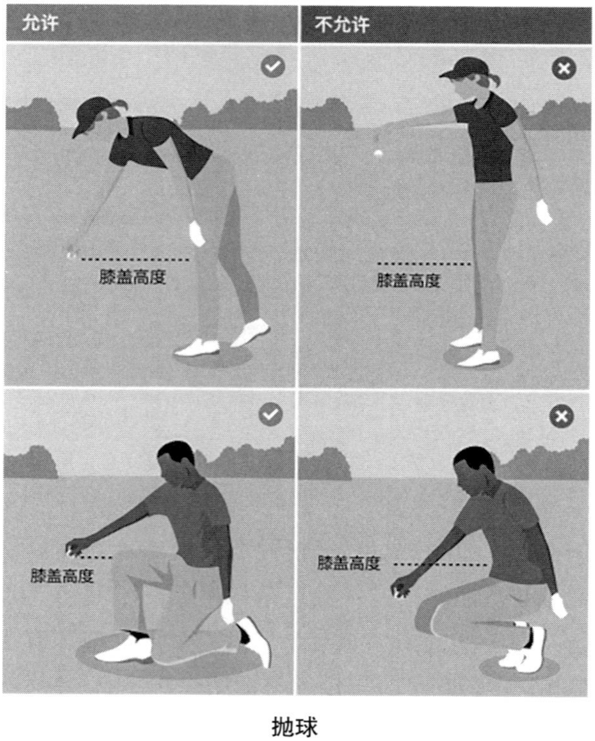

抛球

如果球员松手让一个球落下但无意使其进入比赛状态，则他没有抛球，这个球也没有进入比赛状态（参见规则 14.4）。各条补救规则均指出了特定的补救区，球必须被抛在并静止在其中。

采取补救措施时，球员必须从其膝盖高度的位置松手，以便让这个球垂直落下，但球员不得扔掷、转动或滚动这个球，也不得使用其他可能影响这个球静止地点的动作；在碰到地面之前不触及该球员身体的任何部位和装备（参见规则 14.3b）。

三、知道或几乎肯定

“知道或几乎肯定”指的是判定球员的球发生过什么的标准。例如，这个球是否进入并静止在罚杆区内，它是否移动了或什么导致了它的移动。

“知道或几乎肯定”意味着比可能或大概更加肯定。它的意思是以下两种情形之一：

（1）有确凿的证据表明所涉及的事件发生在球员的球上，例如球员或其他证人看到了该事件发生；

（2）尽管仍存有非常小的不确定性，但所有可以合理获得的信息都显示所涉及的事件至少有 95% 的可能发生了。

“所有可以合理获得的信息”包括球员知道的所有信息和他通过适当努力并且无须过度延误即能获得的所有其他信息。

寻找球时，如果要决定是否存在“有人知道或几乎肯定”的情况，仅考虑在 3 分钟找球时限内发现的信息。

释义 1：球移动时如何应用“知道或几乎肯定”的标准？

无法“知道”是什么导致了球发生移动时，必须考虑所有可以合理获得的信息且必须对证据评估以确定是否“几乎肯定”球员、对手或外部因素导致了球发生了移动。取决于具体的环境，可以合理获得的信息可以包括但不限于以下几点：

- 在球的附近所采取的任何行为的影响（例如移动散置障碍物、试挥、把球杆放在地上和采取站位）；
- 一些行为和球移动之间的时间间隔；

● 球移动前的球位（例如在球道上、悬在长草上、在地面上的不完美状况上或在推杆果岭上）；

● 球附近的地面状况（例如坡度、表面存在的凹凸等）；

● 风速和风向，雨和其他一些天气状况。

释义 2：球员不知道另一名球员打了自己的球。

必须知道或几乎肯定球员的球已被另一名球员作为错球进行了击打时，才能按照球被移动来处理。

例如：比杆赛中，球员 A 和球员 B 的开球落在了普通区内相同的区域。球员 A 找到一个球并打了这个球。球员 B 向前走去找他的球，但无法找到球。3 分钟之后，球员 B 返回发球区准备去打另一个球。在返回的路上，球员 B 发现了球员 A 的球，这才知道球员 A 刚才误打了他的球。

球员 A 要因打错球而受到一般性处罚，并且之后必须打他自己的球（规则 6.3c）。即使两名球员找球时间都超出了 3 分钟，球员 A 的球也没有遗失，因为球员 A 并没有开始寻找他 / 她的球，他们所寻找的是球员 B 的球。关于球员 B 的球，球员 B 的初始球遗失，并且他必须按照一杆加距离的处罚（规则 18.2b）把另一个球投入比赛状态，因为在 3 分钟找球时间结束时尚无法知道或几乎肯定这个球已经被另一名球员击打了。

四、最近完全补救点

"最近完全补救点" 指的是从异常球场状况（规则 16.1）、危险动物情景（规则 16.2）、错误果岭（规则 13.1f）或禁打区（规则 16.1f 和 17.1e）采取免罚补救，或者按照某当地规则采取补救时的参考点。它是一个估计点，如果球在该点将符合以下所有条件：

（1）离球的初始位置最近，但是不比初始位置更靠近球洞；

（2）位于规定的球场区域内；

（3）用假设该状况不存在时球员将从球的初始位置使用的击球方式进行衡量，该状况不再对这次击球构成妨碍。

估计这个参考点要求球员确认这次击球原本要选择使用的球杆、站位、挥杆和打球线。

球员不必实际站位并用所选择的球杆挥杆来模拟这次击球，尽管通常建议球员这样做以便准确估计参考点。

最近完全补救点仅与采取补救的具体状况相关，它所在的位置可能会存在其他妨碍，此时要按照以下方式处理：

如果球员采取补救后又受到另一个允许采取补救的状况的妨碍，可以再次采取补救，从这个新的状况再确认一个新的最近完全补救点。

对各个状况必须分开采取补救，除非从各个状况都采取独立补救之后可以合理地得出结论——继续这样做将导致这两种状况持续相互构成妨碍，此时球员可以针对这两种状况确定最近完全补救点，然后在此基础上同时从两种状况采取补救。

五、最大可用补救点

“最大可用补救点”指的是从沙坑内的异常球场状况（规则 16.1c）或推杆果岭上的异常球场状况（规则 16.1d）采取免罚补救时，当没有最近完全补救点时的一个参考点。它是一个估计点，如果球在该点将符合以下所有条件：

（1）离球的初始位置最近，但是不比初始位置更靠近球洞；

（2）位于规定的球场区域内；

（3）用假设该状况不存在时球员将从球的初始位置使用的击球方式进行衡量，此异常球场状况对这次击球构成的妨碍最小。

估计这个参考点要求球员确认这次击球原本要选择使用的球杆、站位、挥杆和打球线。

球员不必实际站位并用所选择的球杆挥杆来模拟这次击球，尽管通常建议球员这样做以便准确估计参考点。

可以通过比较对球位、球员的预计站位区域和预计挥杆区域，以及打球线（仅适用于推杆果岭上）的相对妨碍程度找到最大可用补救点。以从临时积水采取补救为例：

最大可用补救点可能是这样一个位置：如果在这里补救，球所在位置的水比球员站立所在位置的水更浅（对站位的影响大过对球位和挥杆的影响）；或球所在位置的水比球员站立所在位置的水更深（对球位和挥杆的影响大过对站位的影响）。

在推杆果岭上，最大可用补救点可能要根据这样一条打球线进行确定：在这里补救，球需要滚过临时积水最浅或最短的地方。

六、暂定球

“暂定球”指的是球员刚打的球可能出现以下状况之一时打的另一个球：出界或在罚杆区外遗失。除非暂定球按照规则 18.3c 的规定成为比赛中球，否则它不是球员的比赛中球。

球员的初始球可能在罚杆区以外遗失，于是击打了暂定球停在 A 点，只要因为 A 点比初始球的估计位置更远离球洞，球员就可以在 A 点打暂定球且不丧失其暂定球的性质。要注意的是，比初始球的估计位置更远离球洞，只要在比初始球的估计位置更靠近球洞的地方击打了暂定球，暂定球就成为比赛中球。

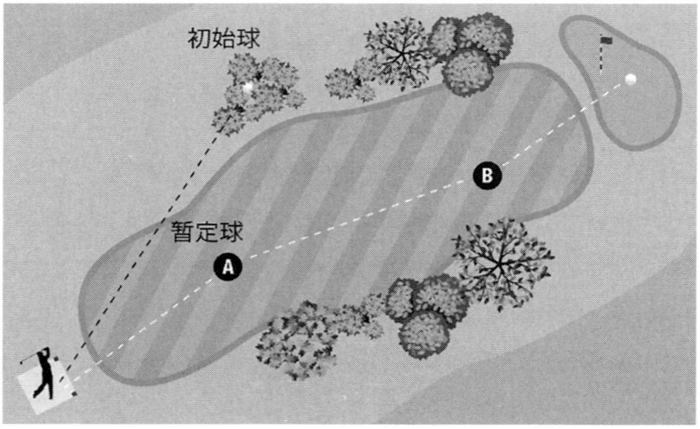

暂定球

七、放置回原位

“放置回原位”指的是把一个球放下然后松手，其意图是使这个球进入比赛状态。

如果球员把一个球放下，但是并没有使其进入比赛状态的意图，则这个球没有被放置回原位，也没有处于比赛状态（参见规则 14.4）。

任何时候，当某条规则要求把一个球放置回原位时，由这条规则指出必须把这个球放置回原位的具体位置。

八、标记

“标记”指的是通过以下两种方式之一指示一个球静止后的位置：

（1）在紧靠这个球后或球旁边放置一个球标；

（2）持握球杆置于紧靠这个球后或球旁边的地面上。

标记是为了指示一个球被拿起后必须放置回原位。

九、替换

“替换”指的是通过使另一个球成为比赛中球的方式更换球员在某个球洞比赛中正使用的球。

当球员用任何方式把另一个球而不是其初始球投入比赛状态后（参见规则 14.4），他就已经用这个球进行了替换，无论初始球处于以下哪种状况：

（1）处于比赛状态；或因为已从球场上被拿起、遗失或出界而脱离比赛状态；

（2）替换球是球员的处于比赛状态的球，即使把它放置回原位、抛或放置时使用了错误的方式或错误的地方；或规则要求球员把初始球重新投入比赛状态而非替换另一个球。

十、一杆加距离

“一杆加距离”指的是球员按照规则 17、规则 18 或规则 19 采取补救时从上一次击球的地方打一个球的处置程序和处罚（参见规则 14.6）。

一杆加距离这个术语的意思是球员要同时：被罚 1 杆；并且损失从上一次向球洞方向击球所获得的任何距离上的利益。

十一、遗失

“遗失”指的是一个球在球员或其球童（或球员的伙伴或伙伴的球童）开

始找球后 3 分钟内未找到它的状态。球员宣布一个球遗失并不能使该球遗失。

如果球员为了使其他人代为找球而有意延误开始找球的时间，其找球时间将从假设球员没有延误时本应抵达该区域的时间开始计算。

如果找球过程开始后又因合理原因而临时中断（例如比赛暂停后球员停止找球，或球员需要站在一边等待另一名球员打球），或者球员误认了一个错球，则：从中断找球到恢复找球的这段时间不计入其中；而且把中断前和恢复后的找球时间合起来，允许找球的时间总计 3 分钟。

释义 1：球能被宣布遗失吗?

球员不可以通过宣布来使一个球遗失。一个球仅当它在球员或他的球童或伙伴开始寻找这个球之后的 3 分钟内没有被找到时才成为遗失球。

例如：球员找了 2 分钟球，然后宣布其遗失并往回走去打另一个球。在该球员把另一个球投入比赛状态之前，初始球在 3 分钟找球时限内被找到了。因为球员不可以通过宣布来使他的球遗失，因此初始球仍在比赛状态。

释义 2：球员可以延误开始找球的时间以获得利益吗?

一个球的 3 分钟找球时间自球员或他的球童（或者球员的伙伴或伙伴的球童）开始寻找这个球时开始。球员不得通过让其他人为他找球来延误开始找球以获得利益。

例如：球员正走向他的球，此时一些观众已经在寻找这个球，则该球员不得故意延误到达该区域的时间以阻止 3 分钟的找球时间开始。在这样的情况下，找球时间从该球员在他没有故意延误到达该区域的情况下原本应该到达找球的位置时开始。

释义 3：球员返回去打暂定球用的时间算在找球时间内吗?

如果球员已经开始寻找他的球之后，然后往回走去上一次击球的地点打一个暂定球，则无论是否有任何人继续寻找该球员的球，3 分钟的找球时间都将继续。

释义 4：寻找两个球时的找球时间是多少分钟?

当球员在打两个球（例如比赛中球和一个暂定球）并正在寻找这两个球时，该球员是否有两个独立的 3 分钟找球时间将取决于这两个球彼此间的距离。

如果这两个球在相同的区域内，能够同时寻找它们，则该球员仅有 3 分钟来寻找这两个球。但是，如果这两个球在不同的区域（例如球道相对的两侧），则该球员每个球都可以有 3 分钟的找球时间。

十二、错球

“错球”指的是除球员的以下球之外的任何球：

（1）比赛中球（无论是初始球还是替换球）；

（2）暂定球（在其按照规则 18.3c 被放弃之前）；

（3）比杆赛中按照规则 14.7b 或 20.1c 打的第二个球。

错球的例子有：另一名球员的比赛中球；被遗弃的球；或球员已经出界的球，遗失的球，或者被拿起后尚未投入的球。

释义：错球的一部分仍是错球吗？

球员把一个被遗弃的球误认为是自己的比赛中球，如果该球员对这个被遗弃的球的一部分进行了击球，则他即构成击打错球，此时规则 6.3c 适用。

十三、错误的地方

“错误的地方”指的是球场内除规则要求或允许球员打球的地方以外的任何其他地方。

（1）以下是一些从错误的地方打球的例子：

①规则要求把一个球放置回原位时，球员将其放置到错误的地点或没有放置回原位并打了这个球。

②在规定的补救区之外打了抛下去的球。

③按照错误的规则补救，因此把球抛在了规则不允许的地方并打了这个球。

④在禁打区内打球，或者当禁打区妨碍球员的预计站位或挥杆区域时打球。

（2）以下情况，球员没有从错误的地方打球：

①开始一洞的比赛时从发球区外打了球，或者在试图纠正该错误时从发球区外打了球（参见规则 6.1b）。

②规则要求球员重新打一个球，但是球员却从球静止的地方打了球。

第六节　比赛赛制

一、比洞赛

“比洞赛”是一种赛制，由一名球员或一方在一轮或数轮面对面的比赛中直接对抗一名对手或另外一方。

在这种赛制中：一名球员或一方如果用较少的杆数（包括击球次数和罚杆）完成一洞，即赢得该洞；以及一名球员或一方如果领先对手或另外一方的洞数多于尚未打的洞数，即赢得该场比赛。

比洞赛有个人赛（一名球员直接对抗一名对手）、三球赛或两方（每一方两名伙伴）之间的四人二球赛或四球赛形式。

二、比杆赛

“比杆赛”是一种赛制，由一名球员或一方对抗比赛中所有其他的球员或参赛方。

在常规比杆赛赛制中（参见规则 3.3）：一名球员或一方在一轮比赛的成绩是其在各个球洞击球进洞所用的杆数（包括击球次数和任何罚杆）的总和；以及用最少的总杆杆数完成所有轮次的球员或一方是获胜者。其他记分形式不同的比杆赛赛制有定分式比赛、封顶赛和标准杆比赛 / 波基比赛（参见规则 21）。

所有的比杆赛赛制都可以分为个人比赛（各球员单独参赛）和由伙伴组成的参赛方的比赛（四人二球赛或四球赛）。

三、四球赛

“四球赛”是一种赛制，每一方均由两名伙伴组成参赛，但每名球员只打自己的球。一个球洞中，两名伙伴中杆数较少的那个人的成绩就是这一方在这个洞的成绩。

四球赛可以是两名伙伴组成的一方与另两名伙伴组成的另一方之间的比

洞赛，也可以是两名伙伴组成的多方之间的比杆赛。

四、四人二球赛

“四人二球赛”也称“轮换击球赛”。由两名伙伴组成一方参与比赛，在各球洞两人以轮换顺序打一个球。

四人二球赛可以是两名伙伴组成的一方与另两名伙伴组成的另一方之间的比洞赛，也可以是两名伙伴组成的多方之间的比杆赛。除了要求伙伴之间在各发球区轮换打球以开始一洞的比赛，以及此后轮换打球直至完成各洞的比赛之外，这个赛制的规则基本上和个人赛的规则一致。

五、封顶赛

“封顶赛”是一种比杆赛赛制，委员会为一名球员或一方在一洞的杆数（包括击球次数和任何罚杆）设定了上限（封顶杆数），如两倍标准杆，某个固定的杆数或净杆双波基等。

封顶赛是一种适合业余赛的赛制，可以有效缩短比赛时长。

六、标准杆比赛 / 波基比赛

“标准杆比赛 / 波基比赛”是一种比杆赛赛制，它以比洞赛的记分方式记录成绩：球员或一方完成一洞的杆数（包括击球次数和任何罚杆），少于或多于委员会为这个洞设定的固定目标杆数时，他相应地在该洞胜或负；以及球员或一方胜的洞数和负的洞数之差（即胜的洞数再减去负的洞数）最高者赢得比赛。

七、定分式比赛

“定分式比赛”是一种比杆赛赛制，它具有以下特点：一名球员或一方在一个洞的成绩按照得分计算，该得分通过比较球员或一方在该洞的杆数（包括击球次数和罚杆）和委员会为该洞所设定的固定目标杆数而得出；并且以最多的分数完成所有轮次的球员或一方在该比赛中获胜。

八、三球赛

“三球赛”是一种比洞赛赛制：三名球员中每一名球员都同时在与另外两名球员打个人比洞赛；并且每一名球员在这两场比洞赛中只打一个球。

第七节　其他定义

一、助言

“助言”指的是意图在以下几个方面影响球员的任何口头评论或行为（例如展示刚才击球使用的球杆）：一是选择球杆；二是击球；三是决定一洞或一轮比赛过程中如何打球。但是助言不包括公开的信息，例如：物体（如球洞、推杆果岭、球道、罚杆区、沙坑或其他球员的球）在球场上的位置；从某一点到另一点的距离；风向；规则。

释义 1：哪些是属于助言的一些口头评论或行为？

评论或行为被认为是助言而不被规则所允许的情况包括以下示例：

球员说了一些关于球杆选择方面的言论并故意使该言论被另一名球员听到，并且这名球员要进行相似的击球。

如：球员 A 向球员 B 示范如何打下一次击球。因为球员 B 尚未完成本洞的比赛，所以球员 A 要在第 7 洞受到处罚。但是，如果球员 A 和球员 B 都已经完成了第 7 洞的比赛，则球员 A 受到的处罚要施加在第 8 洞。

又如：球员 A 的球停在一个差的球位上。当该球员正在考虑应该如何处理的时候，另一名球员评论说，“你根本打不了这个球。如果我是你，我就会决定采取不可打之球的补救”。这个评论属于助言，因为它可能影响到该球员决定在本洞比赛中如何打球。

再如：一个罚杆区的面积很大并且充满水，当一名球员正准备把他的球从这个罚杆区的上方打过去时，同组的另一名球员评论说，“你看，风是对着你的脸吹的，要打过这片水域需要 250 码！”

释义 2：哪些是不属于助言的一些口头评论或行为？

有些评论或行为不是助言，包括以下示例：

● 在第 6 洞的比赛期间，一名球员询问另一名球员他在第 4 洞使用的是什么球杆，并且第 4 洞是一个与第 6 洞距离相近的三杆洞。

● 球员第二杆的击球落在了推杆果岭上。另一名球员的击球差不多一样。然后，第一个球员问第二名球员第二杆使用的是什么球杆。

● 一名球员击完球后，对另一名还没有攻上果岭的同组球员说，“我本来应该用 5 号铁的”，但是并非要故意影响他打球。

● 球员往另一名球员的球包里看，以确定他上一次击球使用的是哪支球杆，但是没有触碰或移动任何物品。

● 在为推杆瞄线的过程中，球员误把一名球童当作了自己的球童，于是向这名球童征询助言。但该球员立即意识到了这个错误，并告诉这名球童不要回答。

二、影响击球的环境

“影响击球的环境”（中文简称“击球环境”）指的是球员的静止中球的球位、预计站位区域、预计挥杆区域、打球线和球员将要抛球或放置球的补救区。

“预计站位区域”既包括球员将要摆放其双脚的位置，也包括可能适度影响球员准备和实施这次预计击球时摆放身体的方式和地点的整片区域。

“预计挥杆区域”包括可能适度影响预计击球动作的上杆、下杆或收杆部分的整片区域。

“球位”“打球线”和“补救区”这些术语都有其各自的定义。

三、一般性处罚

“一般性处罚”指的是比洞赛中的该洞负或比杆赛中的罚 2 杆。

四、进洞

当一个球在击球后静止在球洞内，并且整体都在推杆果岭表面以下时，这个球即“进洞”。当规则里提及“击球进洞”时，其意思是球员的球进洞。

球倚靠球洞内的旗杆静止的特殊状况，参见规则 13.2c（如果球的任何一部分低于推杆果岭表面以下，这个球即被视为进洞）。

释义 1：球陷入球洞侧壁时，球的整体必须全部在地面以下才属于进洞。

球陷入球洞侧壁且这个球的整体没有全部低于推杆果岭的地面时，这个球没有进洞。即使这个球触及旗杆，情况也相同。

释义 2：球尚未“静止”但仍被认为已经进洞的情况。

进洞的定义中“静止”一词是为了明确，如果一个球落入球洞内又反弹出来时，它不算进洞。但是，当一个球仍在运动中（例如正在球洞底部盘旋或弹跳）时，如果球员将它从球洞中移走，则尽管这个球尚未静止在这个球洞内，但它将被视作进洞。

五、比赛状态 / 比赛中

“比赛状态 / 比赛中”指的是球员的球位于球场上并且正在一洞比赛过程中被使用的状态。

以下情况下，球在一个球洞开始进入比赛状态：

（1）球员从发球区内击打这个球；

（2）比洞赛中，球员从发球区外击打这个球，但是对手没有按照规则 6.1b 取消这次击球。

这个球在进洞之前一直处于比赛状态。但发生以下情况之一后，即脱离比赛状态：球被人从球场拿起；球遗失（即使静止在球场上）或静止在界外；或球被另一个球替换（即使规则不允许）。没有处于比赛状态的球是错球。

球员在任何时候都不得有多于一个比赛中球。（关于球员可以在同一时间于一个球洞打多个球的有限状况，参见规则 6.3d。）当规则提及一个静止中球或运动中球时，其意思是这个球处于比赛状态。

当用球标标记一个比赛中球的地点时：如果这个球尚未被拿起，它仍处于比赛状态；此外如果这个球被拿起并放置回原位，即使还未移走球标，它也处于比赛状态。

六、球位

“球位”指的是一个球静止的位置，以及任何触及或紧靠这个球的生长着的或连接着的自然物体、不可移动妨碍物、基本组成物或界外标志。

散置障碍物和可移动妨碍物不属于球位的一部分。

七、打球线

“打球线”指的是球员希望击球之后这个球运动的线路，包括该线路向地面上空及其两侧延伸的适当距离所构成的区域。

打球线不一定是两点之间的直线（例如，根据球员希望球运动的路线，它可能是一条曲线）。

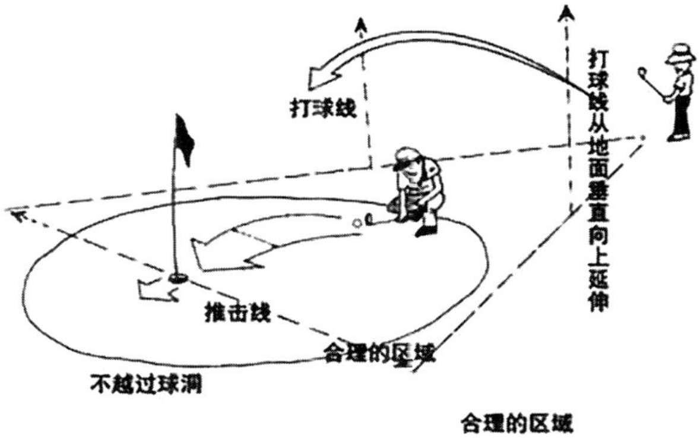

打球线

八、移动

“移动”指的是一个静止中球离开其初始位置并静止在任何其他位置，而且肉眼可以看到这个现象（无论是否有任何人实际看到）。

无论这个球是从初始位置上升、下降，还是在任何方向上水平移开，上述解释均适用。

如果这个球只是摇晃，但仍停在其初始位置或者又回到其初始位置，则这个球没有移动。

释义 1：静止在某个物体上的球何时算“移动”？

出于决定一个球是否必须被放置回原位或球员是否应受到处罚的目的，如果这个球静止在一个较大的环境中或一个物体上，仅当它相对于这个环境的某一特定部分或相对于该物体已经移动了时，这个球才被视为已经移动。

球未移动的示例：球静止在一棵树的树枝上，然后这个树枝发生了移动，但这个球在树枝上的地点没有改变。

球发生移动的示例包括以下场合：

● 球静止在一个平稳放置的塑料杯内，因为被风吹，这个杯子本身相对地面发生了移动。

● 球静止在一辆停着的电动球车之内或之上，这辆球车开始移动。

释义 2：视频证据显示静止中球变动了位置但变动的幅度无法被肉眼正常辨识时，该如何判罚？

决定一个球是否已经移动时，球员必须基于当时他可以合理获得的所有信息来进行判断，以便能够决定一个球是否必须按照规则被放置回原位。当球员的球已经离开其初始位置并静止在另一个地方，但移动的距离在当时无法被肉眼正常辨识时，球员认为这个球没有移动的决定是最终的，即使之后通过使用精密的技术显示该决定是错误的亦如此。

另外，如果委员会基于其获得的所有证据判定这个球本身位置的变动幅度大到在当时通过肉眼可以合理地辨识出来，则这个球将被判定为已经移动了，尽管没有人实际看到它发生了移动。

九、严重违规

“严重违规”指的是比杆赛中当球员从错误的地方打球后，与在正确的地方击球相比，他获得了重大利益。

在进行比较以决定是否存在严重违规时，要考虑的因素包括：

这次击球的难度、球和球洞之间的距离、打球线上的障碍物存在的影响以及击球环境。

严重违规的概念不适用于比洞赛，因为比洞赛中如果球员从错误的地方打球，他将在该洞负。

十、站位

“站位”指的是球员在准备击球和击球时双脚和身体摆放的位置。

十一、击球

“击球 / 击打”指的是为击打球而使球杆向前的运动。

但以下情况不算作一次击球：

（1）如果球员在下杆过程中决定不击打这个球，并在杆头到达球之前有意将其停住，或者在无法停下来的时候有意错过球，以避免击中这个球。

（2）如果球员在试挥或准备击球时不小心击中了这个球。

当规则提及“打球”时，其意思等同于“击球”。球员在一洞或一轮的成绩用击球的次数（中文也常称作“杆数”）描述，它既包括击球次数，也包括任何罚杆（参见规则 3.1c）。

释义：如何判定进行了击球?

如果球员带着击球的意图开始下杆，在以下场合，他的行为将被算作击球：

● 杆头被外部因素（例如树枝）变向或停止，无论是否打到这个球。

● 下杆过程中，杆头与杆身分离。该球员仅用杆身继续挥杆，无论杆身是否打到这个球。

● 下杆过程中，杆头与杆身分离。该球员单独用杆身继续挥杆，杆头掉下来并击中了这个球。

在下列每种情况中，球员的行为都不算作击球：

● 下杆过程中，球员的杆头与杆身分离。该球员在球杆到达球之前停止了挥杆，但是杆头掉下来，击中并移动了这个球。

● 上杆过程中，球员的杆头与杆身分离。该球员用杆身完成了挥杆，但是没有击中这个球。

● 球停在树枝上，用球杆够不着这个球。当球员通过击打该树枝较低的部分而不是击打这个球的方式来移动这个球时，规则 9.4（球被球员拿起或移动）将适用。

第四章　高尔夫球比赛的基本原则

第一节　高尔夫球运动、球员的行为和规则（规则 1）

高尔夫球运动的核心原则是在球场的现有状况打球和在球的现有位置打球；遵照规则打球，尊重这项运动的精神。球员如果违反了某条规则，有责任对自己施加处罚，从而使自己不会得到任何高于比洞赛对手或比杆赛其他球员的潜在利益。

一、高尔夫球运动（规则 1.1）

高尔夫球是在球场上用球杆击打一个球，完成一轮 18 个（或更少）球洞的运动。

每个球洞的比赛均从发球区的击球开始，当球在推杆果岭上进洞后（或者规则另行规定该洞已完成后），这个球洞的比赛即结束。

每次击球，球员都要在球场的现有状况打球以及在球的现有位置打球。但是，规则有时也会允许球员改变球场上的状况并要求或允许他从另一个地方而非现有位置打这个球。

二、球员的行为标准（规则 1.2）

（一）所有球员都应展现的行为

规则期望所有球员都能尊重本项运动的精神，按照以下方式打球：

诚信自律——例如遵守规则，严格实施处罚，真诚坦荡。

为他人着想——例如快速打球，顾及他人安全，不干扰其他球员打球。如果球员击出去的球有可能打到其他人，他应当立即发出警告，例如使用常见的警告用语“看球”。

悉心保护球场——例如铺回铲起的草皮，平整沙坑，修理球痕，以及不使球场遭到无谓的损伤。

对于不按照上述方式行事的球员，规则本身并没有处罚。但是，如果委员会认为某球员的行为严重不当，他可以因行为有悖本项运动的精神而被取消比赛资格。

“行为严重不当”指的是球员的举止严重背离高尔夫球运动公认的行为准则，此时对其实施最严厉的制裁——逐出比赛，是恰当的处罚方式。

取消资格以外的处罚，只有当其被纳入规则里的“行为准则”时，才会施加。

（二）行为准则

委员会可以制定自己的球员行为标准，将其写入“行为准则”并纳入当地规则。该准则可以包含违反其标准的处罚，如罚 1 杆或一般性处罚。如球员的行为不符合该准则的标准，委员会也可以因严重行为不当而取消该球员的资格。

三、遵照规则打球（规则 1.3）

（一）“规则”的含义和竞赛规程

“规则”的意思是指《高尔夫球规则》的 1~25 条和定义，以及委员会为比赛或球场采取的任何“当地规则”。

球员还有责任遵守委员会制定的所有的“竞赛规程”（如报名要求、赛制、比赛日期、比赛轮次以及一轮比赛的球洞数目和顺序等）。

（二）执行规则

1. 球员执行规则的责任

球员有责任自觉执行规则：违反了规则后，球员应当认识到这一点并诚实地对自己施加处罚。

如果球员知道自己已经违反某条规则并受到处罚，但故意不施加处罚，该球员要被取消资格。

如果两名或更多名球员故意协商无视任何他们明知适用的规则或处罚，并且他们中的任何一人已经开始这一轮比赛，这些球员要被取消资格（即使他们尚未按照该协议行动）。

需要决定事实问题时，球员不仅有责任考虑自己了解到的事实情况，还有责任考虑其他可以合理获知的有用信息。

球员可以向裁判员或委员会寻求规则方面的帮助，但是，如果无法在合理的时间内得到帮助，球员必须继续比赛，以后再寻机将问题反映给裁判员或委员会。

2. 执行规则时接受球员在决定位置方面的“合理判断”

许多规则要求球员按照规则决定一个地点、一条线、一片区域或其他位置，例如：估计球最后穿越罚杆区边沿的点；在抛球或放置球以采取补救时的估计或测量；把球放置回其初始位置（这个点可能是已知的，也可能需要估计）；确定球所在的球场区域，包括球是否位于球场内；确定球是否触及异常球场状况或位于异常球场状况之内或之上。

决定这些位置需要快速、谨慎，但常常没有办法做到精确。只要球员在当时的情况下尽其所能做了准确的决定，其合理判断就将被接受，即使击球后有视频证据或其他信息显示此前的决定是错误的也依旧如此。

如果球员在击球前意识到自己的决定是错误的，必须予以纠正。

（三）处罚

1. 招致处罚的行为

当球员本人或其球童的行为违反规则时，将施加处罚。以下情况，也将施加处罚：

某种行为由球员或球童做是违规的，但另一个人却在球员的要求下或者在得到球员准许后做了这种行为；或球员看到另一个人正要对球员自己的球或装备采取行动，而且球员知道如果自己或球童采取该行动的话是违规的，但是他却没有采取合理的措施提出反对或制止此事发生。

2. 处罚的级别

处罚的本意是抵消球员获得的潜在利益。

共有三种主要的处罚级别：

罚 1 杆。无论比洞赛还是比杆赛，当按照某些规则发生如下状况之一时，即施加这种处罚：一是违规所获得的潜在利益微小；二是球员进行罚杆补救，在初始球所在位置以外的地方打一个球。

一般性处罚（比洞赛该洞负，比杆赛罚 2 杆）。大多数违规情况下，球员所获得的潜在利益比罚 1 杆更大，此时要施加一般性处罚。

取消资格。无论比洞赛还是比杆赛，当球员的某些行为或违规涉及严重行为不当，或者所获潜在利益过大以至于无法认定其成绩有效时，该球员可能被取消此次比赛的资格。

3. 不得擅自更改处罚

处罚只能根据规则的规定予以施加：无论球员还是委员会，都无权另行施加处罚；以及只有时限已过而无法纠正的情况下，才可维持错罚和未罚的结果。

比洞赛中，球员和对手可以协商决定某个规则事项的处理方式，但不得故意协商用错误的方式执行规则。

4. 对多重违规实施处罚

球员是否会因违反多条规则或多次违反同一条规则而受到多重处罚，取决于这之间是否存在介入事件以及球员具体的行为。

出于运用本规则的目的，以下两种情况属于介入事件：

（1）完成一次击球；

（2）知晓或开始意识到自己违反了规则（这包括球员知道自己违反了规则、被告知违反了规则以及球员不确定自己是否已经违反了规则）。

处罚的方式如下：

● 对于两个介入事件之间发生的多次违规实施单一处罚：如果球员在两个介入事件之间违反多条规则或者多次违反同一条规则，球员仅受到一种处罚。

如果违反的规则涉及不同的处罚级别，球员仅受到较高级别的处罚。

● 对于发生在介入事件之前以及之后的违规实施多重处罚：如果球员违反了某条规则，此后在某介入事件发生后他又违反了同一规则或其他规则，球员将受到多重处罚。

例外——没有将被移动的球放置回原位：如果球员被要求按照规则 9.4 把一个被移动的球放置回原位，但他却没有这样做，并且从错误的地方打了球，他将仅按照规则 14.7a 受到一般性处罚。

但是，球员因进行补救而受到的任何罚杆（如规则 17.1 、规则 18.1 和规则 19.2 的一杆罚杆）一定要附加在任何其他处罚之上。

规则 1

释义 1. 什么是“严重行为不当”？

规则 1 中“严重行为不当”表述的目的是涵盖球员的行为，这些行为与高尔夫球的行为准则相去甚远，以至于出于公平原则，要对这些行为施加最严厉的制裁，将一名球员从比赛中除名。这种行为包括不诚实、故意损害其他球员的权利或危及他人安全。委员会必须考虑所有情况以判定该行为不当是否严重。即使委员判定该行为不当是严重的，建议先考虑对球员进行警告，如果再次发生该行为不当或类似的行为不当，将导致其被取消资格更为合适，而不是第一次违规时就取消其资格。

球员采取以下这些行为时，有可能被认作严重行为不当，包括以下示例：

● 故意造成推杆果岭严重受损。

● 不遵守球场的设置，擅自移动发球区标志或界外标志。

● 把球杆扔向其他球员或观众。

● 在其他球员打球时故意制造干扰。

● 另一名球员要求他把散置障碍物或可移动妨碍物留在原位后，为了造成对该另一名球员的不利影响，仍将他们移走。

- 比杆赛中，静止中球妨碍了另一名球员打球时，反复拒绝拿起这个球。
- 为了协助球员的伙伴（如在推杆果岭上帮助球员的伙伴带线），故意先把球打向远离球洞的方向，然后再打向球洞。
- 多次使用粗俗的或挑衅性的语言。
- 使用以形成不正当优势为目的而建立的差点，或使用当前正比赛轮次建立这样的差点。

球员采取以下这些行为时，虽然涉及行为不当，但不太可能被认为是严重行为不当，包括以下示例：

- 将球杆摔向地面、损坏球杆以及导致草皮轻微受损。
- 将球杆扔向球包时不小心砸到其他人。
- 无意中干扰到其他球员击球。

释义 2. 明知某条规则但故意协商无视该规则时球员是否要被取消资格？

如果两名或更多名球员故意协商无视任何他们明知适用的规则或处罚，这些球员要被取消资格，但该商定是在本轮比赛开始之前达成并且在参与协商的任何一名球员开始他的本轮比赛之前被取消时除外。

例如，比杆赛中，两名球员明知他们在每个球洞都必须击球进洞，却事先协商认可所有距球洞一支球杆的长度范围内的短推。在第一个推杆果岭时，同组的另一名球员知道了该协议。该球员坚持要求达成该协议的这两名球员完成击球进洞，之后这两名球员这样做了。尽管任何一位参与协商的球员都没有履行所达成协议而未击球进洞，但他们仍要被取消资格，因为他们故意协商无视规则。

释义 3. 协商无视某一规则或处罚的前提是球员必须知道存在该规则吗？

球员们不知道某条规则或者不知道受到了某个处罚时，如果他们协商免除该规则或未施加该处罚，规则不适用，并且不对这些球员进行处罚。

两名球员不知道某条规则，或者他们没有施加某个处罚，并且因此没有被按照规则取消资格的例子包括：

- 比洞赛中，两名球员事先协商认可所有特定距离之内的短推，但是他们并不知道规则禁止他们用这样的方式协商认可推球。

● 在一次 36 洞的比洞赛之前，两名球员协商只打 18 个球洞，之后落后的一方认输整场比赛。但是他们不知道这个协议不符合竞赛规程。比洞赛按照该协议继续进行，完成了 18 个球洞的比赛后，落后的球员认输了整场比赛。因为这些球员不知道规则不允许进行这种协商，所以认输的结果有效。

● 比杆赛中，球员和他的计分员（为另一名球员）不确定整修地补救区的范围是一支球杆的长度还是两支球杆的长度。因为不知道该规则，他们协商采用两支球杆长度，之后，该球员采取了补救，在从最近完全补救点差不多两支球杆长度的地方抛了一个球。在该轮比赛结束前，委员会知道了这件事。因为他们不知道该规则，所以其中的任何一位球员都不会被取消资格。但是，该球员已经构成从错误的地方打球，并且要按照规则（从错误的地方打球）受到处罚。

释义 4. 其他人为球员采取了违规行为，怎么办?

另外一个人的违规行为涉及球员时，如果该行为是在球员的要求下发生的，或者如果球员看到该行为并允许它发生时，球员要对该行为负责。

球员因为应他要求或允许发生的行为而受到处罚的例子包括：

● 球员的球的旁边有一个散置障碍物，他请一名观众将散置障碍物移走。如果这个球因此发生移动，球员要按照规则（拿起或故意触碰球，或导致球移动的处罚）被罚 1 杆，同时这个球必须被放置回原位。

● 在长草中寻找球员的球时，一名观众找到了这个球，然后将这个球周围的草向下按压，正在改善击球环境。如果球员看到其正要发生，却没有采取合理行动阻止观众的行为，球员要因为违反了规则（球员改善击球环境的行为）受到一般性处罚。

释义 5. 多次违规之间介入其他事件，会导致球员受到多重处罚吗?

当球员多次违反多条规则或同一规则时，在多次违规之间如果有其他事件介入，该球员将受到多重处罚。

会导致球员受到多重处罚的事件：

（1）击球。例如：在比杆赛中，球员的球在灌木丛附近。球员折断了树枝，这将改善预期挥杆区域（违反规则 8.1a）。球员击球失误，然后折断了更多的树枝（违反规则 8.1a）。在这种情况下，没有击中球的击球是两次违规之间的一个中间事件。因此，根据规则 8.1a，该球员将受到两个单独的一般性处罚，总共四杆。

（2）推球。例如：

①在比杆赛中，球员的球在树下。球员折断了树枝，改善了影响击球的条件，但随后决定球不能打。根据规则 19.2c，球员在两杆范围内抛了球，然后折断更多的树枝。除了根据规则 19.2 罚一杆以外，球员将根据规则 8.1a，因为改善影响击球环境而受到两次单独的一般性处罚，共罚五杆。

②球员的球在球道上，他意外地移动了球。根据规则 9.4，把球放回原位并罚一杆。击球前，球员不小心再次移动了球。球员再次罚一杆，必须再次将球放回原位，总共罚两杆。

③意识到违反规则。例如：在比杆赛中，球员的球在沙坑里，球员每次试挥都碰到了沙子。另一个球员告知这是违反规则的，球员不认同，并采取了几次更多的试挥，并仍然触碰到了沙子。正确地告知球员违反规则是一种干预事件，因此，根据规则 12.2b，该球员将受到两次单独的一般性处罚，总共罚四杆。

释义 6. 单一行为导致多重违规时，该如何判罚？

一个行为可能违反两条不同的规则，在这种情况下，只施加一个处罚。两条规则处罚不同的情况下，将对球员施加较高级别的处罚。

例如，一名球员在比赛中按下他球后的草地并且改善了球在长草中的球位，同时不小心移动了球。这单一行为（向下按压草）违反了两条规则，即规则 8.1a（球员改善击球环境的行为）和规则 9.4b（拿起或故意触碰球，或导致球移动），只施加一次处罚。

在本例中，规则 8.1a 的处罚为一般性处罚，规则 9.4b 的处罚为罚一杆。因此，在比赛中采用较高级别的处罚：球员在比洞赛中该洞负；或在比杆赛中罚两杆，并且必须把球放回原位。

释义 7.“无关行为”的含义是什么？

规则 1.3c（4）中无关行为是属于不同类型或不同过程的行为。

适用多重处罚的无关行为包括：

- 试挥时碰到沙坑里的沙子并且弯曲了影响挥杆的树枝。

● 移动了一个不可移动妨碍物改善了球员的挥杆区域并且向下按压了球后的草。

只适用一种处罚的相关行为包括：

● 在沙坑里试挥并且每次都碰到了沙子。

● 征询两种不同的助言，比如球员用的是什么球杆，风向是什么，这两种助言都与选择下次击球用的球杆的过程有关。

释义 8. 没有把球放回原位是一个单独的“无关行为”吗?

如比杆赛中，球员在向下按压草并导致球移动的行为，同时违反了两条规则（规则 8.1a 和规则 9.4b），导致根据规则 8.1a 施加处罚（球员改善击球环境的行为）。

然而，规则 9.4b（拿起或故意触碰球，或导致球移动）要求将被移动的球放回原位，如果在击球前未执行，则根据规则 9.4b 球员将增加额外的两杆罚杆，没有把球放回原位被认为是一个单独无关的行为。

释义 9. 发生违规的那轮成绩无效时，会取消球员整场比赛的资格吗?

在一些比赛中，不是全部轮的比赛成绩有效时，则球员不会因为在单独一轮比赛中被取消资格而被取消整场的资格。

球员不被取消整场比赛的资格的示例：

● 差点比赛中，四轮比赛中最好的两轮成绩有效。在第一轮比赛中，球员错误地提交填写了虚高差点的计分卡，并且影响到了其在第一轮比赛中接受的差点杆数。因为这个虚高差点影响到了该球员接受的差点杆数，在这场比赛的第一轮该球员要被取消资格，但该球员仍有剩下的三轮比赛来确定他的最好的两轮的净杆成绩。

● 一场团体赛中，每队由四名球员组成，各队在每一轮的成绩由该轮比赛中三个最好的成绩相加计算。在第二轮，一名球员因没有对打错球进行纠正而被取消资格。则该球员的成绩不得用于计算本队在第二轮比赛的成绩，但是该球员的成绩可以用于计算本队在该场比赛的任何其他一轮的成绩。

释义 10. 比杆赛附加赛中如何应用取消资格的处罚、认可 / 认输以及错误杆数?

在比杆赛的附加赛期间，按以下方式执行规则：

● 球员被取消资格时（例如用不合规的球杆击球），该球员仅被取消附加赛的资格，但球员有权获得其在本场比赛本身已赢得的任何奖项。

● 在两名球员进行竞争的附加赛中，规则允许一名球员向另一名球员认输该附加赛。

● 球员 A 错误地向球员 B 提供了错误的已打杆数，并且这个错误导致球员 B 拿起了他的球时（例如球员 B 认为他已经在附加赛中负于球员 A），规则允许球员 B 把这个球放置回原位，不受处罚，然后完成该洞的比赛。对球员 A 不施加处罚。

【本章习题】

“高尔夫球运动、球员的行为和规则”讲课视频

一、单选题

1. 高尔夫球规则规定的处罚，有以下哪几种？

A. 罚一杆　　B. 一般性处罚

C. 取消比赛资格（D.Q）　　D. 以上都是

2. 如果一组中的球员正在找球，在下列哪种情况下他们应当请后组球员先行通过？

A. 只有当他们已经找了 3 分钟球以后

B. 一旦发现球很明显不太容易被找到时

C. 仅在标准杆为 5 杆的球洞才可以

D. 以上都对

3. 在走向第 1 洞果岭的过程中，A 和 B 同意打球出界后在球出界的地点抛一个球并罚一杆，尽管他们知道实际上的处罚是一杆加距离，有人听到了他们的对话后告诉 A 和 B 不能这样安排，在此之前两人都还没把球打出界，该如何处理？

A. 他们都要被罚一杆　　B. 他们都要受到一般性处罚

C. 他们都要被取消比赛资格　　D. 都不罚杆

4. 比洞赛中，一名球员在一洞发现自己球包里有 15 支球杆，违反了规则，但是其对手拒绝对其进行处罚，于是该球员宣布不再使用多余的

球杆并继续比赛，委员会如何处置？

A. 取消资格　　B. 罚两杆　　C. 罚一杆　　D. 不罚杆

5. 以下说法不正确的是：

A. 委员会可以依据行为准则编制球员行为规范，并作为当地规则的一部分

B. 除了取消资格外，委员会不得对行为准则所涵盖的球员不当行为施加其他惩罚

C. 委员会可以因为球员严重违反行为准则而取消其比赛资格

6. 比洞赛的一般性处罚是：

A. 罚一杆　　B. 该洞负　　C. 罚两杆　　D. 以上都是

二、判断题

1. 一旦完成一个球洞，球员可以径直走向下一洞，而无须等待本组其他球员全部击球进洞。（　　）

2. 每次击球，球员必须在球场的现有状况和球的现有位置打球。（　　）

3. 出现严重违反礼仪的行为时，委员会可以取消相关球员的比赛资格。（　　）

第二节　球场（规则 2）

一、球场的边界线和界外（规则 2.1）

高尔夫球比赛在委员会设定了边界的球场上进行。不在球场上的区域属于界外。

二、规则划分的球场区域（规则 2.2）

规则将球场划分为五个区域：

（一）普通区

“普通区”指的是除规则描述的四种特定的球场区域之外的所有球场部分。它被称为“普通区”的原因是：它包含了大部分球场。在球到达推杆果岭之前，普通区是球员最经常打球的地方；它还包括了各种地面，以及在该区域生长着的或连接着的物体，如球道、长草和树木。

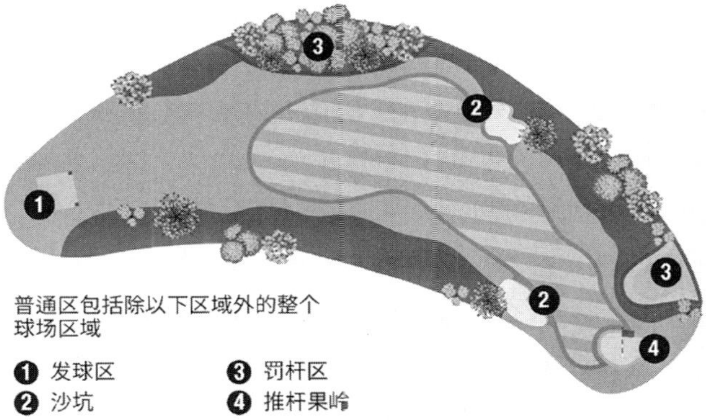

球场区域的划分

（二）四种特定区域

在普通区之外有以下四种球场区域，在这些地方要运用特定的规则：

球员开始其比赛球洞时必须使用的发球区、所有的罚杆区、所有的沙坑、球员正比赛球洞的推杆果岭。

（三）决定球所在位置的球场区域

球所在的球场区域影响着打球或采取补救时要执行的规则。

一个球只能被视为位于一种球场区域内：如果球有一部分同时位于普通区和另外四种特定球场区域之一，则按照这个球位于该特定球场区域进行处理；如果球有一部分同时位于两种特定球场区域内，则按照这个球位于下列顺序靠前的特定区域进行处理：罚杆区、沙坑、推杆果岭。

三、可能妨碍打球的物体或状况（规则 2.3）

对于某些被定义的物体或状况所造成的妨碍，一些规则可能会提供免罚补救措施，如：散置障碍物（规则 15.1）；可移动妨碍物（规则 15.2）；异常球场状况，即动物的洞穴、整修地、不可移动妨碍物和临时积水（规则 16.1）。

但是，对于界外标志或基本组成物对打球造成的妨碍，规则不提供免罚补救。

四、禁打区（规则 2.4）

“禁打区”是被划定的一部分异常球场状况或罚杆区，在此区域不允许打球。

以下情况下，球员必须补救：

他的球位于禁打区内；或禁打区对他在禁打区之外打球的预计站位区域或预计挥杆区域造成妨碍。

【本章习题】

“高尔夫球场的构成”讲课视频

1. 当球同时处于两种球场区域内时，下列哪种说法是正确的？

A. 当球同时位于罚杆区和沙坑时，则球视为在沙坑内

B. 当球同时位于普通区和其中一个特定的球场区域时，则视为球位于这个特定的球场区域内

C. 当球同时位于沙坑和推杆果岭上时，则视为球位于推杆果岭上

D. 以上说法都正确

2. 球场的四种特殊区域是：

A. 球员开始其比赛球洞时必须使用的发球区、罚杆区、沙坑、球员正比赛球洞的推杆果岭

B. 长草区、罚杆区、沙坑、球员正比赛球洞的推杆果岭

C. 球员开始其比赛球洞时必须使用的发球区、长草区、沙坑、球员正比赛球洞的推杆果岭

第三节　高尔夫球比赛（规则 3）

一、所有比赛的核心要素（规则 3.1）

（一）赛制：比洞赛或比杆赛

1. 比洞赛或常规比杆赛

比洞赛或者常规比杆赛是两种差异很大的赛制。比洞赛中，一名球员和一名对手以各洞的结果（胜、负、平）相互竞争。常规比杆赛中，所有球员根据自己的总杆成绩相互竞争。总杆成绩就是各球员在其所有轮次中完成各洞的杆数（包括击球次数和罚杆）之和。

大多数规则同时适用于这两种赛制，但是也有一些规则仅适用于其中的一种。

2. 其他比杆赛赛制

规则 21 阐述了其他一些使用不同计分方法的比杆赛赛制（定分式比赛、封顶赛和标准杆比赛 / 波基比赛）。规则 1~20 仍适用于这些赛制，但是规则 21 对此进行了适度调整。

（二）球员参赛的方式：个人或伙伴

高尔夫比赛中，球员要么单独参赛，要么结成伙伴作为一方参赛。规则 1~20 主要阐述的是个人赛，但它们同时也适用于以下比赛：

涉及伙伴的比赛（四人二球赛和四球赛），但规则 22 和 23 进行了适度调整；以及团体赛，但规则 24 进行了适度调整。

（三）球员计分的方式：总杆成绩和净杆成绩

1. 无差点比赛

在无差点比赛中，球员在一个球洞或一轮比赛中的“总杆成绩”指的是其杆数的总和（包括击球次数和罚杆）。球员的差点不予计算。

2. 差点比赛

在差点比赛中，球员在一个球洞或一轮比赛中的“净杆成绩”指的是按照其差点杆数校正后的总杆成绩。这种方式使得不同水平的球员可以一起公平地比赛。

二、比洞赛（规则 3.2）

由于比洞赛有一些特定的规则（尤其是在关于认可 / 认输和提供已打杆数的信息方面）如：各个球洞都只是球员与其对手相互之间的对抗，球员和对手可以看到相互之间的比赛，球员和对手可以保护自己的利益等，因此在规则方面，比洞赛与比杆赛有着较大的差别。

（一）一洞和一场比赛的结果

1. 赢一洞

球员在以下情况下赢一洞：

（1）该球员用比对手更少的杆数（包括击球次数和罚杆）完成该洞；

（2）对手在该洞认输；

（3）对手受到一般性处罚（该洞负）。

如果对手的运动中球需要进洞才能在这个洞打平，当这个球几乎没有进洞的可能时（例如这个球已经滚过球洞而且不会再滚回来），此时它被任何人在任何时间故意变向或停止，那么该洞的结果即已确定，球员在该洞获胜。

2. 平一洞

以下情况下，双方在一洞打平：

（1）球员和对手用相同的杆数（包括击球次数和罚杆）完成该洞；

（2）球员和对手同意双方在该洞打平（但是，只有双方至少有一人已经进行了一次击球以开始该洞的比赛后才允许这样做）。

3. 赢一场

以下情况，球员在一场比赛中获胜：

（1）该球员领先对手的洞数多于尚未打的洞数；

（2）对手认输该场比赛；

（3）对手被取消资格。

4. 延长平局

如果最后一洞过后比赛仍是平局，该场比赛将逐洞延长直至产生获胜者。除非委员会另行规定，否则延长赛用这一轮比赛各球洞的原有顺序进行。但是竞赛规程可以规定比洞赛以平局结束，无须延长。

5. 确定最终结果的时机

一场比赛的最终结果要按照委员会公布的方式予以确定（应当在竞赛规程中对此予以说明），例如：当结果被记录在官方成绩板上或其他指定的地方后；或当结果被报告给委员会指定的人员后。

（二）认可 / 认输

1. 球员可以认可对手的下一杆击球、向对手认输一洞或一场比赛

（1）认可下一次击球。对手进行下一次击球之前，任何时候都允许这样做。做出认可后，对手已经完成该洞，其成绩包括被认可的这次击球，任何人均可以移走这个球。当对手的球在上一次击球后还在运动时做出的认可适用于对手的下一杆击球，除非这个球进洞（这种情况下的认可没有意义）。球员可以用变向或停止对手的运动中球的方式认可其下一次击球，但只有专门为了认可下一次击球并且这个球几乎没有进洞的可能才可以这样做。

（2）认输一洞。完成一洞之前，包括球员开始该洞之前，任何时候都允许认输该洞。

（3）认输一场比赛。一场比赛的结果确定之前，包括球员开始该场比赛之前，任何时候都允许认输该场比赛。

2. 认可 / 认输的方式

只有清晰的沟通才能构成认可 / 认输：

（1）可以通过言语或行为做出认可 / 认输，但该言语或行为要明确表示球员认可下一次击球、认输一洞或一场比赛的意图（如使用手势）。

（2）如果对手出于可以理解的原因误认为球员的言语或行为是认可下一次击球、认输该洞或该场比赛并因此而违规拿起自己的球，不受处罚，但是这个球必须被放置回初始位置（如果不知道必须估计）。

认可 / 认输是最终的，不得拒绝，也不得撤回。

（三）在差点比洞赛中运用差点

1. 宣布差点

比赛开始前，球员和对手应互相告知自己的差点。如果球员在这场比赛开始前或进行中宣布了错误的差点，并且在对手进行下一次击球之前没有纠正此错误，按照以下方式处理：

（1）宣布的差点过高。如果影响到球员给予或接受的杆数，该球员被取消资格。否则，不受处罚。

（2）宣布的差点过低。不受处罚，该球员必须用已宣布的过低的差点完成比赛。

2. 运用差点杆数的球洞

（1）差点杆数按照球洞分配，净杆成绩较低者在该洞获胜。

（2）如果延长平局，差点杆数仍然按照球洞进行分配，方式与这一轮比赛一致（除非委员会规定了其他分配方式）。

每名球员都有责任知晓他在哪些球洞给予或接受差点杆数，这取决于委员会设定的让杆分配表（通常写在记分卡上）。如果球员们在某个球洞错误地运用了差点杆数，那么除非他们及时对错误进行纠正，否则已经同意该洞的结果有效。

（四）球员和对手的责任

1. 告诉对手已打杆数

一洞比赛期间或完成这个洞后的任何时候，对手都可以向球员询问他已经在该洞打的杆数（包括击球次数和罚杆）。这是为了允许对手决定如何进行下一次击球和打该洞的剩余部分，或者确定刚完成的球洞的结果。

当被问及已打杆数时，或者虽未被问及但主动提供此信息时：球员必须提供正确的已打杆数；不回复对手请求的球员被视为提供了错误的已打杆数。如果球员向对手提供错误的已打杆数，他要受到一般性处罚（该洞负），除非该球员按照以下方式及时纠正了这个错误：

（1）一洞比赛期间提供错误的已打杆数。该球员必须在对手进行另一次击球或采取类似的行动（如认可球员的下一次击球或认输该洞）之前，提供正确的已打杆数。

（2）完成一洞后提供错误的已打杆数。该球员必须在下列时间提供正确的已打杆数：两名球员中任何一人击球以开始另一个球洞的比赛或采取类似的行动（如认输下一个球洞或该场比赛）之前；或如果是该场比赛的最后一洞，则在比赛结果被最终确定之前。

例外——对该洞结果没有影响时不予处罚：如果球员在完成一洞后提供了错误的已打杆数，但是并没有影响到对手对该洞胜、负或平局结果的理解，则不受处罚。

2. 告诉对手所受处罚

当球员受到处罚后，他必须在条件允许时尽快告诉对手自己所受的处罚，此时要考虑球员和对手之间的距离以及其他一些现实因素。

即使球员不知道所受的处罚，本规定同样适用（因为球员应当认识到自己已经违反了规则）。如果球员没有这样做，并且在对手进行下一次击球或采取类似行动（如认可球员的下一次击球或认输这个球洞）之前没有纠正错误，他要受到一般性处罚（该洞负）。

例外——对手已经知道球员的处罚：如果对手已经知道球员受到了处罚，例如看到球员明显正在进行罚杆补救，则不会因未告知这一点而受到处罚。

3. 了解本场比赛成绩

球员应该了解本场比赛的成绩，即他们中的某人是否领先一定的洞数（比赛中“几洞领先”），还是比赛现在是双方打平的局面（也称作“平局”）。

如果球员们误就错误的本场比赛成绩达成一致：他们可以在任何一名球员击球以开始另一个洞的比赛之前纠正本场比赛的成绩。如果是最后一洞，则可以在比赛结果最终确定之前予以纠正。如果没有在上述时限内纠正，则错误的比赛成绩成为实际比赛成绩。

例外——球员及时寻求规则帮助：如果球员及时寻求规则帮助，并且发现对手提供了错误的已打杆数，或者没有告诉球员自己所受的处罚，则必须纠正错误的本场比赛成绩。

4. 保护自身的权利和利益

球员应当按照规则保护他们自身在比赛中的权利和利益，如果球员知道或认为对手违反了某条规则并因此而受到处罚，该球员可以按照对手违规采取行动，也可以选择不予理会。但是，如果球员和对手故意协商不理会某个他们知道适用的违规或处罚，双方都要按照规则被取消资格。

如果球员和对手就其中一人是否违规有不同意见，任何一人均可按照规则寻求帮助，以保护自身的权利。

三、比杆赛（规则 3.3）

比杆赛有一些特定的规则（尤其是在记分卡和击球进洞方面）。这是因为在比杆赛中，每一名球员都在对抗比赛中所有的其他球员；并且所有球员都需要按照规则受到平等对待。一轮比赛结束后，球员和记分员（记录球员成绩的人）必须证明球员各洞成绩的正确性，此后球员必须将记分卡提交给委员会。

（一）比杆赛的获胜者

用最少的总杆数（包括击球次数和罚杆）完成所有轮次的球员是获胜者。在差点比赛中，这指的是最少的总的净杆数。

（二）比杆赛的记分

球员的成绩由记分员记录在球员的记分卡上。记分员可以由委员会指定，也可以按照委员会认可的方式由球员选择。在整个一轮比赛中，球员必须有同一个记分员，除非委员会事先或事后批准更换。

1. 记分员的责任

填写和证明记分卡上的各洞成绩。一轮比赛中，结束各个球洞后，记分员应当与球员确认球员在该洞的杆数（包括击球次数和罚杆）并将总杆成绩填入记分卡。

一轮比赛结束后，记分员必须证明记分卡上各洞的成绩。如果球员有一名以上的记分员，每名记分员都必须证明他担任记分员时所负责的球洞的成绩。但是，如果其中一名记分员见证了球员所打的全部球洞，该记分员可以证明球员在所有洞的成绩。

记分员如果认为球员某洞的成绩是错误的，他可以拒绝证明该洞的成绩。这种情况下，委员会需要考虑可用的证据并就球员在该洞的成绩做出裁决。如果此时记分员仍然坚持拒绝证明球员的成绩，则委员会可以证明该洞的成绩，或者接受其他见到球员在相关球洞行为的人的证明。

如果身为球员的记分员故意证明某洞的错误成绩，该记分员应当按照规则 1.2a 被取消资格。

2. 球员的责任

证明各洞成绩并提交记分卡。一轮比赛过程中，球员应当掌握自己各洞的成绩。该轮比赛结束后，球员应当：仔细检查记分员填写的各洞成绩，如有问题，及时向委员会提出；必须确保记分员证明了记分卡上各洞的成绩；不得更改记分员填入的各洞成绩，但得到记分员的同意或委员会的批准时除外（此时球员和记分员均无须就更改的成绩进行任何额外的证明）；并且必须证明记分卡上各洞的成绩并迅速将其提交给委员会，此后球员不得再更改这张记分卡。

如果球员违反上述“球员的责任”中任何一条规定，要被取消资格。

例外——因记分员未能履责产生的违规不予处罚：如果委员会发现球员违反本条规则是由于记分员未能履行其职责所致（如记分员带着球员的记分卡离开，或者没有证明记分卡就已离开），因为此事脱离了球员的控制，所以委员会将不对球员施加处罚。

3. 一洞的成绩错误

如果球员提交了记分卡，但是上面有任何球洞的成绩是错的，按照以下方式处理：

（1）提交的杆数高于实际杆数。所提交的该洞较高的杆数有效。

（2）提交的杆数低于实际杆数或者没有提交杆数。该球员被取消资格。

例外——未包括不知道的处罚：如果球员有一洞或几洞的杆数低于实际杆数的原因是没有包括自己受到的一个或多个处罚，而且在提交记分卡之前不知道自己受到过这些处罚，则：

该球员不被取消资格。取而代之的是，如果在比赛结束之前发现这个错误，委员会将修改球员在相关球洞的成绩。具体做法是，按照规则在原来的基础上加上那些本应包括进去的罚杆。

这条例外不适用于以下情形：

（1）球员没有包括的处罚是取消资格；

（2）在提交记分卡之前，球员已被告知他可能受到了处罚，或者他已对自己是否受到处罚存有疑虑，但是却没有向委员会提出此问题。

4. 在记分卡上展示差点和加算成绩不是球员的责任

规则不要求将球员的差点展示在记分卡上，也不要求球员加算其个人成绩。如果球员提交的记分卡上错误地展示或运用了差点，或者在加算成绩方面发生错误，不予处罚。

一旦委员会在球员结束一轮比赛后接收了其提交的记分卡，以下事项就由委员会负责：

（1）加算球员的成绩；

（2）计算球员在比赛中的差点杆数并据此计算球员的净杆成绩。

5. 球员对杆数相加或差点运用不负责任

委员会负责相加球员各洞的杆数，以及在差点比赛中负责运用球员的差点杆数。如果球员提交了记分卡，但是在杆数相加或差点杆数运用方面出现错误，不受处罚。

（三）未击球进洞

一轮比赛中，球员必须在所有球洞都击球进洞。如果球员在任何一洞没有击球进洞，该球员必须在击球以开始另一个球洞的比赛之前纠正此错误。

如果事情发生在该轮的最后一个球洞，则必须在提交记分卡之前纠正此错误。

如果没有按照上述时限纠正错误，该球员要被取消资格。

但部分其他比杆赛赛制（如：定分式比赛、封顶赛和标准杆比赛 / 波基比赛）规则规定了不同的计分方式，球员没有击球进洞不会被取消资格。

规则 3

释义 1. 比洞赛中球员可以为了故意节省时间而认输球洞吗？

比洞赛中，尽管规则允许球员在一洞比赛完成之前的任何时候向其对手认输该洞，但不允许球员和对手故意为了节省时间而协商相互认输某些球洞的比赛。

例如，比洞赛开始之前，球员和他的对手协商轮换相互向对方认输第 6、7、8 和 9 洞。

如果他们知道规则不允许他们以这样的方式认输球洞，并且没有取消该协议即开始了比赛，则双方球员都要按照规则（球员执行规则的责任）被取消资格。如果这些球员不知道规则不允许这样做，则比赛结果有效。

释义 2. 球童可以做出认可或认输吗？

球童不被允许的行为之一是向对手认可下一次击球、认输一洞或一场比赛。当球童试图做出认可 / 认输时，该认可 / 认输无效。因为规则 10.3b（3）（球童不被允许的行为）并没有规定相应的处罚，所以不会因为球童的这个行为而对球员施加处罚。

如果对手根据球童做出的认可 / 认输而采取了某个行动，如拿起一个比赛中球或一个球标，则是符合规则 3.2b（2）的合理的误解。这种情况下不施加处罚，并且这个球或者球标必须被放置回原位，但是该球员随后做出了认可 / 认输时除外。

但是，当球童以拿起对手的球或球标、他的球员的球或球标的方式做出了无效的认可 / 认输时，如果该行为违反了规则 9.4 或 9.5，则这名球童的球员要受到处罚。

释义 3. 宣布虚高的差点属于违规，即使受到影响的球洞的比赛尚未开始。

在一个运用差点的球洞，球员在开始这个球洞的比赛之前向他对手宣布了虚高的差点时，该球员要被取消资格，因为这可能已经影响到了这位对手的比赛策略。

例如，在第一个发球区等待开始一场比洞赛期间，球员 A 宣布他的差点是 12，但实际是 11。球员 B 宣布他的差点是 10，然后球员 B 击球开始了第 1 个球洞的比赛。球员 A 要按照规则 3.2c（1）被取消资格，因为球员 B 在认为球员 A 接受了 2 个差点杆数的情况下进行了击球。

释义 4. 比洞赛结束前发现在比洞赛期间未运用差点杆数，该如何判罚？

球员未运用差点杆数要按照与错误地运用差点杆数相同的方式进行处理。

释义 5. 一洞比赛期间，轮到球员打球时，该球员必须提供已打杆数吗？

对手向球员询问已打杆数时，如果是轮到球员打球，则该球员不必立即提供这个信息。

规则仅要求球员要在对手进行他的下一次击球或采取类似行动之前向其提供已打杆数。球员在提供这方面的信息之前可以先完成他的击球。

释义 6.“对该洞的结果没有影响时不予处罚”这一例外情形是什么意思？

一洞比赛期间，球员必须提供正确的已打杆数以使他的对手能够决定如何打这个球洞的比赛。但是，一洞的比赛完成之后，球员提供了错误的已打杆数时，如果这样做并未影响到对手对该洞胜、负或平局结果的理解，则按照规则 3.2d（1）的【例外】不予处罚。

例如，在一个刚完成比赛的球洞，对手的成绩是 7 杆，球员错误地声明自己的成绩是 5 杆，但实际上该球员的成绩是 6 杆。在开始了下一个球洞的比赛之后，该球员意识到他刚才的成绩是 6 杆。因为这个错误的已打杆数没有改变该球员在该洞胜的事实，所以不予处罚。

释义 7. 球员在一洞的比赛完成后提供了错误的杆数，并且几个球洞过后这个错误才被发现，该如何处理？

球员在一洞的比赛完成后提供了错误的已打杆数时，如果这个错误影响到了这个球洞的比赛结果，并且没有被及时纠正，则该球员要受到一般性处罚。在这种情况下，必须对比赛成绩进行纠正。

例如，完成 1 号洞的比赛之后，球员告诉对手，他的成绩是 4 杆，但实际的成绩是 5 杆。对手在该洞的成绩是 5 杆。打了几个球洞的比赛之后，该球员意识到他向对手提供了 1 号洞的错误的已打杆数。虽然即使按照该球员在 1 号洞的正确的已打杆数，该洞的比赛结果原本应当是平局，但是该球员要在 1 号洞受到该洞负的处罚，因为这个错误影响到了对手对该洞比赛的结果的理解。这场比洞赛的成绩必须被纠正。

释义 8. 球员在一洞比赛完成后提供了错误的已打杆数，这个错误在比洞赛的结果确定后才被发现，该如何处理？

球员在完成一洞比赛后无意中提供了错误的已打杆数，但是这个错误直到比洞赛的结果确定后才被意识到，则比洞赛的结果有效。

例如，完成 17 号洞后，球员告诉对手他的成绩是 3 杆，但实际上成绩是 4 杆。对手在这个洞的成绩是 4 杆。双方球员继续打完了 18 号洞，比赛结果是该球员领先 1 洞本场比赛胜并得到确定。之后，该球员意识到他向对手提供了 17 号洞的错误的已打杆数。

因为该球员是无意中提供了错误的已打杆数，并且比赛结果已经被确定，所以对该球员不施加处罚，并且比赛结果有效，该球员是这场比洞赛的获胜者。

释义 9. 改变采取罚杆补救的想法等同于提供错误的已打杆数吗？

正确的已打杆数仅指球员已经完成的击球次数和任何已经受到的罚杆。例如，球员的球停在罚杆区内，对手问球员打算如何处理。尽管规则不要求球员回答，但该球员表示他准备采取罚杆补救。对手打球后，该球员决定在罚杆区内球的现有位置打球。

球员有权改变他的想法，并且规则对这样做不予处罚，因为说出未来的打算不等同于提供已打杆数。

释义 10. “在条件允许时尽快”不总是在对手的下一次击球之前吗？

“在条件允许时尽快”这个用词比较宽泛，其目的是要考虑所有的相关情况，尤其是球员和对手之间的距离。例如，球员采取不可打之球的补救，此时对手在球道的另一侧，并且在球员能够走过去把这个处罚告诉该对手之前，该对手打了球。在这种情况下，“在条件允许时尽快”可以是在他们走向球洞去进行下一次击球期间。

规则对判定什么是“在条件允许时尽快”没有硬性规定，但它并不意味着所有情况下都必须是在对手进行下一次击球之前。

释义 11. 故意提供不正确的比赛成绩或不纠正对手对比赛成绩的误解，可能会导致取消资格的处罚吗？

规则 3.2d（3）期望球员了解比洞赛的成绩，但不要求球员向对手提供比洞赛的成绩。

球员故意提供了不正确的比洞赛成绩或故意不纠正对手对比洞赛的成绩的误解时，他并未构成提供错误的已打杆数。但是，委员会应当按照规则 1.2a（严重行为不当）取消该球员的资格。

释义 12. 比洞赛结束之前，发现在之前完成的球洞就错误的比赛成绩达成了一致，该如何处理？

球员和他的对手就错误的比洞赛的成绩达成了一致时，该比洞赛成绩有效。但这不等同于提供错误的已打杆数。

例如，完成 10 号洞之后，球员错误地和他的对手说，比洞赛的成绩打平了，并且他的对手同意了这个成绩。在开始 12 号洞的比赛之前，该对手意识到他在完成 10 号洞之后实际上是领先 1 洞，并且要求按照该球员提供错误的比洞赛成绩进行处理。

规则期望球员们应当知道比洞赛的成绩，同时，因为这些球员就错误的比洞赛成绩达成了一致，并且这个错误在开始 11 号洞的比赛之前没有被纠正，所以这个错误的比洞赛成绩有效。

释义 13. 记分员故意为其他球员证明错误的成绩时，他要被取消资格吗？

记分员，同时也是球员，故意证明一洞比赛的错误的成绩时（包括一洞成绩没有包括一个处罚，但这位记分员知道该球员在这个球洞受到了该处罚），这名记分员要按照规则 1.2a（严重行为不当）被取消资格。

例如，球员提交的记分卡上有一洞的成绩低于实际杆数，因为他不知道自己受到了一个处罚，这个处罚原本应当计入比赛的成绩。但是，该球员的记分员在提交记分卡之前知道这个处罚，却故意没有告诉该球员并就这样证明了这张记分卡。尽管规则 3.3b（1）对故意为其他球员证明错误的比赛成绩没有实施处罚，但这种行为有悖于高尔夫球运动的精神。因此，委员会应当按照规则 1.2a（严重行为不当）取消这名记分员的资格。之后，该球员的成绩要按照规则 3.3b（3）（一洞的成绩错误）的规定进行更正。

释义 14. 记分员可以拒绝证明存在争议的球员的成绩吗？

记分员认为一洞的成绩错误时，他可以不证明该成绩。

例如，球员和他的记分员对是否存在一个违规或者对该球员在一洞的成绩有争议，并且这名记分员把存在争议的事实向委员会进行了报告，对于他认为不正确的这个球洞，这名记分员可以不证明这一洞的成绩。

委员会将需要考虑所有可获得的事实，然后就该球员在有争议的这个球洞的成绩做出决定。如果这名记分员拒绝证明这个球洞的成绩，委员会应当接受看到该球员在有争议的这个球洞的比赛的其他人（例如另一名球员）来证明这个球洞的成绩，或者委员会自身可以证明该球员在这个球洞的成绩。

释义 15. 球员仅负责在记分卡上填写各洞的成绩吗？

要求球员们把一轮比赛的成绩输入计算机（例如出于建立差点的目的）和要求使用由委员会批准的电子记分卡（例如移动计分应用程序）来填写各洞的比赛成绩是有区别的。

委员会可以要求球员们使用非纸质的记分卡（例如电子记分卡），但是，委员会没有权力因未在其他地方填写各洞的比赛成绩而按照规则 3.3b（2）来实施处罚。但是，出于协助比赛的管理的目的（例如提高形成和公布比赛结果的效率），委员会可以因未在其他地方填写各洞的比赛成绩而按照行为准则来施加处罚（规则 1.2b）或者引入纪律处罚（例如禁止参加下一次比赛）。

释义 16. 对记分卡进行更改后，还需要再进行额外的证明吗？

记分员同意或委员会批准了对记分卡上某一洞的成绩进行更改后，无论是这位记分员还是该球员都不必对更改后的成绩进行证明或任何额外的证明。

球员的证明适用于所有球洞的成绩，包括那些更改后的成绩。

释义 17. 记分员未履行他的职责时，规则中的例外有哪些？

根据规则 3.3b（2）的例外，因超出了球员的控制的记分员的失职导致违反了记分卡的相关要求时，不对该球员施加处罚。

如何应用规则的例外情形的示例包括：

● 在一轮比赛之后，记分员带着球员的记分卡离开了球场时，委员会应努力联系到这位记分员。但是，如果无法联系到，委员会应当接受目睹这一轮比赛的其他人员对该球员的成绩的证明。如果没有这样的人员，委员会自身可以证明该球员的成绩。

● 在记分员证明了记分卡之后，如果球员需要更正某一洞的成绩，但是这位记分员不在或者已经离开时，委员会应当努力联系到这位记分员。如果无法这样做，委员会应当接受看到该球员在这个球洞的比赛的其他人对这个更正的证明，或者如果找不到这样的人，委员会自身可以证明这个成绩。

释义 18. 记分卡上各洞的成绩必须可辨识到正确的球洞吗？

根据规则 3.3b，记分卡上每个球洞的成绩都必须可以辨识到正确的球洞。

例如，记分员把球员的前 9 洞的成绩填写在了后 9 洞的格子里，同时把后 9 洞的成绩填写在了前 9 洞的格子里时，如果纠正了这个错误，通过修改洞号使得它们与每个球洞的正确的成绩相匹配，则这张记分卡仍然将被接受。

但是，如果这个错误没有被纠正，并且从而导致某一洞的成绩低于该球员在这个球洞实际所打的杆数，则该球员要按照规则 3.3b（3）被取消资格。

释义 19. 球员必须确保计分卡上含有的“差点”，是什么意思？

按净杆计算成绩的差点比赛中，球员负责确保记分卡上含有他的差点。“差点”指的是正比赛的球场和发球区的差点，不包括竞赛规程中设定的任何差点补贴或让杆。委员会负责差点的运用和成绩的调整。

释义 20. 委员会提供的记分卡含有不正确的差点时球员能被免予处罚吗？

委员会提供给球员的记分卡含有球员的差点时，每一名球员在提交它之前必须确保自己的记分卡上含有正确的差点。

例如，为了方便球员，委员会选择发放预先打印好的记分卡，记分卡上含有日期、每名球员的名字和差点。这样的记分卡含有的球员的差点错误地高于实际的差点，并且这影响到了他接受的杆数时，如果他在提交记分卡之前没有纠正这个错误，则该球员要按照规则 3.3b（4）被取消资格。

释义 21. 虚高的差点未对比赛造成影响时，球员要受到处罚吗？

球员提交的记分卡含有比他应有的差点更高的差点，但是这个虚高的差点没有影响到他接受的差点杆数时，因为它对比赛没有造成影响，所以不予处罚。

例如，竞赛规程规定使用每名球员的差点的 90%。一名球员的差点是 5，但是该球员提交的他的记分卡含有的差点是 6。因为当四舍五入到最接近的整数时，5 或 6 的 90% 都等于 5，即使用 6 为差点没有影响到球员接受的差点杆数，所以不予处罚。

释义 22. 比杆赛中，球员可以不在记分员的陪伴下完成整轮比赛吗?

使用记分员的目的是证明球员在每个球洞的成绩被正确地记录在了记分卡上。当记分员没有陪伴球员完成整轮比赛时，记分卡无法得到有效的证明。

例如，球员在没有他的记分员的陪伴下打了几个洞，之后该记分员把该球员独自打的这几个球洞的该球员的成绩填入了记分卡时，这张记分卡无法按照规则 3.3b 得到有效的证明。

该球员应当坚持要求这位记分员陪伴自己完成全部球洞的比赛。如果记分员无法这样做，该球员应当要求另外一名人员作为他的记分员。如果无法做到，规则要求该球员要停止打球并向委员会报告，以便能够为其分配另外一名记分员。

释义 23. 在记分卡上把信息写错位置，这张记分卡还能被接受吗?

尽管在记分卡被提交之前，规则 3.3b 的所有要求都必须被满足，但是当正确的信息被错误地填写在了记分卡上它应当被填写的位置之外的地方时，不施加处罚，但每个球洞在记分卡上的成绩必须可辨识到正确的球洞这一要求除外。

例如：证明各洞的成绩时，如果球员和记分员在本应对方签字的地方签了字，则该球员的各洞的成绩已经按照规则的要求得到了证明。如果使用的是姓名的首字母，而不是全名来证明球员的成绩，也同样有效。

球员的成绩被记录在了记分员的记分卡上，而记分员的成绩被记录在了球员的记分卡上，但是这些成绩是正确的，并且两张记分卡都被证明了的时候，只要该球员告诉了委员会哪张记分卡属于哪名球员，则这些记分卡都可以被接受。因为这种错误实质上是管理上的错误，所以纠正这样的错误没有时间的限制。

释义 24. 委员会提供的记分卡丢失时，可以使用另外一张记分卡吗?

尽管球员提交记分卡时应该使用委员会提供给他的那张记分卡，但是当它被损坏或者丢失时，规则并不要求球员必须提交原来这张记分卡。

例如，记分员弄丢了由委员会提供的纸质记分卡时，可以接受使用其他的记分卡（例如球会的记分卡），只要新的记分卡上含有球员的名字和各个球洞的成绩，并且得到了球员和记分员的证明。

使用电子记分系统，并且球员或记分员无法连接网络，或者遇到技术问题时，该球员应当尽快且不迟于比赛结束后立即将情况报告给委员会。

【本节习题】

"高尔夫球比赛"讲课视频

一、单选题

1. 比洞赛中球员可以向对手：

A. 认可下一次击球　　B. 认输一个洞

C. 认输一场比赛　　D. 以上都对

2. 比洞赛的一般性处罚是：

A. 罚 1 杆　　B. 罚 2 杆

C. 该洞负　　D. 取消资格（DQ）

3. 下列关于比杆赛中的记分员的说法不正确的是：

A. 委员会可以为球员指定记分员，也可以告诉球员如何选择记分员

B. 如果球员有两位及以上记分员，只有最后一位记分员需要对记分卡的成绩负责

C. 球员必须在一轮中使用同一位记分员，除非委员会同意变更

D. 以上说法都不正确

4. 在一洞的比洞赛中，轮到球员击球时，他给了其对手已打杆数的错误信息。在什么时间之前未纠正错误，球员将受到一般处罚：

A. 立即

B. 在球员自己进行下一次击球之前

C. 在其对手进行下一次击球或类似行为之前

D. 以上时间点都会受到一般性处罚

5. 以下描述不是完成一洞比赛的情况是：

A. 比杆赛中球员击球进洞

B. 比洞赛中球员击球进洞

C. 比杆赛中球员的下一杆被认可

D. 比洞赛中球员的下一杆被认可

二、判断题

1. 比洞赛中，球员的对手有权提出取消从发球区外进行的击球，球员此时必须从发球区内重新击球，不过他不必因此受到处罚。（　　）

2. 比洞赛中，球员可以在比赛开始之前在球场进行练习。（　　）

3. 在比洞赛中，委员会可以通过当地规则允许球员在一洞比赛中如果存在疑问可以选择用两个球完成。（　　）

4. 在比洞赛中，只要一方赢了比赛，则这一方的一轮比赛结束。（　　）

第四节　球员的装备（规则 4）

一、球杆（规则 4.1）

（一）允许用来击球的球杆

1. 合规的球杆

击球时，球员必须使用符合《装备规则》规定的球杆，它可以是一支全新的球杆，也可以是打球性能以任何方式被改变的球杆［但是关于一轮比赛中球杆被损坏的情况请参见规则 4.1a（2）］。

但是，如果一支合规球杆的打球性能因正常使用过程中的磨损而改变，它仍是一支合规的球杆。

一支球杆的“打球性能”指的是影响球杆击球效果或帮助瞄准的任何球杆部件、功能配置或特征，包括但不限于重量及其分布、着地角、杆面倾角、瞄准配置和允许使用的外部附加物。

2. 使用、修理或更换一轮比赛期间受损的球杆

如果合规球杆在一轮比赛期间或按照规则 5.7a 中止比赛期间遭到损坏，除非该损坏由滥用所致，否则球员可以对其进行修理或用另外一支球杆进行更换。

但是，无论损坏的性质和缘由，受损的球杆在该轮比赛的剩余部分仍然被视作合规球杆（但比杆赛的附加赛属于新的一轮比赛，因而不包括在内）。

在该轮比赛的剩余部分，球员可以按照以下方式之一处理：

（1）继续用这支受损的球杆击球；

（2）修理该球杆或用另外一支球杆进行更换，但由滥用所致的损坏情况除外。

如果球员用另外一支球杆替换了损坏的球杆，他必须按照规则 4.1c（1）的程序在下一次击球前放弃受损的球杆。

“一轮比赛期间受损”指的是一轮比赛期间（包括按照规则 5.7a 中止比赛期间）球杆的任何部件、功能配置或特征因任何行为而被改变，无论该行为由球员引起（例如用这支球杆击球或试挥，将其插入球包或从球包中取出，将其丢下或倚靠在它之上，或滥用球杆），还是由任何其他人、外部因素或自然力引起。

但如果球员在一轮比赛期间故意改变一支球杆的打球性能，这支球杆就不属于“一轮比赛期间受损”，此时要按照规则 4.1a（3）处理。

3. 一轮比赛中故意改变球杆的打球性能

球员不得使用他一轮比赛中以如下方式故意改变过打球性能的球杆击球：

（1）使用可调节配置或用物理方式改变球杆（但按照规则允许修理损坏时除外）；

（2）在杆头上施加任何物质（擦拭球杆除外）以影响击球效果。

例外——把可调节球杆恢复至原有位置：如果通过使用可调节配置改变了一支球杆的打球性能，但是在使用这支球杆击球前，通过把该配置调回去，这支球杆已被尽量恢复至其原有位置，则不予处罚。这支球杆可以用来击球。

对违反本规则的处罚：取消资格。

如果一轮比赛中只是携带了违规的或打球性能被故意改变的球杆（但没

有用来击球），则不按照本规则予以处罚。但是，这支球杆仍然算在规定的14 支球杆限度之列。

（二）14 支球杆的限度；一轮比赛中共用、补充或更换球杆

1. 14 支球杆的限度

球员不得有以下行为：

（1）用超过 14 支球杆开始一轮比赛；

（2）在一轮比赛中有超过 14 支球杆。

以上限制适用于所有由球员携带或为球员携带的球杆。但是，它不包括一轮比赛开始时由球员携带或为球员携带的已被折断的球杆部件和独立的部件（例如杆头、杆身或者握把）。

如果球员用少于 14 支球杆开始一轮比赛，他可以在该轮比赛期间将球杆数量补充至最多 14 支［有关这样做的一些限制，参见规则 4.1b（4）］。当球员已经持有补充的球杆并且用其任何一支杆进行了下一次击球后，视为球杆补充完毕。

当球员发现自己有超过 14 支球杆而违反了本规则时，他必须在进行另一次击球前放弃使用超量球杆，具体情况如下：

（1）如果球员以超过 14 支球杆开始比赛，他可以选择放弃哪支（些）球杆。

（2）如果球员在一轮比赛中补充了超量球杆，则必须放弃那些补充的球杆。

（3）球员的一轮比赛开始后，如果他捡拾了其他球员落下的球杆，或者有球杆在他不知情的情况下被误放入其球包内，出于应用 14 支球杆限度的目的，这支球杆不被视为球员的球杆之一（但是不得使用这支球杆）。

2. 不得共用球杆

球员使用的球杆仅限于他开始比赛时的球杆或上述规定允许补充的那些球杆。球员不得使用正在球场上打球的任何其他人所使用的球杆击球（即使那名球员属于另一组别或正在打另一个比赛）。当球员发现自己因为用其他球员的球杆击球而违反了本规则时，他必须立即放弃那支球杆。

（注：在有伙伴参与的赛制中，个别情况下，如果伙伴两人的球杆加起来没有超过 14 支，允许伙伴之间共用球杆。）

3. 不得更换丢失或损坏的球杆

如果球员用 14 支球杆开始比赛，或者已将球杆数量补充到 14 支的最高限度，但此后在该轮比赛中丢失或损坏了一支球杆，他不得用其他球杆更换这支球杆。

例外——非球员造成损坏时更换损坏的球杆：如果球员的球杆在一轮比赛中被外部因素、自然力或除球员或其球童之外的任何其他人损坏，按照以下方式处理：

该球员可以用任何球杆更换这支损坏的球杆。但是，这样做时该球员必须立即放弃这支损坏的球杆。

4. 补充或更换球杆的限制

按照上述规定补充或更换球杆时，球员不得有以下行为：

（1）过度延误比赛；

（2）补充或借用正在球场上打球的任何其他人的任何球杆（即使那名球员属于另一组别或正在打另一个比赛）；

（3）用球员本人或正在球场内打球的任何其他球员所携带的（包括他人为他们携带的）部件组装球杆（即使那个球员属于另一组别或正在打另一个比赛）。

当球员发现自己因为在规则不允许的情况下补充或更换球杆而违反了本规则后，他必须在进行另一次击球前，按照规定的程序放弃这支球杆。

如果球员使用一支在一轮比赛开始前或一轮比赛期间被放弃但仍然携带着的球杆进行了击球，他将被取消资格。

违反上述规则的处罚：处罚取决于球员何时发现自己的违规：

（1）球员在一洞比赛中发现违规。在比赛球洞结束时施加处罚。比洞赛中，球员必须完成这个球洞，把这个球洞的结果算在该场比赛的成绩里，然后再施加处罚以调整该场比赛的成绩。

（2）球员在两洞比赛之间发现违规：在刚完成的球洞（而非下一个球洞）结束时施加处罚。

比洞赛的处罚：用扣除球洞修改比赛成绩，最多扣除2洞。这是一种调整比赛状态的处罚——它与该洞负的处罚不同。在正比赛球洞或刚完成的球洞结束时，通过在发生违规的球洞各扣除1洞的方式修改该场比赛的成绩，但一轮比赛最多扣除2洞。例如，一名球员用15支球杆开始比赛，打到第3洞时才发现违规，此后他赢了这个洞并使自己在该场比赛中领先3洞。这种情况下将最多扣除该球员2洞，也就是说他现在是1洞领先。

比杆赛的处罚：罚2杆，最多罚4杆。在发生违规的各个球洞，该球员都受到一般性处罚（罚2杆），但是该轮比赛中最多罚4杆（在发生违规的前两个洞，每洞各罚2杆）。

（三）放弃球杆的程序

1. 一轮比赛中

当球员发现他因为有超过14支球杆或用其他球员的球杆击球而违反了规则时，该球员必须立即采取行动，清楚地指出自己要放弃的各支球杆。

他可以通过以下方式之一做到这一点：

（1）向比洞赛的对手，或比杆赛的记分员或同组的另一位球员，宣布此决定；

（2）或采取其他明确的行动（如把这支球杆反着放进球包，将其放在球车的地板上，或者把这支球杆交给另一个人）。

球员不得在该轮比赛的剩余部分使用已经放弃的球杆击球。如果放弃的球杆属于另一名球员，那名球员可以继续使用这支球杆。

违反本规则的处罚：取消资格。

2. 一轮比赛之前

如果球员在即将开始一轮比赛前发现他意外地有超过14支球杆，他应尽量留下任何超量球杆。

但是作为一个不受处罚的选项：该球员可以在开始这轮比赛之前放弃超量球杆；并且该球员可以在该轮比赛期间留有（但不得使用）这些超量球杆，它们不计入14支球杆的限度。如果球员故意带着超过14支的球杆到达第1洞发球区，并且没有留下超量球杆就开始该轮的比赛，则不允许使用这个选项。

二、球（规则 4.2）

（一）一轮比赛中允许使用的球

1. 必须使用合规的球

球员进行每一次击球时，都必须使用符合《装备规则》规定的球。球员可以从任何人处获得合规球，包括球场上的其他球员。

2. 不得使用被故意改变的球

如果一个球的打球性能通过摩擦、加热或施加其他物质（擦拭球除外）等手段被故意改变，则球员不得对此进行击球。

违反本规则击球的处罚：取消资格。

（二）一洞比赛过程中球碎裂成片

如果球员的球在击球后碎裂成片，不受处罚，并且此次击球无效。

球员必须在该次击球的地方打另一个球。

违反本规则从错误的地方打球的处罚：一般性处罚。

（三）一洞比赛过程中球变得有切痕或破裂

1. 拿起球查看是否有切痕或破裂

如果球员有合理的理由，认为他的球在一洞比赛过程中变得有切痕或破裂时，该球员可以拿起这个球查看，但拿起球前必须标记球的地点，并且不得擦拭这个球（球在推杆果岭上时除外）。

如果球员没有合理的理由就拿起球（推杆果岭上除外），拿起球之前没有标记球的地点，或者在不允许擦拭球的时候擦拭了这个球，该球员要被罚1杆。

2. 何时可以替换另一个球

只有可以清楚地看到初始球变得有切痕或破裂，并且该损坏发生于正比赛球洞，球员才可以替换另一个球。但是，如果球上只是有划痕或擦痕，或只是涂漆损坏或褪色，球员不得替换另一个球。

如果初始球变得有切痕或破裂，球员必须把另一个球或者初始球放置回初始地点；如果初始球没有变得有切痕或破裂，球员必须把它放置回初始地点，如果球员击打了错误替换的球，他将根据规则 6.3b 被罚一杆。

本规则没有禁止球员按照任何其他规则替换另一个球或在两洞比赛之间更换用球。

违反本规则从错误的地方打球的处罚：一般性处罚。

三、装备的使用（规则 4.3）

规则 4.3 适用于球员可能在一轮比赛中使用的所有类型的装备，但是有关使用合规的球杆和球的规定除外，它们由规则 4.1 和规则 4.2 涵盖，不包括在本规则内。

本规则仅关注使用装备的方式。它并不限制球员在一轮比赛中可以携带的装备。

（一）允许的和禁止的装备使用方式

球员可以在一轮比赛中使用装备帮助自己打球，但是不得以如下方式之一制造潜在利益：

使用那些人为消除或减少构成高尔夫球运动挑战性所必需的技术或判断的装备（球杆和球除外）；或击球时用异常的方式使用装备（包括球杆和球）。“异常方式”指的是与本意有实质性不同的使用方式，而且一般被认为不属于高尔夫球比赛的一部分。

有些规则对球员使用球杆、球或其他装备所采取的行为做出了限制（如放置球杆或其他物品以帮助自己校准），本规则不影响执行任何这样的规则条款。

以下是按照本规则规定，一轮比赛期间常见的允许和不被允许的装备使用方式的例子：

1. 有关距离和方向的信息

允许的方式：获取距离或方向方面的信息（如使用测距仪或指南针）。

不被允许的方式：测量高度变化；解释距离或方向的信息（如使用设备，

根据球员的球所在位置获取打球线或球杆选择方面的建议）；使用校准设备（参见《装备规则》中的定义）来帮助瞄球摆线。

2. 有关风和其他天气状况的信息

允许的方式：获取通过天气预报即可获知的任何类型的天气信息（包括风速）；或测量球场的温度和湿度。

不被允许的方式：测量球场的风速；或使用人工物体获取其他与风有关的信息（例如使用粉末、手帕或丝带评估风向）。

3. 一轮比赛之前或之中收集的信息

允许的方式：使用一轮比赛之前收集的信息（如以前轮次的比赛信息、挥杆要点或球杆方面的建议等）；或记录本轮的比赛或生理信息（以备这一轮比赛后使用）（如球杆打出的距离、比赛统计数据或心率等）。

不被允许的方式：处理或解释本轮的比赛信息（如基于当前轮次距离的球杆建议）；或使用本轮比赛期间记录的任何生理信息。

4. 音频和视频

允许的方式：收听音频或观看视频，但内容与正在进行的比赛无关（如新闻报道或背景音乐）。但是，这样做时必须顾及其他人。

不被允许的方式：收听音乐或其他音频，以消除干扰或帮助控制挥杆节奏；或观看视频，内容是本人或其他球员在这次比赛期间的表现，以帮助球员在该轮比赛中选择球杆、击球或决定如何比赛。

5. 手套和握杆材料

允许的方式：使用符合《装备规则》规定的普通手套；使用松脂、粉末和其他保湿剂或干燥剂；或在握把上缠绕毛巾或手帕。

不被允许的方式：使用不符合《装备规则》规定的手套；或使用对手的位置或为握杆压力提供过度帮助的其他装备。

6. 拉伸设备和训练或挥杆辅助器材

允许的方式：使用任何装备进行一般性拉伸（但试挥除外），无论该装备的设计目的是拉伸、打高尔夫时使用（如把校准杆横在双肩上），还是出于其他与高尔夫无关的目的（如橡胶棒或一根管子）。

不被允许的方式：使用任何类型的高尔夫训练或挥杆辅助器材（如校准

杆、加重杆头套或加重圈）或违规球杆进行试挥，或者用任何其他方式帮助球员在准备击球或击球时制造潜在的利益（如在挥杆平面、握杆、校准、球位或站姿等方面提供帮助）。

关于使用上述装备和其他类型的装备（如服装和鞋）的进一步说明，请查阅《装备规则》。

如果球员不确定自己是否可以用某种特殊方式使用某装备，应当向委员会请求帮助。

（二）出于医学原因使用的装备

1. 医学例外

满足以下条件时，球员使用装备以帮助应对某种医学状况不违反规则：该球员出于医学原因而使用该装备；并且委员会判定，球员使用该装备不会获得超越其他球员的不公平优势。

2. 绷带或类似覆盖物

球员可以出于任何医学原因（如防止受伤或帮助治疗现有伤病）使用黏性绷带或类似的覆盖物，但是该绷带或覆盖物不得被过度使用或帮助球员的程度超出必要的医学原因（例如，它不得固定某个关节以帮助球员挥杆）。如果球员不确定是否可以使用绷带或类似覆盖物的部位或方式，应当向委员会咨询。

违反本规则的处罚：由单一行为或多个关联行为导致的首次违规的处罚：一般性处罚。

与首次违规无关的第二次违规的处罚：取消资格。即使违规的性质与导致首次处罚的违规完全不同，也要实施本处罚。

规则 4

释义 1. 正常使用过程中的磨损，会改变球杆的合规状态吗?

正常使用包括击球、练习击球、试挥，以及类似将球杆拿出或放回球包等行为。在正常使用过程中产生磨损时，球员的球杆仍然被视作合规的球杆，并且他可以继续使用它。

正常使用过程中产生磨损的示例包括以下场合：

● 杆头里的材料已经从壳里脱离，在击球过程中或者摆动杆头时可能发出响声；

● 球杆握把上拇指握杆的位置已经形成了磨痕；

● 由于反复使用，在杆面上形成了凹陷；

● 杆面上的沟槽受到了磨损。

释义 2. 击球无效时，对使用不合规球杆进行的击球会进行处罚吗？

球员使用不合规的球杆进行击球时，如果这次击球不计入该球员的成绩，则该球员不会被取消资格。

球员用不合规的球杆击球不受处罚的示例包括以下场合：

● 球员用不合规的球杆对暂定球进行了击球，但是这个暂定球一直没有成为比赛中球；

● 球员用不合规的球杆进行了击球，但是这次击球被取消了；

● 球员用不合规的球杆对按照规则对第二个球进行了击球，但是这个球没有成为用于计算球员成绩的球。

释义 3. 规则中的“修理”（修理球杆）是什么意思？

修理的示例包括：

● 把击球过程中脱落的铅条放回原位。考虑到铅条的特点，当铅条无法被贴回到球杆上同样的位置时，可以使用新的铅条。

● 一轮比赛期间，球杆变松动时，可以用调节装置将球杆拧紧，但是不能将球杆调节至不同的状态（如杆面倾角等）。

释义 4. 独立的杆头和杆身是球杆吗？

按照规则，球杆独立的部件不是一支球杆，也不计入球员 14 支球杆的限度。

例如，球员用 14 支球杆开始一轮比赛，同时携带了一些独立的球杆部件时，该球员被视为仅携带了 14 支球杆，并没有违反规则的行为。

释义 5. 断成多节的球杆会计入 14 支球杆的限度吗？

一支球杆已经折断成数部分时，这支球杆不计入球员的 14 支球杆的限度，即使该球员携带着这支折断的球杆开始了一轮比赛亦如此。

例如，在练习区热身期间，球员的一支球杆从紧靠握把下方的地方折断，之后球员开始了这一轮比赛且他的球包里带有这支折断了的球杆。则这支球杆不计入规则允许球员携带的 14 支球杆中的一支。

释义 6. 为球员携带的球杆，会计入 14 支球杆的限度吗？

14 支球杆的限度适用于任何由球员本人、他的球童或者应他的要求由任何其他人携带的球杆。

例如，球员用 10 支球杆开始了一轮比赛，同时让另一个人携带着另外 8 支球杆步行跟随本组。该球员打算在这轮比赛期间从这些球杆中补充球杆。则该球员被视为用超过 14 支球杆开始了这轮比赛。

释义 7. 什么时候视作球员已经得到了补充球杆？

球员拿到了补充的球杆，并且该球员用任何球杆进行了他的下一次击球后，视作该球员补充了这支球杆。无论规则是否允许球员补充或替换一支球杆，本规则均适用。

例如，球员用 14 支球杆开始了一轮比赛，之后在两洞比赛之间决定用另外一支推杆替换他现有的推杆，并且在没有过度延误比赛的情况下进行了替换。如果他在用任何球杆进行下一次击球之前意识到这个错误并且纠正了这个错误，则该球员不会受到处罚。

释义 8. 多名球员可以共用一个球包来携带球杆吗？

规则不限制多名球员（例如伙伴们）共用一个球包来携带他们的球杆。但是，为了降低受到规则 4.1b 中规定的处罚风险，他们应当确保能清楚地识别出每支球杆所属的球员。

释义 9. 没有被球员携带或为球员携带的球杆部件，可以被用于组装球杆吗？

规则 4.1b（4）禁止球员用由他携带着的或者由任何其他人为他携带着的部件来组装球杆。但不禁止该球员获取部件来组装球杆，也不禁止他得到部件。

例如，规则允许球员补充一支球杆［参见规则 4.1b（1）］或替换一支损坏的球杆［参见规则 4.1b（3）］时，他从储物柜、高尔夫商店、制造商的货车或其他类似的地方拿来的球杆的部件不会被视作“一轮中任何其他人为球员携带的部件”，并且规则允许该球员或其他任何人组装这些部件。

释义 10. 比洞赛期间，任何球员开始了一洞比赛时如何执行调整比赛状态的处罚？

比洞赛中，当发现有违反规则 4.1b 的行为时，如果有任何一名球员已经开始了一个球洞的比赛，则要在这个球洞的比赛结束后施加调整该场比赛的状态的处罚。如果违规的球员尚未开始这个球洞的比赛，则他是处于两洞比赛之间，而不是在下一个球洞发生违规。

例如，完成第一个球洞后，球员在第二个球洞开了球。在该球员的对手开球之前，该对手意识到他携带了 15 支球杆因而违反了规则 4.1b（1）。由于该对手尚未开始第二个球洞的比赛，所以比洞赛的成绩要按照有利于球员来调整，仅扣除一洞。但是，该比洞赛的成绩要在第二个球洞的比赛结束后再被调整，因为在该球员开球后第二个球洞的比赛已经开始了。

释义 11. 对使用设备测量坡度时，有哪些限制？

尽管球员可以使用他的球杆作铅垂线帮助计算或测量坡度和落差，但是有一些装备是不允许球员用以计算坡度或落差的。

例如，规则不允许球员用以下方式测量坡度：

- 放置一瓶饮料用作水平仪；
- 手持或放置气泡水平仪；
- 用线悬吊重物作铅垂线。

释义 12. 规则允许使用人工物体获取与风有关的信息吗？

规则 4.3a（2）单独给出了一个不允许用于获取与风相关的信息的人工物体的例子（使用粉末评估风向）。但是，规则不允许以获取与风相关的信息为唯一目的来使用其他的人工物体。例如，球员取出手绢的唯一目的是把它拿在空中以观察风正吹向哪个方向时，该球员的行为违反了规则 4.3。

释义 13. 球员能观看在球场播放的视频吗？

如果球员观看的是为方便在比赛现场的观众而正在播放的视频，则没有违反规则 4.3a（4）。

例如，球员在发球区等待打球，并且他从该处能看到一块公共屏幕，屏幕上正在播放本场比赛的实时报道、统计信息、风速或其他类似信息时，如果该球员观看这些比赛报道或者查看这些信息，则没有违反规则 4.3，即使这些信息能够帮助该球员选择球杆、击球，或决定如何打球时亦如此。

释义 14. 球员在两洞比赛之间违反了规则 4.3，该如何实施处罚？

第一次违反规则 4.3 时，球员要受一般性处罚，并且处罚要施加在发生违规的球洞。但是，如果在两个球洞的比赛之间球员违反了规则 4.3，则处罚要施加在下一个进行比赛的球洞。

例如，一名球员在两个球洞的比赛之间使用校准杆来检查他的挥杆平面。

比洞赛中，该球员在下一个球洞负。比杆赛中，他要被罚 2 杆，并且要以他的第三杆来开始下一个球洞的比赛。

【本节习题】

“球员的装备”讲课视频

一、单选题

1. 在球员 A 与球员 B 之间的比洞赛中，在第 5 洞结束后，球员 B 领先一洞，此时发现球员 B 开始北赛时携带了 15 支球杆，下列处罚正确的是：

A. 现在双方打平

B. 现在球员 A 领先一洞

C. 现在球员 A 领先两洞

D. 需要把球员 B 之前获胜的两个球洞判负

2. 球员携带 15 支球杆开始一轮的比赛，在同组球员从第 2 洞开球后他才发现这一点，不过此时他自己还没有在这个球洞开球。此时裁决是：

A. 该球员在第一洞被罚两杆

B. 该球员在第一洞和第二洞各被罚两杆

C. 该球员在第二洞被罚两杆

D. 该球员不会受到任何处罚

3. 在一轮比赛中，球员携带了 14 支球杆下场打球，中途球员在将一号木放回球包时用力过大，结果杆身折断。以下哪项描述是正确的？

A. 球员不能更换损坏的球杆，也不能补充新的球杆

B. 球员可以更换损坏的球杆，更换后他仍是携带 14 支球杆

C. 球员可以宣布不再使用这支损坏的球杆，并补充一支新球杆，补充后他携带 14 支球杆

D. 以上都正确

4. 比杆赛中，一位球员在开始 2 号洞之前，发现自己携带了 15 支杆。经确认，他是在 1 号洞出发前在球包里多放了一支推杆。这将如何裁决?

A. 不受处罚，但是必须宣布放弃其中一支球杆

B. 罚两杆，同时必须宣布放弃其中一支球杆

C. 罚四杆，同时必须宣布放弃其中一支球杆

二、判断题

1. 一次 36 洞的比洞赛，一名球员用 14 支球杆开始比赛，他可以在打完第一个 18 洞后在第二个 18 洞比赛之前更换推杆。（ ）

2. 一名球员在一次短推失误后，他用推杆杆头敲地面的力道过大，致使这支推杆折断。该球员称自己经常用推杆轻敲地面，这样做并非因为生气，也没有任何折断推杆的意图。因此，他可以更换该损坏的球杆。（ ）

3. 在一轮比赛期间，球员可以增加或更换球杆上的铅条。（ ）

4. 球员或其球童所携带的毛巾属于装备。（ ）

第五章　一轮和一洞比赛

第一节　一轮比赛（规则 5）

一、“轮”的含义（规则 5.1）

“一轮”指的是按照委员会规定的顺序所打的 18 个或更少数目的球洞。如果一轮比赛以平局结束，并且需要继续进行直至产生获胜者，则：比洞赛逐次延长一洞，这是同一轮比赛的继续，而非新的一轮；比杆赛打附加赛，这是新的一轮比赛。

球员的一轮比赛开始后，直到其结束之前，该球员都在打他的这一轮比赛，但比赛按照规则被中止时除外。

当某条规则提及“一轮比赛中”采取的行动时，不包括比赛按照规则被中止的时段，除非该规则另有规定。

二、一轮比赛之前或两轮比赛之间在球场内练习（规则 5.2）

出于应用本规则的目的：“在球场上练习”指的是打球、通过滚动球或擦抹表面的方式测试任何球洞的推杆果岭表面；并且对一轮比赛之前或两轮比赛之间在球场上练习的限制，仅适用于球员自己，不适用于球员的球童。

（一）比洞赛

比洞赛的一轮比赛之前或两轮比赛之间，球员可以在球场上练习。

（二）比杆赛

在比杆赛的比赛日：球员不得于一轮比赛之前在球场上练习；但是可以在其第一个发球区上或附近练习推击或短切，也可以在任何练习区练习，也可以在刚完成的球洞的推杆果岭上或附近练习，即便他同一天会再次打这个洞（参见规则 5.5b）。

完成其当日最后一轮比赛后，球员可以在球场上练习。

（注：在任一赛制中，委员会均可以采用当地规则，禁止、限制或允许一轮比赛之前或两轮比赛之间在球场上练习。）

违反本规则的处罚：

首次违规的处罚：一般性处罚（应用于球员的第一个球洞）。

第二次违规的处罚：取消资格。

三、开始和结束一轮比赛（规则 5.3）

（一）一轮比赛开始的时间

当球员击球以开始其第一个球洞的比赛后，他的这一轮比赛即开始。

球员必须在其出发时间开始比赛，不得提前。这意味着球员必须在委员会设定的出发时间和出发地点做好打球准备。

委员会设定的出发时间被视为精确时间（例如，上午 9 点的意思是上午 9：00，而非上午 9：01 之前的任何时间）。

如果出发时间因任何原因被推迟（如天气、其他组别慢打或需要等待裁判员处理等），只要球员在其所在组别能够出发的时候到场并做好打球准备，就不违反本规则。

违反本规则的处罚：取消资格。但有以下三种情况例外：

例外 1——球员抵达出发地点并做好打球准备，迟到时间不超过 5 分钟：该球员在其第一洞受到一般性处罚。

例外 2——球员提前出发但不超过 5 分钟：该球员在其第一洞受到一般性处罚。

例外 3——委员会判定有特殊情况致使球员没能准时在其出发时间开始比赛：不违反本规则，不受处罚。

（二）一轮比赛结束的时间

以下情况下，球员的一轮比赛结束：

（1）比洞赛中，当该场比赛的结果按照规则 3.2a（3）或（4）的规定决定后。

（2）比杆赛中，当该球员在最后一洞击球进洞（包括根据规则 6.1 或规则 14.7b 等纠正错误）后。

四、按组别比赛（规则 5.4）

（一）比洞赛

一轮比赛中，球员和对手必须在同一个组别内打各个球洞。

（二）比杆赛

一轮比赛中，球员必须在委员会设定的组别内打球，除非委员会事先或事后批准改变分组。

违反本规则的处罚：取消资格。

五、一轮比赛期间或中止比赛期间练习（规则 5.5）

（一）一洞比赛中禁止练习击球

一洞比赛中，球员不得在球场上或球场外进行任何练习击球。

以下不属于练习击球：无意击打球的试挥；球员单纯出于礼貌把球打回练习区域或打向另一名球员；一个球洞的结果已经决定后球员继续完成该洞的击球。

（二）一洞完成后对练习击球的限制

两个球洞的比赛之间，球员不得练习击球。

例外——允许球员练习推击或短切的地点：球员可以在以下区域或其附近练习推击或短切：刚完成的球洞的推杆果岭和任何练习果岭以及下一球洞的发球区。但是，上述练习击球不得在沙坑内进行，也不得过度延误比赛。

（注：委员会可以采用当地规则，禁止在刚完成的球洞的推杆果岭上或其附近练习推击或短切。）

（三）暂停比赛或以其他方式中止比赛期间的练习

按照规则暂停比赛或以其他方式中止比赛期间，球员不得练习击球，但以下情况除外：按照规则 5.5b 允许的方式练习；在球场以外的任何地方练习；在委员会允许的球场上的任何地方练习。

如果双方球员协商中止了一场比洞赛并且不在同一天恢复该场比赛，在该场比赛恢复之前，这些球员可以不受限制地在这个球场上练习。

违反本规则的处罚：一般性处罚。如果违规发生在两洞比赛之间，处罚施加于下一个球洞。

六、过度延误与快速打球（规则 5.6）

（一）过度延误比赛

无论是在一洞比赛过程中，还是在两洞比赛之间，球员均不得过度延误比赛。规则允许球员可以出于某些原因有短暂的延误，例如：寻求裁判员或委员会的帮助，受伤或生病，或有其他合理的理由。

违反本规则的处罚：

第一次违规的处罚：罚 1 杆。

第二次违规的处罚：一般性处罚。

第三次违规的处罚：取消资格。

如果球员在两洞之间过度延误比赛，处罚施加于下一个球洞。

（二）快速打球

一轮高尔夫球比赛含有快速、按时完成比赛的意思。每一名球员都应认识到，自己的打球速度可能影响到其他球员（包括本组和后续组别的球员在内）用多长时间完成一轮比赛。

规则提倡球员们让更快的组别先行通过。

1. 打球速度的建议

球员应该快速、按时完成一轮比赛，这包括用于以下行为的时间：每一次准备击球和击球；两次击球之间的移动；以及完成一洞后移动到下一个发球区。球员应该提前为下一次击球进行准备，轮到他打球时，立即准备打球。

轮到球员打球时：建议球员在其可以（或应当可以）不受妨碍或干扰地打球后 40 秒内击球，而且通常还应打得更快，规则也提倡他这样做。

2. 不按顺序打球以加快打球速度

根据不同的赛制，有时候球员可以不按顺序打球以加快打球速度：比洞赛中，球员之间可以同意让其中一人不按顺序打球以节省时间。比杆赛中，球员们可以以安全和负责任的方式使用“快打高尔夫”。

3. 委员会的打球速度政策

为了鼓励和执行快速打球，委员会应采用当地规则，制定打球速度方面的政策。这项政策可以设定完成一轮、一洞或几洞以及一次击球的最长时间，还可以对不遵守该政策的行为制定处罚措施。

七、中止比赛与恢复比赛（规则 5.7）

（一）球员可以或必须中止比赛的场合

一轮比赛中，球员不得中止比赛，但下列场合除外：

1. 委员会暂停比赛

如果委员会暂停比赛，所有球员必须中止比赛。

2. 比洞赛中双方协商中止比赛

比洞赛中，球员们可以出于任何原因协商中止比赛，但这样做将延误整体赛事时除外。如果球员之间同意中止比赛，但此后其中一人想要恢复比赛，则之前的约定即中止，另一名球员必须恢复比赛。

3. 球员因雷电中止比赛

如果球员有合理的理由认为存在雷电危险，他可以中止比赛，但必须尽快向委员会报告。

球员离开球场本身并不构成中止比赛。如果球员出于本规则不允许的任何原因中止比赛，或者在被要求向委员会报告时没有这样做，他要被取消资格。

（二）委员会暂停比赛时球员必须要做的事项

委员会暂停比赛分为两种类型，他们对球员必须中止比赛的时间有不同的规定。

1. 立即暂停（如危险即将来临）

如果委员会宣布立即暂停比赛，所有球员必须立刻中止比赛，而且在委员会恢复比赛之前不得再次击球。委员会应该使用清晰的方式告诉球员立即暂停比赛。

2. 正常暂停（如因为天黑或球场无法使用）

如果委员会出于正常原因暂停比赛，下一步如何做取决于各组球员所处的位置：

（1）在两洞比赛之间：如果一组中的所有球员都处在两洞比赛之间，他们必须中止比赛，而且在委员会恢复比赛之前不得击球以开始另一个球洞。

（2）在一洞比赛中：如果一组中有任何球员已经开始一洞的比赛，这些球员可以选择中止比赛或完成该洞。规则允许球员们用短暂的时间（通常不超过 2 分钟）决定是中止比赛还是完成该洞。如果球员们继续该洞的比赛，他们可以完成该洞，也可以在完成该洞之前中止比赛。一旦球员们完成了该洞或者在此之前中止了比赛，在委员会按照规则恢复比赛之前，他们不得再次击球。

如果球员之间无法就此达成一致时：

在比洞赛中，如果对手中止比赛，球员也必须中止比赛。在委员会恢复比赛前，两名球员都不得再次打球。如果球员不中止比赛，他要受到一般性处罚（该洞负）。

在比杆赛中，无论本组其他球员如何决定，一组中的任何球员均可以选择中止比赛或继续该洞的比赛。但是，只有球员的记分员留在现场记录其成绩，他才可继续比赛。

违反本规则的处罚：取消资格。

例外——如果委员会判定不中止比赛的理由充分，不受处罚：如果委员会判定，当时的状况使球员有充分理由不中止比赛，则他不违反本规则，也不受处罚。

（三）恢复比赛时球员必须要做的事项

1. 恢复比赛的地点

球员必须从之前中止一洞比赛的地方恢复比赛。如果中止比赛的地方在两洞之间，他必须在下一个发球区恢复比赛。即使恢复比赛的时间是其后的一天，也要按上述规定执行。

2. 恢复比赛的时间

球员必须在委员会规定的恢复比赛的时间抵达规定的地点并做好打球准备，并且球员必须在该规定时间恢复比赛，不得提前。如果出于任何原因（如前组球员需要先打球并走出射程）致使球员不得不推迟恢复比赛，只要他在本组可以恢复比赛的时候到场并做好打球准备，就不违反本规则。

违反本规则的处罚：取消资格。

（四）中止比赛时拿起球；恢复比赛时把球放置回原位和替换球

1. 中止比赛时或恢复比赛前拿起球

按照本规则中止一洞的比赛时，球员可以标记自己的球的地点并拿起这个球。

在恢复比赛前或恢复比赛时：

（1）如果中止比赛时球员的球被拿起。球员必须把初始球或另一个球放置回其初始位置（如果不知道，必须估计）。

（2）如果中止比赛时球员的球未被拿起。球员可以在现有位置打这个球，也可以标记这个球的地点拿起它，然后把它或另一个球放置回其初始位置。

无论上述哪种情况，如果球位因拿起这个球被改变，球员必须按照规则把这个球或另一个球放置回原位。

如果球位在球被拿起后，但在放置回原位之前被改变，规则 14.2d 不适用，此时按照以下方式处理：必须把初始球或另一个球放置回其初始位置（如果不知道，必须估计）。如果在此期间球位或其他击球环境遭到恶化，规则 8.1d 适用。

2. 中止比赛期间球或球标被移动的处理方式

如果球员的球或球标在比赛恢复前以任何方式被移动（包括被自然力移动），该球员必须按照以下两种方式之一处理：把初始球或另一个球放置回初始地点（如果不知道，必须估计）；或放置一个球标以标记初始地点，此后把初始球或另一个球放置回该地点。

规则 5

释义 1. 比杆赛中“完成其当日最后一轮比赛后”的表述是什么意思？

比杆赛中，球员不再有这场比赛规定的当日要在该球场进行的任何更多的球洞要打时，该球员即已完成了他当日最后一轮的比赛。

例如，一场 36 洞的比杆赛分两天进行，球员已经完成了在第一天进行的第一轮比赛时，只要他的下一轮比赛不会在第二天之前开始，规则就允许该球员在当天的剩余时间里在这个比赛的球场进行练习。

但是，如果球员完成了一轮比赛，但是当天还要在这个球场进行另一轮比赛或另一轮的部分球洞的比赛，则在这个球场上进行练习将违反规则 5.2b。

例如，一名球员完成了一轮为比洞赛而举行的比杆预选赛之后，在比赛球场上进行了练习。在预选赛结束后，该球员与其他选手在最后一个晋级比洞赛的名额上出现并列。晋级者要用比杆赛逐洞附加赛的方式来决定，该附加赛将在预选赛结束后的当天在比赛球场上立即进行。当该球员在比赛球场进行的练习是他首次违反规则 5.2b 时，该球员要受到一般性处罚，该处罚要施加在附加赛的第一个球洞。否则，该球员要因附加赛之前在比赛球场上进行练习而按照规则 5.2b 被取消附加赛的资格。

释义 2. 一洞比赛完成后但在两轮比赛之间，是否允许练习击球?

规则 5.5b（两洞比赛之间对练习击球的限制）中允许练习的规定不违反规则 5.2b 中禁止练习的规定，即规则允许球员在刚完成的球洞的推杆果岭或其附近进行练习，即使他当天还要在这个球洞进行比赛亦如此。

即使当天的比赛还未结束，规则仍允许在刚完成的球洞的推杆果岭或其附近练习推击或短切的示例包括以下情形：

● 一场 18 洞比杆赛计划在一个 9 洞的球场一天内打完，第一轮比赛期间，一名球员完成 3 号洞的比赛后在 3 号洞的推杆果岭练习推击。

● 一场 36 洞比杆赛计划在同一个球场一天内完成，第一轮比赛期间，一名球员完成 18 号洞后在 18 号洞的推杆果岭附近练习短切。

释义 3. 比赛连续数天进行时，规则可能允许在一轮比赛之前在比赛球场上进行练习吗?

一场比赛计划在一个球场连续进行数天，并且委员会安排一部分球员在第一天进行比赛，其余球员在后几天进行比赛时，球员可以在他没有比赛计划的任何一天中在比赛球场上进行练习。

例如，一场比赛计划在星期六和星期日两天进行，并且一名球员仅在周日安排有比赛时，规则允许这名球员星期六在比赛球场上进行练习。

释义 4. 规则 5.3a 例外 3 中的“特殊情况”是指哪些?

“特殊情况”一词不是指超出球员控制的不幸或意外事件。球员有责任确保留有充足的时间到达球场，同时他必须为可能发生的延误预留出足够的时间。规则对如何决定何为特殊情况没有硬性的规定，它需要具体情况具体分析并且必须由委员会做出判定。

应该被视作特殊情况的示例包括：

● 球员在事故现场提供医疗救助或者被要求提供目击证词，否则球员原本可以按时出发。

● 球员住宿的酒店发生火警，并且他必须撤离。等到该球员能够返回房间穿衣服或取他的装备时，该球员已经无法在出发时间到达球场。

通常不会被视作特殊情况的示例包括：

● 球员在去球场的路上迷路了或者他的车抛锚了。

● 交通堵塞或交通事故导致去球场的路上用的时间比预期的多。

释义 5.“出发地点”具体指什么位置?

规则 5.3a 中,“出发地点”指的是球员将要开始他的一轮比赛的那个球洞的发球区,这个球洞由委员会指定。

例如:“双边开球”,委员会可以安排某些组从 1 号洞的发球区开球,某些组从 10 号洞的发球区开球。采用“18 洞同时开球”方式时,委员会可以指定每组从不同的球洞开球。

委员会可以规定判定球员到达出发地点的标准。例如,委员会可以宣布,要真正到达出发地点,球员必须位于出发球洞发球区的围绳以内。

释义 6.“做好打球准备”是什么意思?

规则中“做好打球准备”一词指的是球员有至少一支球杆和球已经准备好,可以立即使用。例如,球员带着一个球和一支球杆(即使只是该球员的推杆)在出发时间到达了他的出发地点时,规则认为该球员已做好打球准备。轮到他打球时,如果该球员决定等待另外一支不同的球杆,则他要因过度延误比赛(规则 5.6a)而受到处罚。

释义 7. 球员到达了出发地点但之后又离开了出发地点,该如何处理?

球员在出发地点做好了打球准备,但之后因为某个原因又离开了出发地点时,适用的规则取决于他在出发时间是否在出发地点做好了打球准备。

例如,球员的出发时间是上午 9:00,并且他在上午 8:57 在出发地点做好了打球准备。该球员意识到他把一些东西落在了更衣柜里,于是离开了出发地点去取那些东西。如果该球员在上午 9:00 没有返回到出发地点,则该球员即为迟到,并且规则 5.3a 将适用。

但是,如果该球员在上午 9:00 在出发地点做好了打球准备,之后走去自己的更衣柜,则该球员可能要按照规则 5.6a(过度延误比赛)受到处罚,因为他符合规则 5.3b 的要求,在出发时间在出发地点做好了打球准备。

释义 8. 比洞赛中,两名球员全部迟到时,如何开始比赛?

比洞赛中,两名球员全部在迟于出发时间的 5 分钟之内到达出发地点做好了打球准备,并且任何一位球员都没有遇到特殊情况(例外 3)时,他们两人都要受到该洞负的处罚，并且第 1 洞的比赛结果是平局。

例如，出发时间是上午 9：00，并且球员在上午 9：02 到达出发地点做好了打球准备，对手在上午 9：04 到达出发地点做好了打球准备时，则虽然该球员早于该对手到达，但是他们两人都要受到该洞负的处罚。因此，第 1 洞的比赛结果是平局，并且该比洞赛要从第 2 洞开始。如果他们打完了第 1 洞之后再到第 2 洞的发球区，他们不会因为打了第 1 洞而受到处罚。

释义 9. 用与合规的球相似大小的球练习击球，是否属于违规？

规则 5.5a 中的“练习击球”不仅涵盖用球杆击打一个合规的球，也涵盖击打与高尔夫球的尺寸相似的任何其他种类的球，例如一个塑料练习球。

用球杆击打一个球座或自然物体（例如石头或松果）不属于练习击球。

释义 10. 哪些场合下，两洞比赛之间允许练习？

球员在两个球洞的比赛之间时，规则允许他练习推击和短切。前提是该球员已经完成了上一洞的比赛，或者在有伙伴参加的比赛赛制中，本方已经完成了上一洞的比赛。

球员在两洞比赛之间的示例：

（1）比洞赛。

赛制	被允许的场合
个人赛	球员已经击球进洞；球员的下一杆被认可；该洞的结果已经决定
四人二球赛	一方已经击球进洞；一方的下一杆被认可；该洞的结果已经决定
四球赛	两名伙伴均已击球进洞；他们的下一杆被认可；该洞的结果已经决定

（2）比杆赛。

赛制	被允许的场合
个人赛	球员已经击球进洞
四人二球赛	一方已经击球进洞
四球赛	两名伙伴均已击球进洞；其中一名伙伴已经击球进洞且另一名伙伴不可能超过本方最好成绩
定分式比赛，标准杆比赛 / 波基赛，封顶赛	球员已经击球进洞；在只能得零分后将球拿起；该洞负或达到封顶杆数

释义 11. 比杆赛的比赛恢复后，对其他场合的练习是否可以继续？

比杆赛中，之前已被暂停的比赛按照委员会要求恢复比赛后，所有在比赛暂停之前已经开始了他们在该轮的比赛的全部球员就已经恢复了他们该轮的比赛。这些球员不得再进行练习，但规则 5.5b（两洞比赛之间对练习击球的限制）允许的练习除外。

例如，委员会暂停了当日的比赛，并且计划在第二天上午 8：00 恢复比赛时，一名球员所在的组是在某个指定的发球区开球的第三组，这名球员在上午 8：00 比赛恢复后不得继续在划定的练习区域进行练习。即使在他同组的那些球员无法立刻进行他们的下一次击球，但该球员的本轮比赛已经恢复。此时，规则唯一允许的练习是在刚完成的球洞的推杆果岭或其附近、任何练习果岭或下一个球洞的发球区练习推击或短切。

释义 12. 过度延误或合理延误的示例有哪些？

规则 5.6a 中的过度延误是指由球员的行为导致的延误，这些行为在球员的控制范围以内，并且影响到了其他球员或造成了该场比赛的延误。一轮比赛期间发生的或者超出了球员的控制范围的正常情况所导致的短暂延误一般被视为“合理的”。

判定这些行为是合理的还是不合理的要基于所有的情况，包括该球员是否在等待同组的或前一组的球员打球。

可能被视为合理的行为的示例：

- 在球会或休息亭短暂停留拿食物或饮料。
- 委员会正常暂停比赛［规则 5.7b（2）］时，球员用一些时间与同组的其他球员协商决定是否完成当前球洞的比赛。

有些行为，如果在比赛中造成了比短暂延误更严重的延误，可能被视为过度延误，有以下示例：

- 从推杆果岭返回发球区去取遗落的球杆。
- 规定的 3 分钟找球时间已经结束后继续用了几分钟时间寻找遗失球。
- 委员会未允许时，在球会或休息亭停留不止几分钟拿食物或饮料。

释义 13. 球员突然患病或受伤通常允许有多少时间来进行恢复呢？

一名球员突然患病或受伤（如中暑、蜜蜂叮咬、被高尔夫球击中）时，委员会通常应给予这名球员不超过 15 分钟的时间进行恢复，之后如果该球员无法继续比赛，则将被视为过度延误比赛。

球员在一轮比赛期间重复接受治疗以减缓伤病时，委员会通常还应当将同样的时限用于该球员可以进行治疗的总时间。

释义 14. 何时球员已中止比赛?

规则 5.7a 中的中止比赛或者是球员有意行为，或者当延误的时间足够长时，也可以构成中止。短暂延误，无论是合理的还是不合理的，由规则 5.6a（过度延误比赛）涵盖。

委员会有可能按照规则 5.7a 因中止比赛而将球员取消资格的情形包括：

- 球员因为情绪沮丧而离开球场并且无意返回。
- 球员完成 9 个球洞的比赛后在球会停留超出允许的时间看电视或者吃午餐，但委员会没有允许这样做。
- 球员用相当多的时间在庇护所避雨。

释义 15. 球员未能中止比赛但不会受到处罚的情况有哪些?

根据规则 5.7b（1），如果委员会宣布立即暂停比赛，所有球员必须立即中止比赛。这条规定的意图是当存在潜在的危险情况时，例如雷电，所有人可以尽快撤离球场。

但是，宣布暂停比赛后可能会发生一些混乱或不确定的情况，并且有一些情况会导致球员未能立即中止比赛。在这些情况下，规则 5.7b 的例外允许委员会来决定是否违规。

如果球员在比赛暂停后进行了一次击球，委员会必须考虑所有相关事实以判定该球员是否应该被取消资格。

在以下场合，委员会有可能判定已经暂停比赛之后继续打球的行为有合理的理由：

- 球员位于球场偏远的位置，并且没有听到暂停比赛的信号，或者把信号误认为其他东西，例如汽车鸣笛。
- 球员已经拿着球杆在球后进行了站位或者已经为了击球开始上杆并毫无迟疑地完成了击球。

委员会有可能判定在比赛暂停后继续比赛的行为没有正当的理由的一个

例子是：球员听到了暂停比赛的信号但是想在中止比赛前迅速地进行一次击球，例如进行一次短推来完成一洞比赛或者想利用有利的风向。

释义 16. 在比赛已经暂停之后抛一个球是否属于中止比赛?

中止比赛指的是不再进行击球。因此，如果球员在暂停比赛后继续执行某条规则，例如抛一个球、确定最近完全补救点或继续找球，则不予处罚。

但是，如果委员会已经发出立即暂停比赛的信号，考虑到规则 5.7b（1）的目的，建议所有球员不要有多余行为，立即寻找庇护。

释义 17. 当委员会决定雷电危险不再存在后，球员是否必须恢复比赛?

球员们的安全是最重要的，并且委员会不应当冒险使球员们暴露在危险之中。如果球员有合理的理由认为存在雷电危险，规则 5.7a（球员可以或必须中止比赛的场合）允许他中止比赛。在这种情况下，如果球员的观点是合理的，该球员有最终决定权。

但是，在使用各种合理的办法得出结论，雷电的危险不复存在后，如果委员会已经要求恢复比赛，则所有球员都必须恢复比赛。如果某个球员因为他认为依然存在危险而拒绝恢复比赛，则委员会可以认为该球员的观点是不合理的，并且他可能会按照规则 5.7c 被取消资格。

释义 18. 比赛中止期间沙坑内的球位遭到改善或恶化时球员是否必须接受?

由于恢复比赛而要把一个球放置回原位时，规则 14.2d（当初始球位被改变时把球放置回原位的地点）不适用，并且球员不必恢复初始球位。

例如，中止比赛时，球员的球陷入沙坑内。在中止比赛期间，维护人员整理了这个沙坑，并且现在沙子表面是平整的。则该球员必须估计这个球被拿起的地点并把一个球放置在这个地点，即使这会使得这个球处于沙子表面而且没有陷入沙子。

但是，当沙坑没有被维护人员整理时，该球员并非必须享有中止比赛之前他所处的击球环境。当击球环境被自然力（如风或水）破坏了时，该球员不得改善被恶化的击球环境（规则 8.1d）。

释义 19. 恢复比赛时在抛球前可以移走散置障碍物吗?

当球静止时，如果移走散置障碍物可能导致这个球移动（规则 15.1a 例外

1），则球员不得在把一个球放置回原位之前移走这个散置障碍物。但是，在恢复比赛时，如果中止比赛之前不存在散置障碍物的位置有一个散置障碍物，则可以在把这个球放置回原位之前移走这个散置障碍物。

【本节习题】

“一轮比赛”讲课视频

一、单选题

1. 下列关于违反规则 5.6a（过度延误比赛）的处罚描述错误的是：

A. 首次违规的处罚：罚 1 杆

B. 首次违规不处罚，但要受到警告

C. 第二次违规的处罚：一般性处罚

D. 第三次违规的处罚：取消规则

2. 一名球员在一洞比赛中发现了一颗位于球道上的练习场打过来的球，他用单手敲击的方式把该球敲回了练习场。裁决是：

A. 没有处罚　　B. 该球员受到一般性处罚

C. 该球员被罚一杆　　D. 球员要被取消比赛资格

3. 委员会规定一组球员的出发时间是上午 9：00，但是其中一名球员在 9：06 才赶到第 1 洞的发球区。不过，因为某种原因（比如天气、缓慢打球或有裁决发生），这一组的出发时间一直被延迟到他赶到后的时间。裁决是：

A. 球员没有违反规则，不受处罚

B. 球员被取消资格

C. 球员被罚 2 杆

D. 球员被罚 1 杆

4. 在一轮比杆赛开始之前，一名球员在练习果岭练习完切推后，又在第 18 洞果岭练习了一次切球。裁决是：

A. 没有处罚

B. 球员受到一般性处罚，罚两杆，应用于球员的第一个球洞

C. 球员受到一般性处罚，罚两杆，应用于球员的第 18 洞成绩

D. 球员被取消资格

5. 一名球员在完成第 5 洞后途径小卖庭，在那里休息了 20 分钟之后才到达 6 号洞发球区。裁决是：

A. 这位球员被罚一杆　　B. 不受处罚，受到口头警告

C. 这位球员受到一般性处罚　　D. 以上说法均不对

6. 委员会规定一组球员的出发时间是上午 9：00，但是其中一名球员在 9：06 才赶到第 1 洞的发球区。裁决是：

A. 球员没有违反规则　　B. 球员被取消资格

C. 一般性处罚　　D. 球员被罚 1 杆

二、判断题

1. 一轮比赛中止期间，球员可以在球场上练习击球。（　　）

2. 球员在一轮比赛中可以更换球童。（　　）

3. 比洞赛的两轮比赛之间，球员可以在球场上练习。（　　）

4. 比杆赛的附加赛和比洞赛的逐次延长一洞都是新的一轮比赛。（　　）

第二节　一洞比赛（规则 6）

一、开始一洞的比赛（规则 6.1）

（一）一洞比赛开始的时间

当球员为开始一洞比赛而击球后，他即已开始了这个球洞的比赛。即使该次击球是在发球区之外进行的，或者该次击球按照某条规则被取消，这个球洞的比赛也已开始。

（二）必须在发球区内打球

开始各球洞的比赛时，球员必须按照规则从发球区内的任何地方打一个球。如果球员开始一洞比赛时从发球区之外（包括从相同或不同球洞为其他开球位置而摆放的错误的发球区标志处）打了一个球，要按照以下方式处理：

1. 比洞赛

不受处罚，但是对手可以取消这次击球：对手必须在任何一名球员进行下一次击球之前迅速做出取消的决定。对手取消这次击球后，他不能撤回该决定。如果对手取消这次击球，球员必须在发球区之内打另一个球，而且现在仍然轮到他打球。如果对手不取消这次击球，则此次击球有效，此球处于比赛状态，此后必须在现有位置继续打球。

2. 比杆赛

该球员受到一般性处罚（罚 2 杆），而且必须从发球区内打一个球以纠正错误：从发球区之外打的那个球不在比赛状态；从发球区之外进行的击球，以及纠正该错误之前打的任何杆数（包括击球次数和单纯因打那个球而受到的罚杆），均不予计算。如果球员在击球以开始另一个球洞前没有纠正错误，或当错误发生在本轮比赛的最后一个球洞时，没有在提交其记分卡之前纠正错误，则他要被取消资格。

二、从发球区打球（规则 6.2）

（一）发球区规则适用的场合

任何时候，当球员被要求或被允许从发球区打一个球时，规则里有关发球区的规则即适用。这包括以下场合：

（1）球员正在开始一洞的比赛；

（2）球员按照某条规则将要再次从发球区打球；

（3）击球后或者采取补救后，球员的球在发球区进入比赛状态。

本规则仅适用于球员开始其正比赛球洞时必须从其中打球的发球区，不适用于球场上任何其他的开球位置（无论是否在同一个球洞或在不同球洞）。

（二）发球区规则

1. 球何时位于发球区内

当球有任何一部分触及发球区的任何一部分，或者位于发球区任何一部分的上空，这个球即在发球区内。球员可以站在发球区外对发球区内的球进行击球。

2. 可以架球，也可以从地上打球

必须从以下两种地方之一打球：插在地面内或放在地面上的球座；或地面。

出于应用本规则的目的，“地面”包括堆放在一起以便将球座或球置于其上的沙子或其他自然物质。球员不得击打置于违规球座上的球，也不得击打用本规则不允许的方式架起来的球。

违反本规则的处罚：

因单一行为或多个关联行为首次违规的处罚：一般性处罚。

与首次违规无关的第二次违规的处罚：取消资格。

3. 可以改善发球区内的某些环境

击球前，球员可以在发球区内采取以下行为以改善击球环境：

（1）改变发球区内的地表面状况（如用球杆或脚制造凹陷）；

（2）移动、弯曲或折断与发球区内的地面连接着的或生长着的草、杂草和其他自然物体；

（3）移走或向下按压发球区内的沙子和泥土；

（4）移除发球区内的露水、霜和水。

但是，如果球员违反规则 8.1a，采取任何其他行为以改善击球环境，他要受到一般性处罚。

4. 从发球区打球时对移动发球区标志的限制

发球区标志的位置由委员会设定，以此决定各发球区的准确位置。对于从某个发球区打球的所有球员而言，发球区标志应当处于同样的位置。

从发球区打球前，如果球员通过移动该发球区的任何一个发球区标志而改善击球环境，他要受到一般性处罚。

如果球员发现一个或全部两个发球区标志缺失，他应该向委员会寻求帮助。但如果委员会不能在合理时间内到场，球员应该使用其合理判断［规则1.3b（2）］来估计发球区标志所在的位置。

在所有其他情况下，这些发球区标志被视为常规的可移动妨碍物，可以将其移走。

5. 击球前球未处于比赛状态

无论球被架起还是置于地面，开始一洞比赛时或按照某条规则从发球区内再次打球时：

（1）在球员击球之前，这个球不在比赛状态；并且击球前，这个球可以被拿起或移动，不予处罚。

（2）在球员击球前，如果架起的球从球座掉落，或者被球员从球座上敲落，可以在发球区内的任何地方重新架球，不受处罚。

（3）如果当球正在掉落时或者掉落后球员进行了击球，虽然不受处罚，但本次击球有效，这个球进入比赛状态。

6. 当比赛中球位于发球区内时

如果球员的比赛中球在击球后位于发球区内（例如击球后没有击中架起的球），或者补救后位于发球区内，他可以按照以下方式处理：

（1）免罚拿起或移动这个球；

（2）在发球区内的任何地方，从球座或地面打这个球或另一个球，这包括在现有位置继续打这个球。

违反本规则从错误的地方打球的处罚：一般性处罚。

三、一洞比赛中使用的球（规则 6.3）

一洞比赛是从发球区开始连续击球，将球打上推杆果岭并打进球洞内的过程。发球区开球后，通常球员应击打同一个球直至完成该洞。如果球员击打了错球，或者在规则不允许替换的情况下击打了替换球，他要受到处罚。

（一）用从发球区打的同一个球击球进洞（一球制）

从发球区开始一洞比赛时，球员可以打任何一个合规的球，并且可以在两洞比赛之间换球。球员必须用从发球区打的同一个球击球进洞，但以下情况除外：这个球遗失或静止在界外，或球员替换了另一个球（无论规则是否允许这样做）。

比赛开始前，球员应当在要打的球上做一个识别标记。

（二）一洞比赛期间替换另一个球

1. 允许和不允许球员替换另一个球的场合

有些规则允许球员替换另一个球作为其比赛中球，以更换他正在一洞比赛时使用的球，但另一些规则却不允许这样做：如按照某条规则采取补救时，包括抛或放置一个球时（例如球没有停在补救区内，或者在推杆果岭上采取补救），球员可以使用初始球或另一个球；从上一次击球的地点再次打球时，球员可以使用初始球或另一个球；以及把一个球放置回某个地点时，规则不允许球员替换球，通常情况下，他必须使用初始球，不过也有一些例外。

2. 替换球成为比赛中球

当球员替换另一个球作为其比赛中球时：初始球不再处于比赛状态，即使它静止在球场上亦如此。即使球员有以下行为，仍不能改变上述结果：

（1）虽然规则不允许，但球员仍然用另一个球替换了初始球（无论球员自己是否意识到他正在替换另一个球）。

（2）放置回、抛或放置替换球时，a 将它放在了错误的地方，b 使用了错误的方式，或者 c 使用了不适用的程序。

（3）如果没有找到球员的初始球，而后球员把另一个球投入比赛状态以进行一杆加距离的补救后；或者，当知道或几乎肯定这个球发生了什么的情况下按照某条适用的规则允许的方式把另一个球投入比赛状态后：该球员必须用这个替换球继续比赛；并且即使球员在 3 分钟找球时间结束之前在球场上找到了初始球，也不得击打。

3. 击打错误替换的球

如果球员击打了错误替换的球，他要被罚一杆，此后必须用错误替换的球完成该洞。

（三）错球

1. 击打错球

球员不得击打错球。

例外——在水中运动的球。如果球员对正在罚杆区的水中或临时积水中运动的错球进行击球，不受处罚：这次击球无效；并且该球员必须按照规则纠正错误，从初始地点击打正确的球，或者按照规则采取补救。

违反本规则的处罚：一般性处罚。

比洞赛中：

如果一洞比赛过程中球员和对手互相打了对方的球，首先对错球进行击球的人受到一般性处罚（该洞负）。如果不知道谁首先打了错球，不受处罚，双方必须用互换后的球完成该洞。

比杆赛中：

该球员必须纠正错误，在初始球的现有位置继续打球，或者按照规则补救：

球员对错球进行的击球，以及纠正该错误之前打的其他任何杆数（包括击球次数和单纯因打那个球而受到的罚杆），均不予计算。如果球员在击球以开始另一个球洞前没有纠正错误，或当错误发生在本轮比赛的最后一个球洞时，没有在提交其记分卡之前纠正错误，则他要被取消资格。

2. 球员的球被其他人作为错球击打后的处理方式

如果知道或几乎肯定球员的球已被另一名球员作为错球击打，该球员必须把初始球或另一个球放置回其初始位置（如果不知道，必须估计）。无论是否找到初始球，上述规定均适用。

（四）球员可以在同一时间打多个球的场合

只有以下情况，球员才可以在同一时间打多个球：

（1）打暂定球（按照规则 18.3c 规定，此后这个球要么成为比赛中球，要么被放弃）；

（2）比杆赛中，为了纠正从错误的地方打球可能导致的严重违规或者对正确的处置程序不确定时打两个球。

四、一洞比赛期间的打球顺序（规则 6.4）

本规则主要阐述一洞比赛期间的打球顺序。发球区的打球顺序取决于谁拥有优先权，此后的打球顺序依据谁的球距离球洞最远而定。比洞赛中，打球顺序十分重要。如果球员不按顺序打球，对手可以取消这次击球，让该球员重打。比杆赛中，球员不会因不按顺序打球而受到处罚。规则允许和提倡球员“快打高尔夫”，也就是以安全和负责任的方式不按顺序打球。

（一）比洞赛

1. 打球顺序

球员和对手必须用规定的以下顺序打球：开始第一个球洞时。在第一个球洞，优先权由委员会设定的抽签顺序决定。如果没有抽签，则可以用协商或随机的方式（如抛硬币）决定。

开始所有其他球洞时。一洞获胜的球员在下一个发球区拥有优先权。如果这个球洞打平，则上一个发球区有优先权的球员继续拥有此权利。如果球员及时提出了寻求规则帮助，但委员会尚未就此做出判定，而且可能影响到谁在下一个球洞拥有优先权，则优先权通过协商或使用随机方式决定。两名球员都开始一洞后，哪个球距离球洞更远，就先打哪一个。如果两球至球洞的距离相同，或者不知道相应的距离，则用协商或随机方式决定先打哪一个球。

2. 对手可以取消球员不按顺序的击球

轮到对手打球时，如果球员打了球，不受罚，但是对手可以取消这次击球：对手必须在任何一名球员进行下一次击球之前迅速做出取消的决定。对手取消击球后，他不能撤回这个决定。如果对手取消这次击球，球员必须在轮到自己打球时，从之前这次击球的地点打一个球。如果对手不取消这次击球，则此次击球有效，此球处于比赛状态，此后必须在现有位置继续打球。

例外——协商不按顺序打球以节省时间。

为节省时间：球员可以邀请对手不按顺序打球，或者同意对手不按顺序打球的请求。

如果此后对手不按顺序打了球，球员即放弃了取消这次击球的权利。

（二）比杆赛

1. 正常的打球顺序

开始第一个球洞时。第一个发球区上的优先权由委员会设定的抽签顺序决定。如果没有抽签，则可以用协商或随机的方式（如抛硬币）决定。

开始所有其他球洞时。一组球员中，一洞总杆成绩最低的球员在下一个发球区拥有优先权，总杆成绩第二低的球员应该下一个打球……以此类推。如果两名或更多名球员在一洞的成绩相同，他们应按照上一个发球区相同的顺序打球。优先权由总杆成绩决定，即使在差点比赛中亦如此。

所有球员都开始一洞后。哪个球距离球洞最远，就先打哪一个。如果两个或更多个球至球洞的距离相同，或者不知道相应的距离，则应该用协商或随机方式决定先打哪一个球。如果球员不按顺序打球，不予处罚，但如果有两个或更多个球员协商不按顺序打球以便为他们中的某人牟利，并且此后他们中的任何人不按顺序打了球，则每个参与协商的人都要受到一般性处罚（罚二杆）。

2. 以安全和负责任的方式不按顺序打球（快打高尔夫）

规则允许并提倡球员以安全和负责任的方式不按顺序打球，如以下场合：

（1）两名或更多名球员为方便或节省时间而同意这样做；

（2）球员的球静止在距球洞很近的地方，他希望击球进洞；

（3）虽然按照上述第（1）款规定的正常打球顺序轮到另一名球员打球，但如果此前已有某个球员做好准备并可以打球时，只要没有危及、干扰或妨碍任何其他球员，该球员就可以不按顺序打球。

但如果按照上述第（1）款的规定轮到其打球的球员已经做好准备可以打球，而且指出自己想要先打，一般而言其他球员应当等候其先打。球员不应为获得对其他球员的优势而不按顺序打球。

（三）当球员从发球区打暂定球或另一个球时

这种情况下的打球顺序是，在球员从发球区打暂定球或另一个球之前，本组所有其他球员都已完成在该洞的第一次击球。如果有多于一名球员从发球区打暂定球或另一个球，其打球顺序与之前的顺序相同。

（四）当球员补救或从发球区以外的任何地方打暂定球时

1. 从现有位置以外的其他地方打球采取补救

当球员发现规则要求他进行一杆加距离的补救时，球员的打球顺序由其上一次击球的地点决定；当球员可以选择在现有位置打球或补救时，球员的打球顺序由初始球所在的地点决定（如果不知道，必须估计）。即使球员早已决定进行一杆加距离的补救或从初始球所在地点以外的其他地方打球（例如初始球在罚杆区内或者将视为不可打之球），本规定仍然适用。

2. 打暂定球

此时的打球顺序是：球员进行了上一次击球后，在任何其他人打球之前立刻打暂定球，但以下情况除外：

（1）从发球区开始一洞的比赛时；

（2）当球员等着决定自己是否要打一个暂定球时（这种情况下，一旦球员决定打暂定球，他的打球顺序就将由其上一次击球的地点决定）。

五、完成一洞比赛（规则 6.5）

以下情况下，球员已完成一洞比赛：

（一）比洞赛中

球员击球进洞，或者其下一杆被认可；或该洞的结果已经决定（例如对手已经认输该洞，对手在该洞的杆数低于球员可能达到的杆数，或者球员或对手受到一般性处罚）。

（二）比杆赛中，当球员按照规则击球进洞后

如果球员没有意识到自己已经完成一洞比赛并尝试用另一个球继续在该洞打球，球员后续的击球不会被视作练习，同时，该球员也不会因为打了另一个球（包括错球）而受到处罚。

规则 6

释义 1. 比洞赛中，从发球区外打了球并且这次击球没有被对手取消的情形有哪些?

比洞赛中，开始一洞的比赛时，如果从发球区之外进行的击球没有被对手取消，球员要在此球的现有位置打球。但是，规则有时也不允许球员在此球的现有位置打球。例如，开始一洞比赛时，球员从发球区之外进行了击球（如从设置错误的发球区标志处）并将球打到界外，并且对手没有取消这次击球。因为球员的这次击球没有被取消且球出界，则他必须采取一杆加距离补救，即从上一次击球的地方打一个球。但是，因为上一次击球不是从发球区以内的地方进行的，所以必须抛球，不能架球。

释义 2. 一个或两个发球区标志丢失时如何处理?

如果球员发现一个或两个发球区标志丢失，球员应当向委员会寻求帮助。

但是，如果此帮助不能在合理的时间内得到提供，球员应当进行合理判断来估计发球区的位置。考虑到球员必须快速地做出估计，因此只要是球员对发球区位置的合理判断，它就将被接受，即使此后显示此前的判断是错误的也依旧如此。

释义 3. 被球员移动的发球区标志应当被放回原位吗?

从发球区打球时，在击球前，球员不得移动该发球区标志以改善击球环境。但是，如果球员用以下方式移动发球区标志将不会受到处罚：

- 被发球区标志绊倒；
- 出于愤怒而击打发球区标志（尽管委员会可以认为其严重行为不当）；
- 没有明显理由的情况下拿起发球区标志。

因为移动发球区标志会对整体比赛产生重大影响，所以发球区标志不应

当被移动。如果被移动了，应当将它们放回原位。

但是，如果球员因为自己认为发球区标志应当位于另外的位置而将其移动，或者故意损坏发球区标志，委员会可以因为其严重行为不当有违高尔夫球运动的精神而选择将该球员取消资格。

释义 4. 击球后球静止在发球区内时，可以不在球的现有位置打球吗?

任何时候，当球员的球位于发球区内时，球员可以将这个球移动到发球区内的另一个位置，也可以架球打球，不受处罚。

例如，球员从发球区内进行了他的第一次击球后，几乎没碰到球，然后球静止在了发球区内的地面上，或者仍在球座上。因为这个球在发球区内，球员可以现有位置继续打这个球，或者虽然这个球是比赛中球，但可以将它移动到发球区内的任何位置并从该位置打这个球，不受处罚。球员也可以架起这个球或者调整这个球所在球座的高度。

释义 5. 球员不知道在什么地方互换了球时如何处理?

完成一洞比赛后，两名球员发现他们相互使用对方的球完成的比赛，但是想不起来他们的球是不是在这一洞的比赛期间发生的互换。这种情况下，对两名球员均不施加处罚。

例如，完成一个球洞的比赛后，发现球员 A 用球员 B 的球击球进洞，而球员 B 用球员 A 的球击球进洞。两名球员都确定他们击球进洞的球就是从发球区开始打的球。

因为球员可以打任何一个合规的球来开始一洞的比赛，在这种情况下，应当认为两名球员的球在这一洞的比赛开始前发生的互换，除非有其他证据表明事实不是如此。

释义 6. "单纯因打那个球而受到的罚杆"是指什么意思?

当球员对一个特定的球进行的击球不予计算时，球员在打那个球时受到的任何罚杆也均不予计算。除非球员受到的处罚同样适用于他打比赛中球的场合。

球员受到的处罚因为不能同样适用于他打比赛中球的场合而被忽略的例子包括：

- 故意触碰或导致球移动。

● 球员采取站位时，他的球童站在球员后面。

● 为了击球而上杆时触碰到沙子。

球员受到的处罚因为同时适用于他打比赛中球的场合而不能被忽略的例子包括：

● 在一洞比赛中练习击球。

● 击打错球。

● 征询助言。

释义 7. 从发球区未按顺序打了暂定球时，该次击球能被取消吗？

有优先权的球员在他的对手已经打了暂定球之后才决定打暂定球时，该球员不可以按照规则取消该对手打暂定球的这次击球。

例如，球员 A 有优先权并首先从发球区开了球。球员 B（对手）接着打了球，并且因为他的球有可能出界，所以决定打一个暂定球并打了球。在球员 B 打了暂定球之后，球员 A 决定他也打一个暂定球。

因为球员 A 是在球员 B 已经打了暂定球之后才表明他想打暂定球的想法，所以球员 A 即已放弃了取消球员 B 对暂定球进行的这次击球的权利。但是，球员 A 仍然可以打暂定球。

释义 8. 不知道一洞比赛已经结束，之后打了另一个球，该怎么处理？

球员已经击球进洞时，这个球洞的比赛即已结束，并且该球员不会因打了另一个球而受到处罚。常见的例子如下：

● 由于找不到自己的球，球员将另一个球投入了比赛状态或者认输了这个球洞（该认输无效，因为这个球洞的比赛已经结束）。

● 找了 3 分钟他的球后，球员无法找到自己的球，之后用暂定球继续比赛。

● 球员认为一个球是自己的初始球，结果打了错球。

● 球员不知道一洞的比赛已经结束，并且试图用另一个球完成该洞的比赛时，该球员的后续击球不被视作练习。

【本节习题】

"一洞比赛"
讲课视频

一、单选题

1. 以下描述不是完成一洞比赛的情况是：

A. 比杆赛中球员击球进洞

B. 比洞赛中球员击球进洞

C. 比杆赛中球员的下一杆被认可

D. 比洞赛中球员的下一杆被认可

2. 比杆赛中，球员在一洞比赛中击打错球的处罚是：

A. 罚一杆

B. 一般性处罚，并且必须纠正错误

C. 一般性处罚

D. 取消资格

3. 球员在推杆果岭上将球标记并拿起后，他换了一个球放置回原位并击球入洞，裁决是：

A. 球员受到一般性处罚　　B. 没有处罚

C. 球员被取消资格　　D. 球员被罚一杆

4. 比杆赛中，球员从发球区外击球开始了一洞比赛，他第三杆将球打上推杆果岭，然后发现了违规行为，此时裁决是：

A. 球员受到一般性处罚，罚两杆，下一杆是他的第六杆

B. 球员受到一般性处罚（罚两杆），而且必须从发球区内打一个球以纠正错误，在发球区打的是他的第三杆

C. 球员受到一般性处罚（罚两杆），而且必须从发球区内打一个球以纠正错误，在发球区打的是他的第六杆

D. 球员被取消资格

5. 球员在一洞比赛中击打错球的处罚是：

A. 罚一杆　　B. 一般性处罚　　C. 取消资格

6. 在比洞赛中，一名球员在发球区外打了球，之后将如何处理？

A. 这位球员被罚一杆，但是对手可以在任意球员进行下一次击球前

取消该次击球

B. 不受处罚，但是对手可以在任意球员进行下一次击球前取消该次击球

C. 这位球员在该洞负

二、判断题

1. 比杆赛中，球员不按顺序打球都要受到一般性处罚。（　）

2. 如果球员的比赛中球在击球后位于发球区内，或者补救后位于发球区内，球员可以免罚拿起这个球，并且在发球区内的任何地方，从球座或地面打这个球或另一个球，这包括在现有位置继续打这个球。（　）

3. 当球有任何一部分触及发球区，或者位于发球区任何一部分的上空，这个球即位于发球区内。（　）

4. 当球员在发球区架好球时，他就开始了这一洞的比赛。（　）

第六章　关于打球

第一节　寻找球：找到和辨认球（规则 7）

一、适度寻找球的方式（规则 7.1）

（一）球员可以采用合理的行为找到和辨认球

每次击球后，球员有责任找到自己的比赛中球。球员可以采用合理的行为适度寻找自己的球，以便找到并辨认它，例如：移动沙子和水，以及移动或弯曲草、灌木、树枝以及其他生长着的或连接着的自然物体。此外，也可以折断上述物体，但是折断仅为找到或辨认球时所采用其他合理的行为所致。

如果适度找球时采用上述合理行为改善了击球环境，按照以下方式处理：如果改善因适度寻找所引起，不会被处罚。但是，如果适度寻找球的行为超出合理范围并导致改善，球员将因违反本规则受到一般性处罚。

在试图找到和辨认球时，球员可以移走散置障碍物，也可以移走可移动妨碍物。

（二）如果试图找到或辨认球时移动了影响球位的沙子该如何处理

球员必须在沙子中恢复初始球位，但如果之前球完全被沙子覆盖，可以在恢复时露出这个球的一小部分。如果球员没有恢复初始球位就打了这个球，他要受到一般性处罚。

二、辨认球的方式（规则 7.2）

可以用以下任何一种方式辨认球员的静止中球：

（1）球员或任何其他人看到球静止在某环境中，并且知道位于此处的球就是球员的球。

（2）看到球员在球上做的识别标记。但是，如果在同一区域还发现另一个带有同样识别标记的完全相同的球时，此方法不适用。

（3）在球员的球期望到达的区域找到一个和球员的球品牌、型号、号码和状况都一样的球（但如果在同一区域还有另一个完全相同的球并且没有办法分辨出哪一个是球员的球时，本方式不适用）。

［注：如果无法区分球员的暂定球和初始球，参见规则 18.3c（2）。］

三、拿起球辨认（规则 7.3）

如果一个球可能是球员的球，但无法在其现有位置辨认时：

球员可以拿起这个球进行辨认（包括在原地转动球），但必须首先标记球的地点，并且不得将球擦拭至超出辨认所需的程度（在推杆果岭上除外）。

如果被拿起的球是球员的球或另外一名球员的球，必须将其放置回初始位置；如果球员在没有必要辨认球时按照本规则拿起自己的球（在推杆果岭上时除外），拿起球之前没有标记球的地点，或在不允许擦拭球时擦拭了球，要被罚 1 杆。

四、试图找到或辨认球时意外移动了球（规则 7.4）

在试图找到或辨认球员的球时，如果球员本人、对手或任何其他人意外移动了这个球，不予处罚。但是，如果球员在开始寻找球之前导致该球移动，他要按照规则 9.4b 被罚一杆。

在本规则中，“意外”包括任何人采取合理的行为找球时球被移动的情况（这些行为可能通过移动球来显示其所在位置，例如用脚扫过长草，或者摇晃树木）。

上述情况下，必须把这个球放置回初始地点（如果不知道该点，必须估计）（参见规则 14.2）。这样做时，如果球之前位于任何不可移动妨碍物、基本组成物、界外标志或生长着的或连接着的自然物体之上、之下，或者与其倚靠，那么把这个球放置回初始地点时也必须将其放置在这些物体之上、之下或与其倚靠的位置（参见规则 14.2c）；如果球之前被沙子覆盖，则必须恢复初始球位并且必须把这个球放置回该球位［参见规则 14.2d（1）］。但是，这样做时球员可以露出球的一小部分。

违反规则 7.4 的处罚：一般性处罚。

规则 7

释义 1. 哪些行为不太可能属于“适度”的寻找？

有一些行为不太可能被认为是合理的适度的寻找，并且如果造成了击球环境的改善，将导致球员受到一般性处罚。这些行为包括：

● 球员的球可能停在一块区域内，该球员穿过这块区域或者在这块区域内找球时推倒了这块区域内的草，而且该球员采取的这个行为超出了合理的必要；

● 球员故意从地面上移走任何生长着的物体；

● 球员折断一根树枝以便更容易地接近球，但球员原本不用这样做也能触碰到球。

释义 2. 如何辨认无法取回的球？

球员看见一个球停在树上或其他某个地方，并且他无法从该处取回球时，该球员不可以假定这个球就是他的球，而是必须用规则规定的方式来辨认这个球。

即使该球员无法取回这个球，但仍可以对其进行辨认，例如通过以下方式：

● 使用双筒望远镜或测距设备来查看一个标识，这个标识能够明确地辨识出这个球是该球员的球；

● 确定有另一名球员或观众看到了在该球员击球后，这个球静止在了那个特定的位置。

释义 3. 找球过程中球被移动时，如何估计球要被放置回去的初始地点?

找球过程中球员的球被意外移动，这个球必须被放置回原位，并且必须估计这个球的初始地点时，球员应当考虑所有可以合理获得的这个球在被移动前所处位置的证据。

例如，估计一个球的初始位置时，球员应当考虑：

● 这个球是如何被找到的（例如，它是否是被踩到的、踢到的，或被进行触探的球杆或手移动的）；

● 这个球是否可见；

● 这个球相对地面和任何生长着的物体的位置，例如它是否是倚靠着草或位于草的下方，以及它停在草中的深度。

放置球回原位时，如果一些散置障碍物可能已经被移动了，规则不要求球员把这些散置障碍物（如树叶）放置回原位，因为这些散置障碍物不属于球位的一部分，并且在多数情况下，如果要求把这些散置障碍物放置回原位，也几乎不可能恢复到初始状况。例如，一个球停在罚杆区内被树叶覆盖着，在寻找这个球的过程中，球员踢到了这个球，同时移动了这个球周围的树叶。尽管这个球必须被放置回它的初始位置或估计的地点，但这些树叶不需要被放回它们的初始位置，即使这个球原本肯定应该停在这些树叶的下方。

释义 4. 找球过程中，球员可以把树上的球晃下来或把长草中的球踩进地面吗?

球员正在试图找到或辨认一个球时，如果这个球被意外移动了，不受处罚，并且这个球必须被放置回所估计的地点。

本规则同样适用于某些情况下球员试图找到球并采取了一些合理的行为，这些行为有可能通过移动球来显露出球的位置。

这些合理的行为包括球员在以下场合采取的行为：

● 球员认为他的球静止在了树上，于是摇晃这棵树，希望这个球掉下来以便找到这个球；

● 球员在长草中走动时前后扫动他的脚，希望踩到或触动这个球以便找到它。

【本节习题】

"寻找球、找到和辨认球"讲课视频

一、单选题

1. 球员在寻找球时改善了击球环境，裁决是：

A. 无论适度寻找球的行为是否超出合理范围，球员都要受到一般性处罚

B. 如果适度寻找球的行为超出合理范围并导致改善，球员被罚一杆

C. 如果改善因适度寻找所引起，不会按照规则 8.1a 予以处罚

D. 取消比赛资格

2. 球员在试图辨认球时意外移动了这个球，裁决是：

A. 罚一杆　　B. 一般性处罚

C. 没有处罚　　D. 取消比赛资格

3. 球员在辨认球时没有标记球的位置就将球拿起辨认，并且擦拭了球，辨认后球员将球放置回原位并进行击球，裁决是：

A. 球员受到一般性处罚　　B. 罚一杆

C. 球员被取消资格　　D. 不受任何处罚

4. 球员在沙坑中寻找被沙覆盖的球时移动了影响球位的沙子的处理方式为：

A. 没有处罚，球员在现有位置打球或将球放置回沙坑内且不必恢复被破坏的沙子

B. 没有处罚，球员必须在沙子中恢复初始球位，但如果之前球完全被沙子覆盖，可以在恢复时露出这个球的一小部分

C. 罚一杆，球员必须在沙子中恢复初始球位，但如果之前球完全被沙子覆盖，可以在恢复时露出这个球的一小部分

D. 罚一杆，球员在现有位置打球或将球放置回沙坑内且不必恢复被破坏的沙子

5. 一名球员的球在球道上，球员在球上做的标记清晰可见，但是球员在没有必要辨认时却拿起了球想辨认。裁决的方式是：

A. 这位球员受到一般性处罚

B. 不受处罚

C. 这位球员被罚一杆

6. 在球员寻找球2分钟时，球员脚踩到了一个球致使球移动，确认后发现是这位球员的球，裁决的方式是：

A. 不受处罚，要将球抛在尽可能接近其预计的初始位置

B. 这位球员被罚一杆，必须将球放回其预计的初始位置

C. 不受处罚，必须将球放回其预计的初始位置

二、判断题

1. 如果球员在没有必要辨认球时按照规则7.3拿起自己的球，球员要被罚一杆。（　　）

2. 如果一个球可能是球员的球，但无法在其现有位置辨认时，球员可以拿起这个球进行辨认并且擦拭，但是，必须首先标记球的地点。（　　）

3. 球员可以合理地移动沙子和水来寻找自己的球。（　　）

4. 球员必须在辨认球前宣布将要辨认球的意图，如果没有宣布意图就拿起球要按照规则9.4被罚1杆并且必须把球放置回初始位置。（　　）

第二节　在球场的现有状况下打球（规则8）

一、球员改善击球环境的行为（规则8.1）

“击球环境”是指球员的静止中球所在的球位、预计站位区域、预计挥杆区域、打球线，以及球员要抛或放置一个球的补救区。

（一）规则不允许的行为

球员不得通过任何以下行为改善击球环境：

（1）移动、弯曲或折断任何物体，包括长着的或连接着的自然物体；不

可移动妨碍物，基本组成物或界外标志；将要从某发球区击球时该发球区的发球区标志。

（2）将一个散置障碍物或可移动妨碍物移动到某个特定位置（例如以此来制造站位或改善打球线）。

（3）通过以下手段改变地表面状况将铲起的草皮放回到打痕里；移走或向下按压已被放回原处的铲起的草皮或已放置好的其他切割草皮；或制造或消除洞穴、凹痕以及不平整的表面。移走或向下按压沙子或松散的泥土。移走露水、霜或水。

违反本规则的处罚：一般性处罚。

（二）规则允许的行为

在准备击球或击球时，球员可以采取以下任何行为而不受处罚，即使这样做改善了击球环境：

（1）采用合理的行为适度寻找自己的球，以便找到和辨认此球。

（2）采用合理的行为移走散置障碍物和可移动妨碍物。

（3）按照规则采用合理的行为标记球的地点、拿起这个球和将它放置回原位。

（4）把球杆紧靠球前或球后轻放在地上。“把球杆轻放在地上”指的是允许球杆自身的重量由地面或其上方的草、泥土、沙子或其他物质承托。但是这并不意味着允许球员在地面上按压球杆，或当一个球在沙坑中时，触碰紧靠球前或球后的沙子。

（5）站位时稳固地放置双脚，包括在合理的范围内把双脚拧入沙子或松散的泥土中。

（6）合理站位时，采用合理的行为接近球并进行站位。但是这样做时，球员不享有正常站位或挥杆的权利；并且必须用对周边环境影响最小的行为方式来处理所处的特定情形。

（7）击球，或为击球而上杆并且随后完成了此次击球。但当球在沙坑中时，不允许在上杆时触碰沙坑中的沙子。

（8）在发球区内：球员可以在地面内插入或在地面上放置球座；可以移

动、弯曲或折断任何生长着的或连接着的自然物体以及改变地表面状况，移走或向下按压沙子和泥土，或移走露水、霜或水。

（9）从沙坑内把球打到该沙坑外后，为了保护球场而平整沙坑内沙子。

（10）在推杆果岭上，移走沙子和松散的泥土，以及修理损伤。

（11）移动自然物体，以查看它是否是散置的。但是，如果发现该物体是生长着的或连接着的，必须保持其连接着的状态并尽可能将其放回至初始位置。

（三）通过恢复被改善的环境以避免处罚

如果球员已经违反了规则：移动、弯曲或折断了某个物体，或将某个物体移到一个特定位置，因而改善了击球环境，则按照以下方式处理：如果在下一次击球前球员使用规则允许的方式恢复了原先的环境，消除了之前造成的改善，则不受处罚。但是，如果球员采用规则 8.1a 涵盖的任何其他行为改善了击球环境，他无法通过恢复原先的环境避免处罚。

（1）如何恢复因移动、弯曲或折断某个物体而造成改善的环境。击球前，球员可以将原来的物体尽量恢复至初始位置，消除违规造成的改善，以此避免受罚。如把已被移走的界外标志（如一根界桩）放回原位，或把一个已被推到不同角度的界外标志移动回其初始位置；把已被移动的树枝、草或不可移动妨碍物放回到其初始位置。

但是以下情形中球员无法避免处罚：如导致的改善没有被消除（如一个界外标志或树枝被严重弯曲或折断，以至于无法被放回到初始位置）；在试图恢复环境时使用原来的物体以外的任何其他物体或使用其他材料修理原来的物体（例如，使用胶带修复被折断的界外标志或树枝）。

（2）如何恢复因移动一个物体到某个特定位置而导致改善的环境。击球前，球员可以移走之前被移动到某个特定位置的物体，以此避免受罚。

（四）恢复球静止后被破坏的环境

如果球员的球静止之后，击球环境遭到破坏，按照以下方式处理：

（1）允许恢复被破坏的环境的场合。如果击球环境被球员以外的人或动物破坏，球员可以尽量恢复原有环境；当环境遭到破坏后，如果为了恢复原有环境有理由这样做，或者有东西粘在球上时，可以标记球的地点，然后将球拿起、擦拭，再将它放置回初始地点；如果被破坏的环境无法轻易恢复，可以拿起球，然后将它放置回最近的一个点（不得更靠近球洞），这个点须符合：①有最相似的击球环境，②在其初始地点一支球杆长度范围内，③和初始地点位于同一种球场区域。

例外——当球被拿起或移动时或此后，但在该球被放置回原位之前，球位遭到破坏：这种情况包含在规则 14.2d 里。但是，如果球位在比赛中止期间且球已被拿起后遭到破坏，本规则仍然适用。

（2）不允许恢复被破坏环境的场合。球员不得改善由以下因素造成破坏的击球环境［但规则 8.1c（1）、规则 8.1c（2）和规则 13.1c 中允许的行为除外］：

①球员本人，包括球员的球童；

②在球员授权下采取行动的其他人（裁判员除外）；

③诸如风或水等自然力。

如果球员在不被允许时改善了被破坏的击球环境，他要根据规则 8.1a 受到一般性处罚。

二、球员为影响自己的静止中球或后续击球而故意改变其他客观环境的行为（规则 8.2）

（一）规则 8.2 适用的场合

本规则仅涵盖球员为影响其静止中球或后续击球而故意改变其他客观环境的行为。

本规则不适用于球员的以下行为：故意变向或停止自己的球，或故意改变任何客观环境以影响球可能静止的位置（这部分内容涵盖在规则 11.2 和 11.3 中）；或改变球员的击球环境（这部分内容涵盖在规则 8.1a 中）。

（二）被禁止的改变其他客观环境的行为

球员不得故意采用规则 8.1a 列举的任何行为（但规则 8.1b、c 或 d 中允许的行为除外）以改变其他任何客观环境，从而影响球员在其下一次击球或再后来的击球后，他的球有可能去到或静止的地方；或如果球员的静止中球在击球之前发生移动，它有可能去到或静止的地方（例如，当球停在一个陡坡上，球员担心它可能会滚进灌木中）。

例外——出于保护球场目的的行为：如果球员改变上述任何其他客观环境的行为是出于保护球场的目的（如平整沙坑内的脚印或把铲起的草皮放回打痕里），不会按照本规则予以处罚。

违反本规则的处罚：一般性处罚。

三、球员为影响另一名球员的静止中球或后续击球而故意改变客观环境的行为（规则 8.3）

（一）规则 8.3 适用的场合

本规则仅涵盖球员故意改变客观环境以影响另一名球员的静止中球或由该球员将要进行的后续击球的行为。对于球员故意变向或停止另一名球员的运动中球，或故意改变任何客观环境以影响该球可能静止的地方的行为，本规则不适用。

（二）被禁止的改变其他客观环境的行为

球员不得故意采用规则 8.1a 列举的任何行为（但规则 8.1b、c 和 d 中允许的行为除外）：

（1）改善或破坏另一名球员的击球环境；

（2）改变任何其他客观环境从而影响：另一名球员在其下一次击球或再后来的击球后，他的球有可能去到或静止的地方；或如果另一名球员的静止中球在击球之前发生移动，它有可能去到或静止的地方。

例外——出于保护球场目的的行为：如果球员改变上述任何其他客观环境的行为是出于保护球场的目的（如平整沙坑内的脚印或把铲起的草皮放回打痕里），不会按照本规则予以处罚。

违反本规则的处罚：一般性处罚。

规则 8

释义 1. 哪些行为有可能制造潜在利益?

有一些行为可能会改善击球环境（即有可能为球员制造潜在利益），包括以下场合：

● 在普通区球的前方有一个落痕或者一个打痕位于球员的打球线上，并且这个落痕或打痕可能会影响到他的击球（例如推杆或地滚球）。击球前，该球员修理了这个落痕或者把一块铲起的草皮放回到了这个打痕内。

● 球员的球停在果岭边的沙坑内，在这个球的前方有一些脚印位于他的打球线上。该球员在打一杆近距离的击球之前平整了这些脚印，并且准备把这个球从这片平整后的区域上方打过去。

释义 2. 哪些行为不太可能制造潜在利益?

有一些行为不太可能改善击球环境（即不太可能为球员制造潜在利益），包括以下场合：

● 球前方几码远处，有一个不大的落痕、一个沙坑或者一个打痕位于他的打球线上，球员准备从普通区 150 码进攻果岭之前，修理了这个落痕、平整了沙坑内的一个脚印或者把一块铲起的草皮放回到了这个打痕内。

● 球员的球停在一个沙坑壁较低的长沙坑中间，并且在这个球的前方几码远处，有一些脚印位于他的打球线上。该球员准备打一杆远距离球之前平整了这些脚印，并且准备把这个球从这片平整后的区域上方打过去。

释义 3. 球员改善了预计击球环境属于违规，即使之后用不同的方式进行了击球亦如此吗?

球员准备用某种方式打一个球，并且改善了这种特定的击球环境时，该球员即违反了规则，并且无法通过恢复原先的环境来避免处罚，无论他继续该种方式击球还是用未被那些改善影响到的另一种方式来击球均如此。

例如，一根树枝妨碍了球员预计击球的站位区域或挥杆区域，于是他折断了这根树枝。但是，如果不折断这根树枝，该球员原本也可以采取某种站位时，该球员无法通过向另一个方向打球，或者采取补救到另一个地点打球且这根树枝对在新地点打球没有影响来逃脱处罚。

本规定也适用于开始一洞比赛时球员折断了树枝，然后移动到发球区内的不同位置打球的情况。有关是否可以通过恢复被改善的环境以避免处罚，请参见规则 8.1c。

释义 4. 移动、弯曲或折断不可移动妨碍物的示例有哪些？

位于界外的栅栏（不是界外标志）有一部分倾入球场上，球员把它推回到直立的位置。

球员的这个行为违反了规则 8.1a，该规则禁止球员通过移动不可移动妨碍物来改善击球环境。该球员要受到一般性处罚，但该球员按照规则 8.1c（通过恢复改善的环境以避免处罚）允许的方式恢复了之前的环境，在他进行下一次击球前通过把这个栅栏恢复到它之前的位置时除外。

在这种情况下，尽管规则 8.1a 禁止移动、弯曲或折断不可移动妨碍物，但该球员可以选择按照规则 16.1b（球场异常状况的补救），对这个不可移动妨碍物倾入球场内的部分造成的妨碍采取免罚补救。

释义 5. 规则允许通过放置物体如毛巾来制造站位吗？

“站位”的定义不仅包括球员摆放他的双脚来进行站位的位置，也包括该球员准备和实施击球时摆放整个身体的位置。

例如，击球时，如果球员在灌木上放了一块毛巾或其他物体来保护他的身体，则该球员因为改善了预计站位区域而违反了规则 8.1a。

再如，球员的球停在树下，并且他需要跪着打球时，如果该球员在地上垫了块毛巾以防止裤子被弄湿或弄脏，则该球员为他制造了站位。但是，规则允许球员在跪下去打球之前把毛巾缠在他的腰上或者穿上雨衣（参见规则——物理协助和对自然因素的防护）。

球员用规则不允许的一种方式放置了一个物品，但是在打这个球之前意识到了这个错误时，只要尚没有对击球环境的其他改善，就可以通过在击球前移走该物品来避免处罚。

释义 6. 规则允许通过改变地表面状况来制造站位吗？

规则允许球员进行站位时稳固地放置双脚，但是当他改变了将要进行站位之处的地面状况时，如果对地表状况的改变改善了预计站位区域，则该球员违反了规则。

改变地面状况有可能改善击球环境的示例包括：

- 用脚把沙坑侧壁上的沙子敲落下来以使双脚站在同样的高度上。
- 进行站位时，过度地把脚拧入松软的地面以获得稳固的基础。

一旦球员通过改变地面状况来改善击球环境以制造站位，他即违反了规则，并且无法通过试图把地面状况恢复至它们之前的状态来避免处罚。

对改变地面状况的限制不包括从预计站位区域移走散置障碍物或可移动妨碍物，例如从球员为打球而准备进行站位的地方移走大量松针或树叶。

释义 7. 球员可以在球附近触探以确定地面以下是否有树根、石块或障碍物，但这样做的前提是没有改善击球环境。

规则未禁止球员触碰击球环境所覆盖区域之内的地面，只要这些环境不被改善即可。

例如，在未改善任何击球环境的情况下，不论球位于球场上的任何地方，球员都可以用球座或其他物品触探这个球的周围区域，以查看进行击球时，他的球杆是否有可能击中地面以下的树根、石块或障碍物。

但是，球员触探沙坑内的沙子以测试沙子的状况的场合，请参见规则 12。

释义 8. 规则允许改变补救区内的地表面状况吗?

抛一个球以采取补救之前，球员不得将铲起的草皮放回到补救区内的打痕中，或者采取其他一些行动以某种会改善击球环境的方式来改变补救区内的地面状况。但是，该限制仅在该球员知道规则要求或允许他在这个补救区内抛一个球之后才适用。

例如，球员打了一个球，然后把铲起的草皮放回到了打痕中，在这之后才意识到，因为这个球出界、落在罚杆区内、不可打或者应当打一个暂定球，他必须或可能要按照一杆加距离的处罚再次从这里（原来的位置）打球时，如果这个被放回去的草皮是在补救区内，则该球员没有违反规则。

释义 9. 铲起的草皮被放置回原位后可以被移动或向下按压吗?

规则禁止通过向下按压、移走或重新调整草皮在打痕中的位置来改善击球环境，这块草皮被视作地面的一部分（并且不属于散置障碍物），即使它尚未连接或生长亦如此。

当一块草皮的大部分已位于打痕中且根部朝下时，它即已被放置回原位

（不论这块草皮是否是在它被铲起来的打痕中）。

释义 10. 什么是“把球杆轻放在地上”的意思？

规则允许球员把球杆紧靠球前或球后轻放在地上，即使这样做改善了他的球位或预计挥杆区域。

“把球杆轻放在地上”是指让地面上的或上方的草、泥土、沙子或其他物体承担球杆的重量。但是，如果他通过向下按压球杆超过轻放的程度来改善球位或预计挥杆区域，则该球员要按照规则 8.1a 受到处罚。

有关球员因在沙坑内触碰沙子受到处罚的情况，请参见规则 12.2b（1）（触碰沙子会受到处罚的场合）。

释义 11. 规则允许球员在进行站位时，多次将脚稳固地拧入站位的位置上吗？

规则允许球员在进行站位时稳固地放置双脚，并且在准备进行击球的过程中，这样的行为可以做一次以上。例如，球员可以不带球杆，徒手进入沙坑，把他的脚拧入沙子中进行站位来模拟打这个球。之后离开沙坑拿上球杆，然后再次把他的脚拧入沙子中并进行击球。

释义 12. 关于“合理站位”有哪些例子？

尽管规则允许球员向任何方向打球，但他不享有正常的站位或挥杆的权利，并且必须适应周围环境，同时使用对周边环境影响最小的行为方式。

有一些行为将被视作合理站位，并且按照规则 8.1b 是被允许的，即使该行为导致了某种改善亦允许。这些行为包括：

● 球员用背靠一根树枝或界外标志进入的方式进行站位，虽然这样做使得这根树枝或界外标志偏离正常的位置，或者使其弯曲或折断，但这是为了进行所选择的击球而唯一可以采取的进行站位的方式。

● 为了进入树下打一个球，球员用他的手把一根树枝弄弯，并且这是唯一可以采取的进入树下进行站位的方式。

释义 13. 不属于“合理站位”的，有哪些例子？

有一些行为将不被视作合理站位，当这样做改善了击球环境时，要按照规则 8.1a 实施处罚：

● 故意用手、腿或身体移动、弯曲或折断树枝使它们偏离上杆或击球的路线。

• 球员用一种方式站在长草或植物上，这种方式把它们向下推向旁边，使得它们偏离预计站位区域或预计挥杆区域，但是该球员原本不这样做也可以进行某种站位。

• 把一根树枝钩在另一根上，或把两根植物编在一起以使它们不影响站位或挥杆。

• 用手弯曲了一根树枝，这根树枝在站位后阻挡了看球视线的。

• 弯曲一根妨碍了站位的树枝，但不这样做原本也可以进行某种站位。

释义 14. 对发球区内环境的改善仅限于地面吗?

规则 8.1b 允许球员采取一些行为以改善发球区内的击球环境。针对规则 8.1a 的这个有限的例外，旨在允许球员仅对发球区以内的地面上的物理状况（包括移走任何从该处生长着的自然物体）进行改变，无论是架球还是从地面上打球。

这个例外的规定不允许球员通过在发球区之外采取的一些行为为他的开球改善击球环境，例如折断树枝，它们或者位于发球区之外或者生根在发球区之外，但悬在发球区上方，并且可能会妨碍到预计挥杆区域。

释义 15. 把球打出沙坑后，球员出于“保护球场”的目的可以平整沙坑吗?

沙坑内的球被击打后并停在沙坑之外时，出于保护球场的目的允许球员把沙坑恢复至原本应该处于的环境，即使这种恢复改善了该球员的击球环境也是允许的。本规定同样适用于球员为了保护球场，同时也是为了改善击球环境而故意采取的行为。

例如，球员的球静止在推杆果岭旁的一个大型沙坑内。因为无法打向球洞，所以他向后朝着发球区往沙坑外打球，之后这个球静止在了沙坑之外。在这种情况下，该球员可以平整由于打这个球而被他改变了的那些区域（包括进到球旁的脚印），并且也可以平整这个沙坑内的任何其他区域，无论它们是由球员制造的，还是在球员到达后从沙坑打球时已经存在了的。

释义 16. 损伤部分在推杆果岭上部分在推杆果岭外时，可以进行修理吗?

一个独立的受损区域部分在推杆果岭上，部分在推杆果岭外时，可以对整个受损区域进行修理。

例如，一个球痕部分在推杆果岭上，部分在推杆果岭的边沿外时，如果仅允许球员修理推杆果岭上的那部分损伤，是不合理的。因此，规则允许修理整个球痕。

该规则也适用于其他独立的损伤区域，例如动物的足迹或蹄印，或球杆造成的凹陷。

但是，当损伤的一部分延伸到了果岭之外，并且无法被识别为果岭上的这个损伤的一部分时，如果修理它将改善击球环境，则不可以对它进行修理。

例如，一个完整的鞋印起始于推杆果岭上同时延伸至果岭外时，则可以对它进行修理。但是，如果一个鞋印在推杆果岭上，同时另一个鞋印在推杆果岭外，则只有推杆果岭上的那个鞋印可以被修理，因为它们是两个相互独立的损伤区域。

释义 17. 环境被其他人或外部因素改变时，哪些场合下规则允许球员恢复环境？

以下场合，规则允许球员进行恢复：

● 在普通区，球员的球静止后，该球员的打球线被其他人打的球制造的落痕所破坏。

● 另一位球员击球时铲起的草皮、积沙、泥土、草或其他物体落在了球员的球上或球的周围，并破坏了该球员的球位、预计站位区域或预计挥杆区域。

● 球员的球在沙坑内紧靠着另一位球员在沙坑内的球，且该另一位球员击球时的站位或挥杆破坏了一处或多处该球员的击球环境。在所有这样的情况下，规则允许该球员恢复这些环境，不受处罚。但是，规则并不要求该球员必须这么做。

释义 18. 球员有权把散置障碍物或可移动妨碍物留在球静止时它们所处的地方吗？

通常情况下，球员有权享有球静止时他获得的击球环境。虽然任何球员都可以移动散置障碍物或可移动妨碍物，但是当这样的行为破坏了另一名球员的击球环境时，那名球员可以按照规则恢复这些环境，把这些物体放置回原位。

例如，一名球员面临一个下坡推杆，并捡起了他的球和球洞之间的一些散置障碍物，但故意留下了球洞后方的一些散置障碍物。另一名球员移走了球洞后方的这些散置障碍物，这些散置障碍物原本可以用来挡住球员的这个球。因为该球员的击球环境已被破坏，所以规则允许他把这些散置障碍物放置回原位。

释义 19. 环境被自然物体或自然力改变时，哪些场合下规则不允许球员恢复被破坏的环境?

规则不允许球员恢复被自然物体或被自然力（如风或水）改变的击球环境。

不允许进行恢复的场合包括：

● 一根树枝从树上掉下来并改变了球员的球位、他的站位区域或挥杆区域，但未造成这个球移动。

● 一根标志桩或其他妨碍物倒在地上或被风吹到某个位置并改变了一个或多个击球环境。

释义 20. 球童或另一个人在球员的要求下造成击球环境被破坏时，规则允许球员进行恢复吗?

环境被球员本人破坏时，规则不允许球员恢复击球环境。

本规定也包括环境被该球员的球童、伙伴或另一个人在得到该球员的授权后采取的行为所破坏的情况。

环境不得被恢复的情况包括：

● 球员的球童或伙伴穿过沙坑去拿沙耙并在沙子上留下了一些脚印，破坏了球员的打球线；

● 球员要求另外一个人移走控制观众用的围绳，在移走这个围绳的过程中，一根原本被这个围绳拦住的树枝被松开了，并破坏了该球员的预计挥杆区域。

释义 21. 如果球员进入位于打球线上的沙坑内，他能恢复被破坏的环境吗?

球员采取一些可能会影响到击球环境的行为时应当小心谨慎，因为一旦破坏了这些区域，该球员就必须接受这些被破坏了的环境。

例如，球员从沙坑后方的异常球场状况采取补救，抛下去的球滚入了沙坑内。如果在该球员走进沙坑去取球以便再次抛球的过程中制造了一些脚印，规则不允许他把这个沙坑恢复至之前的环境，因为该球员要对破坏这些环境负责。

在这种情况下，该球员可以用另一个球来第二次抛球（规则 14.3a），或者在拿回初始球时加倍小心以避免破坏击球环境。

释义 22. 球员为改善影响他自己比赛的其他客观环境而采取的一些故意行为，该如何处理？

规则 8.2 仅适用于球员的球静止在球场上时，或者他没有比赛中球时，改变击球环境以外的客观环境的情况。

有些情况下，球员采取规则 8.1a（规则不允许的行为）中列出的那些球员行为来故意改善影响他自己的比赛的其他客观环境（规则 8.1b 或规则 8.1c 中明确允许的除外）时，将违反规则 8.2，包括以下场合：

- 球员的球紧邻着推杆果岭，虽然他的打球线正对着球洞，但该球员担心他的球可能静止在附近的一个沙坑内。击球前，该球员平整了这个沙坑内的沙子以保证一旦下一杆把这个球打进这个沙坑内，可以获得一个好的球位。

- 球员的球停在一个陡坡顶上，并且因为该球员担心在他准备打球之前，风可能把这个球吹下陡坡而远离球洞，该球员故意把坡底的草向下按压以防这个球可能会静止在那里。把一个球放置回原位或放置一个球以把它重新投入比赛状态时，用力将这个球按压进地面以有助于防止它被风或重力移动，并且打了这个球。因为球的地点包括垂直距离，所以这个球是位于错误的地方。由于这些关联行为违反了多条规则，所以该球员仅受到一般性处罚。

释义 23. 客观环境被改善并得到了另一名球员的同意时，两位球员都要受到处罚吗？

球员要求、授权或允许另一名球员故意改变客观环境以改善他的击球时，要按照以下方式处理：

- 根据要求实施了行动的球员要按照规则 8.3 受到一般性处罚；
- 提出要求、授权或允许改善发生的球员，也要按照规则 8.1（球员改善击球环境的行为）或规则 8.2（球员为影响自己的静止中球或后续击球而故意改变其他客观环境的行为）受到一般性处罚。

例如，比杆赛中，由于不知道规则，球员 A 要求球员 B 从一棵树上折断一根伸进球员 A 的打球线的树枝，然后球员 B 照做了，则两名球员都要受到处罚。因为球员 B 在球员 A 的要求下折断了树枝，所以球员 A 要因违反规则 8.1 而被罚 2 杆。球员 B 要因违反规则 8.3 而被罚 2 杆。

【本节习题】

“在球场的现有状况打球”讲课视频

一、单选题

1. 球员的球停在普通区的一个陡坡上，球员担心他的球可能会滚进沙坑，于是将一个沙耙放置在球和沙坑之间的坡位上。球员在现有位置完成了击球，裁决是：

A. 罚一杆　　B. 一般性处罚

C. 取消比赛资格　　D. 没有处罚

2. 一名球员的球停在了一棵树下，这名球员在试图合理站位的过程中身体移动了树的树枝，从而改善了他的预计挥杆区域。以下说法正确的是：

A. 球员可以在此状态下完成击球，没有处罚；

B. 球员可以在击球前，通过将树枝恢复至初始位置，消除违规造成的改善，以此避免处罚；

C. 球员受到一般性处罚，并且必须将树枝恢复至初始位置，用不移动树枝的方式完成击球；

D. 球员已经改善了击球环境，需要受到一般性处罚。

3. 球员的球位于球道上，在他的球与推杆果岭之间有一个沙坑，球员在确定球到球洞的距离时是从沙坑内经过的，返回的过程中他平整了自己刚才踩出的脚印，裁决是：

A. 罚一杆　　B. 一般性处罚

C. 没有处罚

4. 一名球员的球停在了一棵树下，这名球员在试图合理站位的过程中身体移动了树的树枝，从而改善了他的预计挥杆区域。以下说法正确的是：

A. 球员可以在此状态下完成击球，没有处罚；

B. 球员可以在击球前，通过将树枝恢复至初始位置，消除违规造成的改善，以此避免处罚；

C. 球员受到一般性处罚，并且必须将树枝恢复至初始位置，用不移动树枝的方式完成击球；

D. 球员已经改善了击球环境，需要受到一般性处罚。

5. 球员在寻找球时改善了击球环境，裁决是：

A. 无论适度寻找球的行为是否超出合理范围，球员都要受到一般性处罚

B. 如果适度寻找球的行为超出合理范围并导致改善，球员被罚一杆

C. 如果改善因适度寻找所引起，不会按照规则 8.1a 予以处罚

D. 没有处罚

6. 一位球员的球在球道上，球的后方是一块已被放置回原打痕的草皮（有些隆起），在击球之前，球员将这块草皮移走并击打了球。裁决是：

A. 不受处罚　　　　B. 这位球员受到一般性处罚

C. 这位球员被罚一杆

二、判断题

1. 一名球员的球静止在靠近推杆果岭的地方，他想用推杆进行下一杆的击球。他在击球前将打球线上的一块铲起的草皮填回了打痕中。（　　）

2. 球员要抛或放置一个球的补救区，在抛或放置一个球之前不算击球环境。（　　）

第三节　在球的现有位置打球；静止中球被拿起或移动（规则 9）

一、在球的现有位置打球（规则 9.1）

（一）从球静止的地方打球

球员必须在现有位置击打其静止在球场上的球，但规则要求或允许球员按以下方式处理时除外：

- 从球场上的另一个地方打一个球；
- 把一个球拿起，然后将它放置回其初始位置。

（二）当球在上杆或击球过程中发生移动该如何处理

如果球员的静止中球在其已开始击球后，或为了击球已开始上杆后发生移动，并且此后该球员完成了该次击球，按照以下方式处理：无论什么原因导致球移动，都不得把这个球放置回原位。相反，球员必须从该次击球后球静止的地点打球。

二、判定球是否移动以及导致其移动的原因（规则 9.2）

（一）判定球是否移动

只有知道或几乎肯定球员的静止中球已发生移动，该静止中球才能被视为移动。如果球员的球只是有可能移动，但无法知道或几乎肯定，则该球被视为没有移动，必须在这个球的现有位置打球。

（二）判定导致球移动的原因

当球员的静止中球移动后，必须判定是什么导致了球的移动。这将决定球员是否必须将此球放置回原位，还是在其现有位置打球，以及是否有处罚。

1. 四种可能导致球移动的原因

当一个静止中球在球员击球前发生移动，规则只承认四种可能的原因：

（1）诸如风或水等自然力；

（2）球员的行为，包括球员的球童的行为；

（3）比洞赛中对手的行为，包括对手球童行为；

（4）外部因素，包括比杆赛中的任何其他球员。

2. 判定导致球移动的原因时的“知道或几乎肯定”的标准

只有在知道或几乎肯定是球员、对手或某种外部因素导致了球的移动时，才能视为球因上述原因发生移动。如果无法知道或几乎肯定上述三种因素中至少有一种是导致球移动的原因，则视为球的移动由自然力导致。执行这个标准时，必须考虑所有可以合理获得的信息，这指的是所有球员知道的、经过适当努力并且无需过度延误比赛即可获得的信息。

三、球被自然力移动（规则 9.3）

如果自然力（诸如风或水）导致球员的静止中球移动，不予处罚；并且必须从球新的地点打球。

例外 1——如果推杆果岭上的球之前已被拿起并放置回原位，但此后发生移动，则必须将其放置回原位（如果不知道该点，必须估计），无论引起球移动的原因是什么（包括自然力），本规定均适用。

例外 2——如果球员通过抛球、放置球或放置球回原位的方式将初始球或另一个球投入比赛状态，此后自然力导致这个静止中球发生移动并静止在另一种球场区域或界外，这个球必须被放置回其初始地点（如果不知道该点，必须估计）（参见规则 14.2）。但是，关于推杆果岭上被放置回原位的球，参见例外 1。

违反规则 9.3 从错误的地方打球的处罚：按照规则 14.7a 进行一般性处罚。

四、球被球员拿起或移动（规则 9.4）

本规则仅适用于知道或几乎肯定球员（包括其球童）拿起自己的静止中

球或导致球移动的场合。

（一）被拿起或被移动的球必须被放置回原位的场合

如果球员拿起自己的静止中球或导致它移动，这个球必须被放置回其初始位置（如果不知道，必须估计），但以下情况除外：

（1）当球员按照某条规则拿起这个球采取补救，或把这个球放置回不同的地点时；

（2）球员已经开始击球，或为了击球已经开始上杆后，球才发生移动，并且此后该球员继续挥杆完成了该次击球。

（二）拿起或故意触碰球，或导致球移动的处罚

如果球员拿起或故意触碰其静止中球，或导致它移动，该球员要被罚1杆。

但是有以下五种例外情况：

例外1——规则允许球员拿起或移动球：当球员按照某条满足以下条件之一的规则拿起球或导致它移动时，不受处罚：

（1）该规则允许拿起这个球并随后将它放置回初始位置；

（2）该规则要求把被移动的球放置回初始位置；

（3）该规则要求或允许球员重新抛或放置一个球，或从不同的地点打一个球。

例外2——找到球之前意外移动：当球员在试图找到或辨认球的过程中意外导致这个球移动时，不受处罚（参见规则7.4）。

例外3——推杆果岭上意外移动：当球位于推杆果岭上，球员无论以何种方式意外导致其移动时，不受处罚（参见规则13.1d）。

例外4——在除推杆果岭以外的任何地方执行规则时意外移动：如果球员在除推杆果岭以外的任何地方采用以下合理行为时意外导致球移动，不受处罚：

（1）当规则允许时，标记球的地点，拿起球或把球放置回原位；

（2）移走可移动妨碍物；

（3）当规则允许时，恢复被破坏的环境；

（4）按照某一规则采取补救，包括确定是否可以按照规则获得补救（例如挥动球杆查看是否受到某状况的妨碍），或确定在哪里采取补救（如确定最近完全补救点）；

（5）按照某条规则进行测量。

例外 5——球倚靠球员或装备静止后发生移动：如果球员的球因击球或抛球而倚靠球员或其装备静止，此后当球员走动或移走其装备时导致该球发生移动，不予处罚。

违反规则 9.4 从错误的地方打球的处罚：按照规则 14.7a 进行一般性处罚。

如果球员本应按照规则 9.4 的要求把被移动的球放置回原位，但他没有这样做并且从错误的地方打了球，他仅按照规则 14.7a 受到一般性处罚。

五、比洞赛中球被对手拿起或移动（规则 9.5）

本规则仅适用于知道或几乎肯定对手（包括对手的球童）拿起球员的静止中球或导致它移动的场合。如果对手击打了作为错球的球员的球，按照规则 6.3c（1）而非本规则进行处理。

（一）被拿起或被移动的球必须被放置回原位的场合

如果对手拿起或移动了球员的静止中球，该球必须被放置回初始位置（如果不知道，必须估计），但以下情况除外：

（1）当对手认可球员下一次击球，或在一洞或整场比赛认输时（参见规则 3.2b）；

（2）球员打算执行某条规则采取补救或把球放置回一个不同的地点时，对手应球员的要求拿起或移动了这个球。

（二）拿起或故意触碰球，或导致球移动的处罚

如果对手拿起或故意触碰球员的静止中球，或导致它移动，对手要被罚 1 杆。

但是有以下几种例外情况：

例外 1——规则允许对手拿起球员的球：对手在以下情况拿起球员的球时，不受处罚：

（1）认可球员的击球、在一洞或整场比赛认输；

（2）或应球员的要求。

例外 2——在推杆果岭上误标记并拿起球员的球：如果对手把球员在推杆果岭上的球误认为是自己的球，因而标记了此球的地点并将它拿起，不予处罚。

例外 3——与球员拿起球或导致球移动相同的例外情况：对手在采取规则 9.4b 中的例外 2、例外 3 或例外 4 所涵盖的任何行为时，如果意外导致球移动，不受处罚。

违反规则 9.5 击打错误替换的球或从错误的地方打球的处罚：按照规则 6.3b 或规则 14.7a 进行一般性处罚。如果单一行为或多个关联行为违反了多条规则，参见规则 1.3c（4）。

六、球被外部因素拿起或移动（规则 9.6）

如果知道或几乎肯定某种外部因素（包括比杆赛中的另一名球员，或另外一个球）拿起或移动了球员的静止中球，按照以下方式处理：不予处罚；并且必须把该球放置回其初始位置（如果不知道，必须估计）。无论球员的球是否已被找到，本规则均适用。但是，如果无法知道或几乎肯定这个球被某种外部因素拿起或移动，并且球遗失，球员必须按照规则 18.2 采取一杆加距离的方式补救。如果作为错球的球员的球被另一名球员击打，按照规则 6.3c（2）而非本规则进行处理。

违反规则 9.6 击打错误替换的球或从错误的地方打球的处罚：按照规则 6.3b 或规则 14.7a 进行一般性处罚。如果单一行为或多个关联行为违反了多条规则，参见规则 1.3c（4）。

七、球标被拿起或移动（规则 9.7）

本规则阐述了如果一个球标正被用于标记一个被拿起的球的地点，但在球被放置回原位之前，这个球标被拿起或移动了的处理方法。

（一）球或球标必须被放置回原位

如果有人知道或几乎肯定球员的球被放置回原位之前，他的球标被拿起或以任何形式（包括被自然力）被移动，该球员必须按照以下两种方式之一进行处理：一是把这个球放置回初始位置（如果不知道，必须估计），二是放置一个球标以标记初始位置。

（二）拿起球标或导致它移动的处罚

如果球员或他在比洞赛的对手，拿起了球员的球标或导致它移动（当球已被拿起并尚未放置回原位时），该球员或对手要被罚 1 杆。

例外——规则 9.4b 和规则 9.5b 中的例外适用于拿起球标或导致它移动的情况：球员或对手拿起球员的球或意外导致球员的球移动而不受处罚的所有情形，同样适用于拿起或意外移动了球员的球标的情况。

违反规则 9.7 击打错误替换的球或从错误的地方打球的处罚：按照规则 6.3b 或规则 14.7a 进行一般性处罚。如果单一行为或多个关联行为违反了多条规则，参见规则 1.3c（4）。

规则 9

释义 1. 何时一个球被视为已移动?

按照定义所述，“移动”指的是一个静止中球必须离开它的初始地点并静止在任何其他地点，并且移动的幅度必须足够大，以致能够被肉眼识别。为了把这个球视为移动，必须知道或几乎肯定这个球已移动。

知道或几乎肯定一个球已移动的判断示例：球员标记并拿起他在推杆果岭上的球，然后将它放置回原位。当该球员走开后，这个球滚出一小段距离后静止。该球员没有看到这个情况，但是另一名球员看到了这个球在移动并告诉了该球员。因为现在知道了这个球已移动，所以该球员必须按照规则（球被自然力移动）把这个球放置回它的初始位置。

无法知道或几乎肯定一个球已移动的判断示例：球员 A 和球员 B 击球进攻推杆果岭，但是因为受推杆果岭的地形影响，他们无法看到这两个球静止在什么地方。这两名球员不知道，球员 B 的球击中了球员 A 的静止中球并使它滚出一段距离，更远离球洞。只要在球员 A 进行下一杆击球之前，这两名球员不知道这个情况，球员 A 就不会因为从他的球被球员 B 的球击中后静止的地方打球而受到处罚。

释义 2. 球员的球从树上取下来后，该如何处理？

规则 9.4 适用于在球场上任何地方的比赛中球，这包括球停在树上的场合。但是，当球员不打算在球的现有位置打球而只是试图辨认它，或者打算把球取回来以按照另外一条规则处理时，规则 9.4b 的例外适用，并且不施加处罚。

例如：球员在寻找他的球的过程中，看见一个球停在树上但无法辨认。该球员试图爬上树来辨认这个球，正爬树时，意外地使这个球从树上掉了下来。经辨认，这个球是球员的球。在这种情况下，因为这个球是在为了辨认它而采取合理行为时被意外移动，因此不会因为移动了这个球而对球员施加处罚（规则 7.4）。该球员必须把这个球放置回原位，或者也可以直接执行某条补救的规则（如规则 19——不可打之球）。

在下面的两种情况中，球员唯一的选择是按照某条补救的规则采取补救：

- 球员辨认球时导致这个球从某个位置移动，因为他无法够到该地点，该球员无法把这个球放置回原位。

- 球员可以够到该地点，但是这个球无法静止在该地点，同时该球员无法够到规则 14.2e（如果放置回原位的球无法停留在初始位置该如何处理）规定的这个球静止的新的地点。

- 球员的球尚未被找到，但被认为是停在普通区的一棵树上。该球员表示：如果找到这个球，他将按照规则 19 采取不可打之球的补救。该球员摇晃这棵树，这个球掉了下来，并且该球员在开始找球后的 3 分钟之内进行了辨认。

此时，该球员可以按照规则 19 采取补救，仅按照该规则的规定加罚 1 杆，并且不会因导致这个球移动而受到额外的处罚。在执行规则 19 时，如果不知道这个球的初始位置，该球员必须估计这个球在树上的地点。

但是，当该球员移动这个球时，他未打算辨认它或者未打算按照另外某条规则采取补救，则该球员要因违反了规则 9.4 而受到处罚。例如：球员的球停在树上，并且他打算打这个球。准备击球的过程中，该球员意外使这个球从树上掉了下来。该球员要因导致球移动而按照规则 9.4 被罚 1 杆。该球员必须把这个球放置回原位，或者也可以按照某条补救的规则直接采取补救。如果该球员按照规则 19 采取补救，他要总计被罚 2 杆，其中按照规则 9.4 被罚 1 杆，再按照规则 19 被罚 1 杆。

释义 3. 球被故意触碰但没被移动时，球员会受到处罚吗？

比赛中球被球员故意触碰时，即使它没有移动，该球员也要按照规则 9.4b 被罚 1 杆。

例如，球员有以下行为时，他要被罚 1 杆：

● 球在推杆果岭上，球员没有先标记这个球的地点，就转动了这个球来用商标瞄线，虽然这个球仍停在同样的地点上。如果该球员在触碰或转动它之前已经标记了这个球的位置，则不予处罚。

● 球在球场上的任何地方，球员没有先标记这个球的地点，就转动了这个球来辨认它，并且这个球是该球员的球。

● 球员准备击球时，故意用球杆触碰球。

● 球员在移走一些散置障碍物或从球上扫去一些东西时，用他的手固定住球，或者倚靠着这个球放置一个松果或树棍以防止这个球移动。

释义 4. 规则中“试图找到”是什么意思？

在规则 7.4（试图找到或辨认球时意外移动了球）和规则 9.4 例外 2 中，当一个球在“试图找到”的过程中被意外移动时，不予处罚。“试图找到”包括了一些行为，这些行为能够合理地被认作是在寻找这个球，也包括了被规则 7.1（适度寻找球的方式）允许的那些行为。“试图找到”不包括开始找球之前的一些行为，例如前往球被期望所处区域的过程中。

例如，球员的球被打向了一片林地。该球员不知道这个球撞到了树后折回了发球区方向。当该球员离他认为这个球可能停在的区域尚有一段距离，并且尚未开始找球时，该球员意外踢到了他的球。因为这不是在试图找到这个球的过程中，所以该球员要因意外移动了他的球而按照规则 9.4b 被罚 1 杆，并且必须把这个球放置回原位。

释义 5. 暂停找球期间球被移动，该如何处理？

规则中，当球员不是在试图找球过程中导致这个球移动，他要受到处罚。但是，当因为超出球员控制的一些情况使得找球被暂停时，如果球员意外移动了他的球，则该球员不会因移动了这个球而受到处罚。

例如：

● 球员停止了寻找他的球以便给准备跳组打球的另外一组让路。在让组的过程中，该球员意外移动了他的球。

● 委员会暂停了比赛，并且球员开始离场，但意外踩到并移动了他的球。

释义 6. 规则 9.4b 的例外 4 中“在……过程中”一词是什么意思？

规则 9.4b 例外 4 使用“在……过程中”一词来限定一段时间，在这段时间内，本例外适用于一名球员，该球员由于采用了“合理的行为”而移动了他的比赛中球。

“在……过程中”一词的使用表明在执行某条规则时，每一个合理行为都有一个起点和一个终点，当球的移动发生在采取这样的合理行为的过程中时，本例外适用。

以下情况属于例外 4 涵盖的范围，因此不会因导致球移动而施加处罚：

● 球员找到了一个球，他认为是他的比赛中球。在进行辨认的过程中，该球员走向这个球准备标记并拿起它，但意外滑倒并移动了这个球。尽管这个球被移动时，该球员不是正在标记或拿起这个球，但它仍然是在该球员辨认这个球的过程中被移动。

● 采取补救时，球员抛了一个球，然后蹲下去拿起标记补救区的球座。站起来的过程中，他不小心把他正拿着的一支球杆掉了下来，并且这支球杆击中并移动了这个比赛中球。尽管该球员为采取补救已经抛了球，但这个球是在他采取补救的过程中被移动。

释义 7. 规则 9.4b 例外 4 中的“合理行为”是什么意思？

在一些情况下，规则要求球员在球的附近或旁边实施某些行为（例如拿起球、标记球、测量等）。当在采取这些“合理行为”的过程中这个球被意外移动时，规则 9.4 例外 4 适用。

但是，有其他一些情况，当球员正在离球较远的地方采取一些行为时，尽管这个球可能由于这些行为而被移动，但例外 4 仍然适用，因为这些行为是合理的。这些情况包括以下场合：

● 球员走向他的球准备采取补救，并且意外踢到了一个石块或者意外掉落了他的球杆，这支球杆击中并移动了这个球。

● 球员移走了球前方一段距离外用于隔开观众的立桩和围绳（可移动妨碍物），在移走其中一根立桩的过程中，导致其他立桩变得松动并倒在了地上，并且移动了球员的比赛中球。

● 球员按照规则 8.1d（恢复球静止后被破坏的环境）恢复打球线，用他的帽子从打球线边缘扫走沙子，这些沙子撒到球上并导致它移动。

在其他一些情况中，因为球员的行为不是“合理的”，所以规则 9.4 的例外 4 不适用。这些情况包括以下场合：

● 球员走向他的球准备采取补救，然后出于沮丧而踢了一个石块，这个石块意外击中并移动了这个球。

● 球员在准备进行测量时把一支球杆扔进了补救区，这支球杆意外击中并移动了这个球。

● 球员拿起一个沙耙或一支球杆并将它扔出了沙坑，这个沙耙或球杆落回到沙坑内，击中并移动了这个球。

释义 8. 球员按照允许进行免罚补救的规则拿起球，但随后决定不采取免罚补救时，如何处理？

在普通区，球员拿起自己的球打算按照规则 16.1b（异常球场状况）采取免罚补救，但随后决定不执行该规则，尽管此时规则允许进行补救，则该球员按照规则 16.1b 享有的拿起这个球的权利不再有效。在拿起这个球之后但没有做其他任何事情之前，该球员有以下选项：

● 把这个球放置回其初始位置并被罚 1 杆；

● 把这个球放置回其初始位置并被罚 1 杆，之后按照规则 19.2（不可打之球的补救）采取补救，加罚 1 杆，总计被罚 2 杆；

● 直接按照规则 19.2b 或规则 19.2c 采取补救，不把这个球放置回原位并用这个球原来所处的地点来确定补救程序的参考点，按照规则 19.2 被罚 1 杆，并且按照规则 9.4b 额外再被罚 1 杆，总计被罚 2 杆；

● 按照规则 16.1b 抛这个球，之后在这个球的现有位置打球，不受处罚。或者用它的新位置来确定参考点，按照规则 19.2 的选项之一采取补救，仅被罚 1 杆；

● 不按照规则 16.1b 抛这个球，直接采用一杆加距离的补救方式并按照规则 19.2a 被罚 1 杆，但不会按照规则 9.4b 受到处罚，因为该球员在按照规则 19.2a 采取补救之前不需要确定一个新的参考点。

释义 9. 比洞赛中，球员宣布找到的球是他的，并且这导致对手拿起了另外一个球，结果证明认错了球，该如何处理？

根据规则 9.5b，对手要因为拿起了该球员的球而被罚 1 杆，但其中一种例外适用时除外。例如，找球过程中，球员 A 找到一个球并宣布是他的球。球员 B（对手）找到另外一个球并拿起。球员 A 随后意识到找到的这个球实际上不是他的球，并且球员 B 拿起来的那个球才是球员 A 的球。因为在球员 B 拿起球员 A 的球时，这个球实际上并没有被找到，所以它被视为在找球过程中被意外移动，规则 9.5b 的例外 3 适用。该球员或对手必须把这个球放置回原位，任何一名球员均不受到处罚。

释义 10. 外部因素被风移动并导致球移动时，该如何处理？

风本身不是外部因素，但是当风导致某个外部因素移动了一个球员的球时，规则 9.6 适用。例如，球员的球静止在地面上的一个塑料袋内（可移动妨碍物），一阵强风吹动了这个塑料袋并移动了这个球时，视作这个塑料袋（外部因素）移动了这个球。球员可以按照以下方式之一进行处理：

● 估计一个点，然后直接按照规则 15.2 采取补救，这个点位于这个球被移动之前在塑料袋中静止的位置的正下方；

● 执行规则 9.6（把球和塑料袋放置回原位）把被这个塑料袋移动的这个球放置回原位，然后选择在这个球的现有位置打球或者按照规则 15.2a（可移动妨碍物的补救）采取补救。

释义 11. 球从未知的位置被移动之后应该把球放置回什么地方？

球被外部因素移动并且不知道这个球所处的初始位置时，该球员必须进行合理判断［规则 1.3b（2）］来确定这个球在被移动之前所静止在的地方。

例如，在一个特定的球洞（存在“盲区”），一名球员向着推杆果岭打球，但无法判断这个球静止在了什么地方。这些球员看见一个人（外部因素）拿着一个球。这个人扔下这个球然后跑开了，该球员辨认出此球是他的球。但是该球员不知道这个球是在推杆果岭上、在普通区内、在沙坑内，还是在罚杆区内。

由于不知道这个球应该被放置回什么地方，该球员必须进行合理判断。当这个球静止在推杆果岭上、在普通区内、在沙坑内或者在罚杆区内的可能性相当时，合理的判断应当是估计这个球静止在普通区。

释义 12. 球员在击球后得知球之前已被移动过，该如何处理？

当不知道或无法肯定球员的球已经被外部因素移动时，该球员必须在这个球的现有位置打球。当这个球实际上已被外部因素移动，并且直到已经打了这个球之后，这个信息才被该球员知道时，该球员不构成从错误的地方打球，因为在该球员击球时，这个证据并不存在。

释义 13. 静止中球被击打后发现它之前已被外部因素移动，之后球被证明是错球，该如何处理？

一名球员在打了他的球之后，发现这个球之前已静止在界外，之后它被外部因素移动到了球场上（界内），因此该球员已击打了一个错球。因为在这个球被击打的那一刻，尚不知道或几乎肯定上述情况，所以该球员不会因击打了错球而受到处罚，但是可能需要按照规则 18.2b（球遗失或出界该）进行处理以纠正这个错误，这取决于上述情况被发现的时间。

比洞赛中，当发现这个球之前是被外部因素移动到了球场上时，如果这个发现在对手进行他的下一次击球或采取类似行为（如认输一洞）之前发生的，则该球员必须纠正这个错误。如果这个发现是在对手进行他的下一次击球或采取类似行为之后发现的，则该球员必须继续用这个错球来完成本洞的比赛。

比杆赛中，当发现这个球之前是被外部因素移动到了球场上时，如果这个发现是在击球以开始另一洞的比赛之前，或者在该轮最后一个球洞时，在提交他的记分卡之前发生的，则该球员必须纠正这个错误。如果这个发现是在该球员已经在下一个球洞进行了一次击球之后，或者在本轮最后一个球洞时，在已经提交了他的记分卡之后发生的，则该球员用错球取得的比赛成绩有效。

【本节习题】

“在球的现有位置打球、静止中球被拿起或移动”讲课视频

一、单选题

1. 球员在球道上试挥杆时，用力过猛将一块草皮铲起，而后该草皮掉落移动了他静止在球道上的球，如何判罚？

A. 草皮引起球移动，不罚杆，并放置回原位

B. 草皮引起球移动，不罚杆，在新的位置继续打球

C. 球员被罚一杆，必须将球放置回原位

球员被罚一杆，在新的位置继续打球

2. 比杆赛，球员将位于洞边的球（大概还剩 10cm，下坡位）标定拿起擦拭并小心放置回原位后，当他正准备站位时，球滚入并静止在了洞杯内，如何判罚？

A. 球员的静止球移动了，被罚一杆，并放置回原位

B. 球员的静止球移动了，被罚一杆，但算进洞

C. 球员不受罚杆，该洞算进洞

D. 球员不受罚杆，但必须把球放置回原位

3. 比杆赛，球员的球静止在普通区一个大斜坡上，当球员试图靠近球时（大约还相距 10 码左右），该球开始往坡下滚动，并径直滚入了坡底的沙坑内，如何判罚？

A. 球员移动了自己的球，被罚一杆

B. 球员移动了自己的球，被罚两杆

C. 自然力因素引起球移动，不罚杆，但球员必须从沙坑内打下一杆

D. 自然力因素引起球移动，不罚杆，但球员必须将球放置回初始位置

4. 以下哪些是规则认可的球被移动的因素？

A. 诸如风或水等自然力

B. 球员，包括球员的球童

C. 比洞赛中的对手，包括对手的球童

D. 以上都是

二、判断题

1. 球员在推杆果岭上看线，不小心踩到了自己的球标，并导致球标移动，此时球员要被罚一杆。 （ ）

2. 比杆赛，一名观众捡走了球员的球，且无法追回，此时该球员要被罚一杆。 （ ）

3. 比洞赛中，对手认可球员下一次击球后，可以移动球员的球（如将球员的球用推杆移至旁边去）。 （ ）

4. 如果球员觉得自己的球有可能被其他人移动了，则视为该球已经被移动。 （ ）

5. 如果球员的球静止后被诸如风或水等自然力移动，球员必须从新的地点打球。 （ ）

6. 无论何种情况，球员都必须在现有位置击打其静止在球场上的球。 （ ）

7. 球员的球静止在球道的一个斜坡上，一阵大风将球吹动，球滚动到了坡底。此时球员必须在球的现有位置打球，不受处罚。 （ ）

第四节 准备击球与击球；助言与帮助；球童（规则 10）

一、击球（规则 10.1）

规则 10.1 阐述了如何击球以及在此过程中几种被禁止的行为。击球是指用一支球杆的杆头正确击打一个球。其根本的挑战，是在不固定球杆的基础上，通过自由挥动来引导和控制整支球杆的运动。

（一）正确击球

击球时：球员必须用球杆杆头的任何部位正确击打这个球，使球杆与球之间仅有瞬间接触，并且不得采用推带、拨扫或舀的动作。如果球员的球杆意外击到球一次以上，只算作一次击球，不受处罚。

（二）固定球杆

击球时，球员不得通过以下两种方式之一固定球杆：直接地用球杆或握杆手抵住身体的任何部位予以固定（但球员可以用球杆或握杆手抵住手或前臂）；或间接地用前臂抵住身体的任何部分，使握杆手作为一个稳定点以便另一只手围绕该点挥动球杆。通过使用这样一个“支点”予以固定。如果球员的球杆、握杆手或前臂在击球过程中仅触其身体或衣服，并没有抵住身体，则不构成对本规则的违反。出于运用本规则的目的，“前臂”指的是手臂肘关节以下的部位，包括手腕。

（三）跨立或站在打球线上击球

球员不得采用故意将脚置于打球线或该线在球后方的延长线两侧，或用任何一只脚故意触碰打球线或该线在球后方的延长线的站位方式击球。仅对本规则而言，打球线不包括向两侧延伸适当的距离。

例外——如果采用这样的站位出于无意，或是为了避开另一位球员的打球线，不受处罚。

（四）打正在运动的球

球员不得对正在运动的球进行击球：如果一个比赛中球尚未静止在某一个地点，它即“正在运动”。如果一个已经静止的球正在摇晃，但是仍停在或又回到其初始位置，它将被视为处于静止状态而非正在运动的球。但有以下三种例外情形不予处罚：

例外 1——球员为了击球而开始上杆后球才开始移动：这种情况下对正在运动的球进行击球按照规则 9.1b 而非本规则进行处理。

例外 2——球从球座上掉落：对正从球座上掉落的球进行击球按照规则 6.2b（5）而非本规则进行处理。

例外 3——正在水中运动的球：当球正在临时积水中或罚杆区内的水中运动时，球员可以对这个正在运动的球进行击球，不受处罚；或球员可以按照规则 16 或规则 17 采取补救并拿起这个正在运动的球。无论在上述任一种情况下，球员均不得为了让风或水流将球移动到一个更好的地方而过度延误比赛。

违反规则 10.1 的处罚：一般性处罚。

比杆赛中，违反本规则的击球有效，然后球员再被罚 2 杆。

二、助言与其他帮助（规则 10.2）

为自己的打球制定策略与战术是对球员的一项根本挑战。因此，规则对球员在一轮比赛中可以获得的助言与其他帮助做出了一些限制。

（一）助言

一轮比赛中，球员不得有以下行为：向正在球场上打球的任何参加比赛的人提供助言；向除球员的球童以外的任何人征询助言；或触碰另一名球员的装备，以了解一些如果由另一名球员直接给出或向其询问即构成助言的信息（例如触碰其他球员的球杆或球包以查看哪支球杆正在被使用）。

该规则不适用于一轮比赛开始前，按照规则 5.7a 中止比赛期间或两轮比赛之间。

违反规则 10.2a 的处罚：一般性处罚。

无论比洞赛还是比杆赛，处罚均按以下方式实施：

（1）球员在两人中的任何一人正在该洞比赛时征询或提供助言。球员在其正进行比赛的球洞或刚结束的球洞受到一般性处罚。

（2）球员在两人均在两洞比赛之间时征询或提供助言。球员在下一个球洞受到一般性处罚。

（注：在有伙伴参与的比赛赛制中，球员可以向他的伙伴或伙伴的球童提供助言，也可以向伙伴或伙伴的球童征询助言。）

（二）其他帮助

1. 从球童处得到打球线或其他有关方向的信息

当球员的球童在打球线或其他有关方向的信息方面给予球员帮助时，该球童将受到以下限制：

（1）球童不得通过放置物品提供此类帮助（击球前将该物体移走，球员也不能免受处罚）。

（2）正在击球时，球童不得站在某个位置让球员朝此方向打球，以及通过其他方式提供此类帮助（例如在地面上指示某个点）。

（3）不被规则 10.2b（4）允许时，球童不得站在受限区域内。但是，本规则并不禁止球童站在球洞旁边照管旗杆。

2. 从球童以外的任何人员处得到打球线或其他有关方向的信息

除自己的球童外，球员不得从任何人员处获得打球线或其他有关方向信息方面的帮助，但以下情况除外：

（1）此人可以提供关于某个物体的公开信息（例如指出某棵指示了盲洞球道中线的树）；

（2）除球员的球位于推杆果岭上的情况外，此人可以站在某个位置上，以使球员朝此方向打球，但在击球前必须离开。

但本规则并不禁止任何人员站在球洞旁边照管旗杆。

3. 不得放置物品帮助瞄准、站位或挥杆

球员不得放置物品帮助自己瞄准或为击球而进行站位（例如在地上放置一支球杆来指示应该瞄准的方向或放置双脚的位置）。

“放置物品”指的是该物品已触及地面，并且球员当时没有正在触碰它。

如果球员违反本规则，他不能通过击球前将该物品移走而免于处罚。

本规则也适用于出于类似目的而采取的行为，例如球员在沙子里或露水里做标记以帮助自己挥杆。

本规则不适用于用来标记球所在地点的球标，或放置在某个地点的球。不过，关于符合《装备规则》中“校准设备”定义的球标，由规则 4.3 处理。

4. 球员击球前球童的受限区域

当球员开始为击球而进行站位时（这意味着他至少已有一只脚位于站位的位置），直至该次击球完成，规则对于球员的球童可以有意站在打球线在球后方的延长线上或附近（即“受限区域”）的时间和原因做出以下限制：

（1）瞄准。球童不得站在受限区域内帮助球员瞄准。此类帮助包括：虽然球童一言不发地离开，但却借此向球员传递已正确瞄准预定目标的信号，但如果球员在击球前退出该次站位，并且球童在球员重新为击球而开始站位前从受限区域离开，则不予处罚。

（2）瞄准之外的帮助。如果球童在瞄准之外的其他具体事情上帮助球员（例如检查球 员的球杆在上杆时是否会打到附近的树），他可以站在受限区域内，但必须在击球前离开，并且其这样（站在受限区域内）的行为不属于球员的常规击球程序。

如果球童无意间站在受限区域内，不予处罚。

本规则不禁止球员让其球童以外的人站在受限区域内，帮助自己追踪球的飞行路线。

5. 肢体协助、消除干扰和对自然因素的防护

球员在以下情况不得击球：

（1）他正在从自己的球童或任何其他人那里得到肢体协助；

（2）他的球童、任何其他人或物品被有意安置在某处，以便消除干扰以及提供对阳光、雨、风或其他自然因素的防护。

本规则不禁止球员的以下行为：

击球时自己采取措施对自然因素予以防护，例如穿着具有防护功能的衣物或者自己打伞；要求之前并非由球员有意安置在某处的任何其他人留在该处或离开（例如当观众在球员的球上投下身影时）。

违反规则 10.2b 的处罚：一般性处罚。

三、球童（规则 10.3）

一轮比赛中，球员可以让一名球童携带球员的球杆并提供助言和其他帮助，但关于球童被允许做什么还有一些限制。在一轮比赛中球员要对球童的行为负责并且如果球童违反规则球员要受到处罚。

（一）球童可以在一轮比赛中帮助球员

1. 球员在同一时间只能有一名球童

在一轮比赛中球员可以让一名球童来携带、运输和管理他的球杆，提供助言以及通过其他被允许的方式来帮助他，但要受到以下限制：

（1）球员在任何同一时间都不能拥有超过一名以上的球童。

（2）球员在一轮比赛中可以更换球童，但不能单纯为了从新球童那里获得助言而临时这样做。

无论球员是否有球童，任何其他同球员一起步行或骑行的人或为球员携带着其他物品（例如雨衣、雨伞或食物和饮料）的人都不是球员的球童，除非他被球员指定为球童或同时也携带、运输或管理球员的球杆。

2. 两个或多个球员可以共用一名球童

当共用球童的某一特定行为引发规则问题并且需要决定该行为应由哪名球员负责时：如果球童的行为是按照其中一名共用球童的球员的特定指示而行动的，该共用者应对此行为负责。如果没有共用者指示该特定行为，则哪一名球童共用者的球涉及其中，那名球员应对该行为负责。

违反规则 10.3a 的处罚：球员在任何同一时间内得到超过一名球童帮助的每一个球洞，各洞都要受到一般性处罚。如果违规发生在或继续存在于两个球洞的比赛之间，球员在下一洞要受到一般性处罚。

（二）球童可以做什么

以下是球童被允许和不被允许的行为的示例：

1. 总是被允许的行为

规则总是允许球童采取以下行为：

（1）携带、运输并管理球员的球杆及其他装备（包括驾驶球车或拉手推车）。

（2）寻找球员的球。

（3）在击球前提供信息、助言及其他帮助。

（4）平整沙坑或为了保护球场而采取的其他行为。

（5）移走推杆果岭上的沙子和松散的泥土以及修理推杆果岭上的损伤。

（6）移走或照管旗杆。

（7）在推杆果岭上标记球员的球的地点以及拿起和把球放置回原位。

（8）擦拭球员的球。

（9）移走散置障碍物和可移动妨碍物。

2. 仅当在得到球员授权后才被允许做的行为

以下的行为仅当规则允许球员去做并且仅在得到球员授权（必须是每次特别指出而不能对这一轮比赛做出一次通用性授权），球童才可以去做：

（1）恢复球员的球静止后被破坏的环境。

（2）当球员的球位于推杆果岭以外的任何地方时，按照需要把拿起的球放置回原位的规则拿起球员的球，或在球员决定按照规则采取补救之后拿起球员的球。

3. 不被允许的行为

球童不得为球员采取以下的行为：

（1）认可对手下一次击球、向对手认输一洞或整场比赛或者与对手协商比洞赛成绩。

（2）当球员为了击球开始采取站位并且直到击球完成前，故意站在球员的打球线在球后方的延长线上或者其附近的地方，或采取其他被规则禁止的行为。

（3）把一个球放置回原位，除非球童之前拿起或移动了这个球。

（4）在补救区内抛或放置一个球。

（5）决定按照某一条规则采取补救；球童可以建议球员这样做，但必须由球员来决定。

（三）球员对球童的行为以及违反的规则负责

在一轮比赛中以及按照规则中止比赛期间，球员对他的球童的行为负责，但一轮开始前或结束后不适用。如果球童的行为违反了规则或球童的行为由球员来做将构成违规，则球员要根据那一条规则受到处罚。

当执行一条规则需要取决于球员是否已经意识到某些事实的时候，球员的认知被视为包括他的球童已经知道的所有情况。

规则 10

释义 1. 哪些是推带、拨扫、舀的动作？

这些术语的意思有重叠，但可以通过以下三个示例来进行界定，这些示例均用了规则不允许的方式来使用球杆：

球员打了一杆短推，用杆头的底部击球进洞，所使用的动作类似于打台球时所使用的动作，类似这样移动球的方式是推带。

球员沿着地面移动球杆，并把它拉向他，类似这样移动球的方式是拨扫。

球员把球杆滑到球的下方并紧贴着球。该球员紧接着用向前和向上的运动抬起并移动这个球，类似这样移动球的方式是舀。

释义 2. 球员可以使用杆头的任何部位击球吗？

正确击球时，可以使用杆头的任何部位，包括杆头的趾部、根部和背面。

释义 3. 击球时其他物体能介于球和杆头之间吗？

正确击球时，杆头并不一定要与球相接触。有时，其他物体可能介入其间。

一个正确击球的例子包括这样的场合，球倚靠着在一个标定界外的栅栏的底部，球员对栅栏的界外一侧进行一次击打以使这个球移动。

释义 4. 球员能用前臂抵住身体来固定球杆吗？

击球过程中，用前臂抵住身体是一种间接的固定球杆的方法。

为了形成“支点”，必须同时满足以下两个标准：（1）球员必须用前臂抵住身体；（2）球员必须握住球杆以便双手彼此分开并独立工作。例如，长推击球时，球员的前臂抵着他的身体以建立一个稳定点，同时下面的手握压杆身来挥动球杆的下部。

但是，规则允许球员在击球时用一个或同时用两个前臂抵住他的身体，只要这样做没有建立一个支点即可。

释义 5. 击球时故意接触衣服是否违规？

当球员用球杆或握杆手使衣服抵住身体时，这些衣服将被视同该球员的身体的一部分。自由挥动这个概念不得通过使某个物体介入在该球员的身体与球杆或手之间来进行规避。

例如，球员穿着雨衣使用中长推杆打球，并且把这支球杆压入他的身体时，该球员违反了规则 10.1b。此外，当球员在击球时故意用握杆手抓住穿在身体任何部分的衣服时（如用手抓住衬衫的袖子），即违反了规则 4.3（禁止的装备使用方式），因为这不是它被期望的使用方式，并且这样做可能会帮助到该球员进行这次击球。

释义 6. 击球过程中，不小心触碰到衣服是违规行为吗?

规则允许球员用球杆或握杆手触碰衣服并进行击球。这可能在多种情况下发生，在以下场合：球员穿着宽松的衣服或雨衣；球员的个头或身材使其双臂自然紧靠着身体；球员持握球杆非常靠近身体；球员出于其他原因在击球时触碰到他的衣服。

释义 7. 球员可以从共用球童处获取信息吗?

一名球童由不止一名球员所共用时，共用这名球童的球员中的任何人都可以向他寻求信息。例如，两名球员共用一名球童，并且这两名球员的开球打到了相近的区域。其中一名球员取了一支球杆准备击球，同时另一名球员尚未做出决定。则规则允许尚未做出决定的这名球员向共用球童询问该另一名球员选择的是什么球杆。

释义 8. 球员必须采取行动制止主动向其提供助言的行为吗?

球员从他的球童以外的其他人（如观众）接收到助言，但并没有征询该助言时，他不会受到处罚。但是，当该球员继续从同一个人接收到助言时，该球员必须采取行动制止那个人提供助言。如果该球员不这样做，则他将被视为征询该助言，并且要按照规则 10.2a 受到处罚。团体赛中（规则 24），本规定也适用球员，该球员从队长那里接受了助言，但是这名队长没有被指定为助言人。

释义 9. 规则允许把杆头放在球后的地面上以帮助球员采取站位吗?

规则 10.2b（3）不允许球员放置物体（如校准杆或高尔夫球杆）以帮助球员采取站位。

但是，这项禁止不阻止球员把他的杆头放在球的后方。例如球员站在球后并把杆头垂直打球线放置，然后从球后方绕到旁边来采取他的站位。

释义 10. 何时球员开始采取站位？

规则 10.2b（4）不允许球员在其开始采取站位时，让他的球童故意站在他的后方，因为瞄准预期目标是球员必须独立面对的挑战之一。

规则对判定何时球员已开始采取站位没有硬性规定，因为每一名球员都有他的习惯性动作。但是，当球员把他的脚或身体靠近某一位置，从这个位置可以获得向预期目标瞄准有用的指引时，应当认定该球员已开始采取他的站位。

在以下场合，球员已开始采取站位：球员站在球的旁边但面向球洞，并把他的球杆放在这个球的后方，然后开始转动他的身体来面向这个球；站在球的后方确定目标线后，球员向前走了一步，然后开始转动他的身体并把一只脚放在准备击球的位置上。

释义 11. 球员可以要求另一名无意中站到某个位置的人离开或留在该位置吗？

尽管球员不可以为了遮挡照到球上的阳光而放置一个物体或让一个人站在某个位置上，但是，当一个人（如观众）已经处于某个位置时，该球员可以要求那名观众不要离开，以便一个影子继续罩着这个球，或者也可以要求那名观众离开，以便他的影子不再罩着这个球。

释义 12. 球员可以穿上具有防护功能的衣服吗？

尽管球员不得改善击球环境以对某个因素进行防护，但他可以穿上具有防护功能的衣服来对这个因素进行防护。例如，球员的球紧邻着一颗仙人掌静止时，如果他在仙人掌上放置一块毛巾来改善他的预期站位区域，则违反了规则 8.1a（改善击球环境的行为）。但是，可以将一块儿毛巾缠绕在该球员的身体上来保护他不被仙人掌伤害。

释义 13. 球员用机动高尔夫球车运输球杆，同时雇用一个人来履行球童的所有其他职责，可以吗？

球员的球杆由他驾驶的机动高尔夫球车进行运输时，规则允许该球员雇用一个人来履行球童的所有其他职责，并且这个人被视作是一名球童。这种安排被允许的前提是该球员没有雇用其他人来驾驶这辆球车。在该种情况下，球车的驾驶员也是一名球童，因为他在运输该球员的球杆，并且该球员要因有超过一名球童而按照规则 10.3a 受到处罚。

释义 14. 球员不参加某轮比赛时可以给另一名球员做球童吗？

一名球员在一场比赛中可以给同一场比赛中的另一名球员作球童，但该名球员在打他的一轮比赛，或者当地规则限制球员担任球童时除外。

例如：两名球员正在参加同一场比赛，但在同一天中的不同时间进行比赛时，规则允许他们相互担任对方的球童。比杆赛中，某一组中的一名球员在一轮比赛期间退赛时，他可以担任同组的另一名球员的球童。

【本节习题】

“准备击球与击球、助言与帮助、球童”讲课视频

一、单选题

1. 以下说法错误的是：

A. 任何时候，球员最多只能拥有一名球童

B. 球童可以为他的球员提供助言、运送（管理）球杆、找球等帮助

C. 球童违规，球员要受到相应的处罚

D. 球童可以为球员认可对手的下一次击球

2. 以下不属于助言的是：

A. 击球的方法　　B. 有关规则、距离的内容

C. 球杆的选择　　D. 击球方向的选择

3. 以下哪些情况下，球员要受到一般性处罚？

A. 球员为击球而开始上杆后球才开始移动，此时完成了击球

B. 球从球座上掉落时，球员完成了击球

C. 球员击打正在水中运动的球

D. 球员击打正在球道上滚动的球

4. 以下说法错误的是：

A. 球员可以使用杆头的背面击球

B. 球员只能使用杆头的杆面击球

C. 在击球时，球杆与球之间仅有瞬间接触

D. 在击球时，球员不得采用推带、拨扫或舀的动作

5. 球员的球倚靠在一棵树的根部，球员用杆头的背面击打了这颗球。裁决是：

A. 不受处罚　　B. 这位球员被罚一杆

C. 这位球员受到一般性处罚　　D. 以上说法均错误

二、判断题

1. 球员在推杆时，可以请他的球童为其打伞，也可以自己打伞。（　　）

2. 比赛中，球员不能向他人征询助言，但他的球童除外。（　　）

3. 球员不可以对正在运动中的球进行击打，包括在水中运动的球。（　　）

4. 如果球员的球杆意外击到球一次以上，只算作一次击球，不受处罚。（　　）

5. 球员只能用杆头的杆面击球，不能使用杆头的背面击球。（　　）

6. 任何有助于球员打球的口头言论，都是“助言”。（　　）

第五节　运动中球意外撞到人、动物或物体；故意影响运动中球的行为（规则 11）

一、运动中球意外撞到人或外部因素（规则 11.1）

（一）对任何球员均不处罚

运动中球意外撞到人或外部因素：对任何一名球员均不予处罚。即便该球撞到球员本人、对手或任何其他球员或他们的球童或装备也不罚杆。

例外——比杆赛中从推杆果岭上击出的球：如果球员的运动中球撞到另外一个在推杆果岭上的静止中球，并且在击球前两个球都位于推杆果岭之上，

球员要受到一般性处罚（罚 2 杆）。

（二）在规定的地点打球

1. 当从推杆果岭之外的任何地方打球时

如果球员从推杆果岭之外的任何地方所打的球在运动中意外撞到任何人（包括球员本人）或外部因素（包括装备），通常必须在现有位置打这个球。但是，如果该球静止在任何人、动物或移动的外部因素之上，球员不得在现有位置打这个球，他必须按照以下方式进行补救：

（1）球所静止在的任何人、动物或移动的外部因素位于推杆果岭之外的任何地方。球员必须将初始球或另一个球抛在符合下列要求的补救区内：

参考点：是一个估计点，该点位于这个球最初静止在人、动物或移动的外部因素之上的位置的正下方。

从参考点开始测量的补救区大小：一支球杆长度，但有如下限制：

补救区位置的限制：必须与参考点位于同一种球场区域内，而且不得比参考点更靠近球洞。

（2）球所静止在的任何人、动物或移动的外部因素位于推杆果岭上。球员必须按照规则 14.2b（2）和规则 14.2e 中放置一个球回原位的程序，将初始球或另一个球放置在一个估计点，该点位于这个球最初静止在人、动物或移动的外部因素之上的位置的正下方。

违反上述规则而在错误的地方打球的处罚：按照规则 14.7 进行一般性处罚。

2. 当从推杆果岭上打球时

如果球员从推杆果岭上所打的球在运动中意外撞到球员本人或外部因素（包括装备），通常必须在现有位置打这个球。但是，如果有人知道或可以肯定该运动中球撞到以下任何人员或物体之一，该球员必须在之前的击球地点重新击打初始球或另一个球：

（1）除下列人员外的任何人：球员本人；正在照管旗杆的人［此情况由规则 13.2b（2）处理而非本规则］。

（2）除下列物体外的可移动妨碍物：此次击球所用的球杆；球标；静止

的球（关于比杆赛中是否实施处罚，参见规则 11.1a）；旗杆［此情况由规则 13.2b（2）处理而非本规则］。

（3）除被定义为散置障碍物（例如昆虫）之外的动物。

如果球员在错误的地方重新打了球，他要按照规则 14.7 受到一般性处罚。

如果球员没有重新击球，他要受到一般性处罚，并且此次击球予以计算。但这种情况下球员并没有从错误的地方打球。

二、运动中球被人故意变向或停止（规则 11.2）

（一）规则 11.2 适用的场合

本规则仅在知道或几乎肯定球员的运动中球被人故意变向或停止时才适用，这也就意味着：任何人故意触碰了运动中球；或运动中球撞到了由球员故意放置或留在某一特定位置的装备或其他物体（在球被击打或通过其他方式进入运动状态之前已有的球标或另一个静止中球除外）或任何人（例如球员的球童），从而该装备、物体或人可能变向或停止这一运动中球。

例外——在比洞赛中当球几乎没有进洞的可能时被故意变向或停止：对手的运动中球在几乎没有进洞的可能时被故意变向或停止，并且这种情况发生在认可下一次击球或当球需要进洞才能在该洞打平时，该内容参见规则 3。

如果有合理的理由认为一个球或球标可能会帮助或妨碍他打球，球员有权利在击球前让这个球或球标被拿起，关于这部分内容参见规则 15。

（二）对球员施加处罚的场合

如果球员故意变向或停止任何运动中球，他要受到一般性处罚。无论该球是球员本人的球还是对手或比杆赛中的另一名球员打的球，处罚均适用。

例外——正在水中运动的球：如果球员在按照规则采取补救时拿起他的正在临时积水中或罚杆区内的水中运动的球，不受处罚。

（三）必须从哪里打故意被变向或停止的球

如果知道或几乎肯定球员的运动中球被人故意变向或停止（无论球是否

被找到），不得在球的现有位置打球。相反，球员必须采取补救：

1. 当击球在除推杆果岭以外的任何地方进行时

球员必须基于球如果没有被变向或停止时本应该静止的估计的地点而采取补救。

（1）当球位于推杆果岭以外的任何地方时。球员必须将初始球或另一个球抛在这样的补救区内：

参考点：估计球本应该静止的地点。

从参考点测量的补救区的范围：一个球杆长度，但要受到以下限制：必须和参考点位于同一种球场区域内；并且不得比参考点更靠近球洞。

（2）当球本应该静止在推杆果岭上时。球员必须将初始球或另一个球放置在球本应该静止的估计的位置上。

（3）当球本应该静止在界外时。球员必须按照规则采取一杆加距离的补救方式。

2. 当击球在推杆果岭上进行时

该次击球无效，并且必须将初始球或另一个球放置回其初始位置（如果不知道，必须估计）。

三、故意移走物体或改变环境以影响运动中球（规则 11.3）

当球处于运动状态时，球员不得故意采取任何以下行为来影响球（无论是球员自己的球还是另一名球员的球）可能静止的地方：通过采用规则 8 中列举的任何行为（例如将铲起的草皮放置回原处或向下按压草皮翘起的部分）以改变客观环境；拿起或移走一个散置障碍物，或一个可移动妨碍物。

例外——移动旗杆、在推杆果岭上静上的球和球员的其他装备：本规则不禁止球员拿起或移动一支被移走的旗杆；一个在推杆果岭上静止的球；或任何球员的其他装备（在推杆果岭以外任何地方静止的球或球场上任何地方的球标除外）。

违反本规则的处罚：一般性处罚。

规则 11

释义 1. 击球无效时，从球静止的地方打球是从错误的地方打球吗？

当某次击球被对手取消［如按照规则 6.4a（2）不按顺序的击球］，或按照某条规则无效时［如按照规则 11.b 例外 2——当从推杆果岭上击出的球意外撞到在推杆果岭上的任何人、动物或可移动妨碍物（包括另外一个运动中球）］，它要被从球员的成绩中忽略掉，如同它从未发生过一样。如果该球员没有把这个球放置回原位，而是相反地，从这个球静止的地方打球，则他构成从错误的地方打球，并且规则 14.7（从错误的地方打球）适用，因为规则要求该球员重新击球。

例如，旗杆被移走时，球洞衬筒从球洞中脱了出来。球员从推杆果岭上击球，这个球意外撞到了这个衬筒（规则 11.1b 例外 2）。与把这个球放置回原位并重新击球相反，该球员从它静止的地方打了这个球。则对意外撞到球洞衬筒的这个球进行的那次击球不计入该球员的成绩。但是，因为未按照规则所要求的，把一个球放置回原位，该球员构成从错误的地方打球，并且规则 14.7 适用。

本规定同样适用于球员不按顺序打球并且击球被对手按照规则 6.4a（2）取消了的情形。

释义 2. 球被意外变向或停止后发生移动该如何处理？

球被意外变向或停止之后倚靠着人或外部因素静止，并且这个人或外部因素移动或被移动时，规则 9 适用，并且该球员必须正确地按照规则进行处置。但是，当这个球倚靠着人或装备静止之后发生移动时，按照规则 9 不予处罚。

以下场合不予处罚：

● 球员的球被对手意外停止之后倚靠着他的脚静止，并且该对手移动时导致这个球移动。则该球员必须按照规则 9.5 的要求把这个球放置回原位，但是无论该球员还是该对手都不会受到处罚。

● 球员的运动中球正从山坡上滚落回来时被他的球杆意外停住，并且移走这支球杆时导致这个球移动。则该球员必须按照规则 9.4 的要求把这个球放置回原位，但不会受到处罚。

在其他一些情况下，球被外部因素（如动物）意外变向或停止，并且该外部因素移动并导致这个球移动，参见规则 9.6 关于如何处理。

释义 3. 球员意识到如果球撞到某个装备会对自己有帮助之后仍将装备留在原位，该如何处理？

规则 11.2 适用于一种情况，即球员没有出于变向运动中球的目的主动把某个装备、其他物体或人放置在某个位置，但是，一旦是球员放置的，并且他意识到它可能变向或停止这个球，而且故意将它留在那。

● 在以下场合，球员要受到处罚：用沙耙整理沙坑后，球员把沙耙放在了推杆果岭和沙坑之间，没有任何用它影响球的想法。该球员准备朝着沙坑向下坡方向推球时，意识到了如果不首先把这个沙耙移开，这个沙耙可能会停住他的球。该球员推了球，并且这个球被这个沙耙停住了。

● 以下场合，球员不受处罚：一个沙耙被前一组球员放在了推杆果岭和沙坑之间。球员准备朝着沙坑向下坡方向推球时，看到了这个沙耙并把它留在那里，因为如果他的推球过大，它可能会停住这个球。该球员推了球，并且这个球被这个沙耙停住了。

释义 4. 球原本应当静止在罚杆区内时的一些选项。

运动中球被故意变向或停止且估计它原本应当静止在罚杆区内时，球员可以选择在这个罚杆区内抛一个球［规则 11.2c（1）］，或从这个罚杆区采取补救（规则 17.1d）。

如果该球员因为他不想在这个罚杆区内抛一个球而决定从这个罚杆区采取补救，则在按照规则 17.1d 采取补救时，该球员必须估计一个点，这个球原本应当在这个点最后穿越了罚杆区的边沿。

释义 5. 影响运动中球的故意行为，有哪些常见的例子？

规则 11.3 适用于一种场合，即球员或球童出于影响运动中球的目的而采取了某个故意行为时，即使这个故意行为没有影响这个球静止的地点，该球员也违反了本规则。

以下场合中，球员要按照规则 11.3 受到一般性处罚。并且，在比杆赛中，必须从这个球静止的地方打球：

● 球员的球停在普通区一个陡坡的底部。该球员进行了击球，然后在这个球从陡坡上向下滚回来的过程中，该球员出于防止这个球静止在一个不好的球位的目的向下按压一块草皮翘起的部分。

● 在地面上有一个沙耙，球员认为这个沙耙可能会停止或变向另一名球员的运动中球，于是该球员拿起了这个沙耙。

在以下场合，不施加处罚。并且在比杆赛中，必须从这个球静止的地方打球：

● 球员的球停在普通区内一个陡坡的底部。该球员进行了击球，然后这个球开始从陡坡上向下滚回来。由于不知道这个球正返回刚刚对它进行击球的那块区域，该球员向下按压一块草皮翘起的部分，但并未打算要影响这个球可能静止的地方。即使这个球静止在被向下按压的这块区域，也不予处罚。

● 击球后，并且在这个球尚在运动中时，球员拿起附近的一个沙耙，把它交给另一名马上要从沙坑打球的球员。之后，该球员的球从这个沙耙被拿起的那块区域滚了过去。

【本节习题】

“运动中球意外撞到人、动物或物体；影响运动中球的故意行为”讲课视频

一、单选题

球员在球道上往果岭方向切球，球还在运动过程中不小心碰到自己的球童并被球童变向。这将如何裁决？

A. 不受处罚，但必须在球的现有位置击球

B. 这位球员被罚一杆，并且必须在球的现有位置击球

C. 不受处罚，但必须回到原位重新击打一颗球

D. 以上说法均不对

二、判断题

1. 球员击球后，其球童为了避免球撞到沙耙而掉入沙坑，他快速拿走了沙坑边的沙耙。球员不会受到任何处罚。（　　）

2. 在推杆果岭上，球员 A 推出的球，意外撞到了正在移动看线的球

员 B 的脚，则本次推击无效。（　　）

3. 在推杆果岭上，球员 A 推出的球，意外撞到了球员 B 静止在果岭上的球，则球员 B 要受到一般性处罚。（　　）

4. 球员 A 切球上果岭后，球撞到了球员 B 停在洞口的球，之后两个球都掉入洞中，则两个球均已进洞。（　　）

5. 球员击球后，球意外撞到了广告牌，最终停在了界外，该球只能算作为出界。（　　）

第七章　沙坑和推杆果岭的特定规则

第一节　沙坑（规则 12）

一、球位于沙坑内的条件（规则 12.1）

当球的任何一部分满足以下条件时，球即位于沙坑中：触及沙坑边沿以内地面上的沙子；或在沙坑边沿以内并且静止在通常会有沙子存在的地面上（例如在沙子被风吹跑或被水冲刷走的地方）；或散置障碍物、可移动妨碍物、异常球场状况或基本组成物之内或之上，并且以上这些物体触及了沙坑中的沙子或在通常会有沙子存在的地面上。

如果一个球位于沙坑边沿以内的泥土、草或其他生长着的或连接着的物体之上而且没有触及任何沙子，不属于沙坑中的球。

如果球的一部分同时位于沙坑和另外一种球场区域内，参见规则 2.2c。

二、击打沙坑内的球（规则 12.2）

（一）移走散置障碍物和可移动妨碍物

在打位于沙坑中的球之前，球员可以按照规则 15.1 移走散置障碍物和规则 15.2 移走可移动妨碍物。这包括在此过程中发生的任何合理的触碰或移动沙坑中沙子的行为。

（二）在沙坑内触碰沙子的限制

1. 触碰沙子会受到处罚的场合

在对沙坑内的球进行击球前，球员不得：

（1）故意用手、球杆、沙耙或其他物体测试该沙坑内的沙子的状况从而为下一次击球获取信息；

（2）不得在以下场合用球杆触碰该沙坑里的沙子：

①在紧靠球前或球后的区域内（但按照规则 7.1a 在适度寻找球时或按照规则 12.2a 在移走散置障碍物或可移动妨碍物时除外）；

②在试挥杆的时候；

③在为了击球上杆的时候。

2. 触碰沙子不会受到处罚的场合

除了上述第 1 款规定中涵盖的内容，本规则不禁止球员通过任何其他方式触碰沙坑内的沙子，包括：

（1）为了试挥杆或击球而采取站位时将双脚拧入沙子中；

（2）出于保护球场的目的平整沙坑；

（3）把球杆、装备或其他物体放在沙坑内（无论是通过扔或放下去的方式）；

（4）测量、标记球、拿起球、把球放置回原位或按照规则采取其他行为；

（5）休息时、保持平衡时或防止摔倒时倚靠球杆；

（6）出于沮丧或愤怒时击打沙子。

但如果球员触碰沙子的行为改善了击球环境，他将因违反规则 8.1a 而受到一般性处罚。

3. 球从沙坑内打出后将不再受到限制

从沙坑内击球并且将球打出该沙坑后，或者球员已经或试图在该沙坑外进行补救后，球员可以：触碰沙坑内的沙子而不会受到规则 12.2b（1）的处罚；以及出于保护球场的目的平整沙坑内的沙子而不会受到规则 8.1a 的处罚。

即使当球静止在该沙坑之外并且需要做以下行为时，上述条款依然适用：按照规则球员被要求或被允许采取一杆加距离的补救在沙坑内抛一个球；或沙坑内的沙子位于球员从沙坑外打的下一次击球的打球线上。

但是，如果在沙坑内打的球又回到这个沙坑内，或者球员在此沙坑内抛球进行补救，抑或球员决定不在沙坑外进行补救，则规则 12.2b（1）和 8.1a 的限制条款将再次适用于这个沙坑内的比赛中球。

违反规则 12.2 的处罚：一般性处罚。

三、沙坑内的球进行补救的特定规则（规则 12.3）

当一个球位于沙坑中时，某些特定的补救规则可能适用于以下情形：

受到异常球场状况的妨碍（规则 16.1c）；受到危险动物情景的妨碍（规则 16.2）；以及不可打之球（规则 19.3）。

规则 12

释义 1. 从沙坑内移走散置障碍物或可移动妨碍物导致的改善，该如何处理？

从沙坑内移走散置障碍物或可移动妨碍物时，沙子经常因为移走这样的物体而被移动。当所采取的移走散置障碍物或可移动妨碍物的行为合理［规则 8.1b（2）］时，如果这样做改善了击球环境，则不予处罚。

例如，球员的球的旁边有一个松果，该球员采用拖走这个松果的方式来移走这个松果，这种方式同时从他的预计挥杆区域移走了一些沙子，并且改善了击球环境。该球员原本可以使用一种对周围环境影响更小的方式来移走这个松果（例如竖直向上拿起这个松果而不用在球的后方拖拽它）。因为他的行为在这种情况下不是合理的，所以该球员要因违反规则 8.1a（改善击球环境）而受到处罚。

释义 2. 规则允许球员在沙坑外采取补救之后出于保护球场的目的平整沙坑内的沙子吗？

根据规则 12.2b（3），一个球被打出沙坑后，球员可以出于保护球场的目的按照规则 8.1a（规则允许的行为）平整这个沙坑内的沙子，不受处罚。规则 12.2b（3）中"打出沙坑"一词也包括在沙坑之外采取补救。

例如，球员决定按照规则 19.3b（向后连线补救）被罚 2 杆后，在沙坑之外采取不可打之球的补救。在沙坑之外执行向后连线补救的处置抛一个球之前，或抛了一个球之后但在进行他的下一次击球之前，该球员平整了这个沙坑内在打球线上的一些脚印。则规则 12.2b（3）适用，并且不予处罚。只要该球员打算在这个沙坑之外采取补救，则即使该球员在这个沙坑之外抛球前平整了这个沙坑，亦不予处罚。

释义 3. 规则 12.2b 适用于沙坑内的动物洞穴形成的沙丘吗?

有一个沙丘是一个动物洞穴的一部分。球员的球停在沙坑内在这个沙丘之上或旁边时，规则 12.2b（1）中的限制适用于触碰这个沙丘的情形。但是，该球员可以按照规则 16.1c 从这个动物洞穴（它是异常球场状况）采取补救。

释义 4. 球员是否可以在沙坑内进行触探?

球员可以触探球场上的任何地方（包括在沙坑内）以判定树根、石块或妨碍物是否可能妨碍他的击球，不受处罚，只要该球员没有改善击球环境即可。

例如，球员的球静止在沙坑内靠近排水道，该球员可以用球座触探沙子以判定这个排水道的范围，以及它是否会妨碍他的击球。但是，如果这样触探的目的是测试沙子的状况，则该球员违反了规则 12.2b（1）。

释义 5. 球员为采取补救已经从沙坑内拿起了球，但尚未决定是否从沙坑内采取补救时，规则 12.2 继续适用吗?

例如，球员的开球停在沙坑内不可打，并且他正在决定是否要按照一杆加距离的处罚返回发球区重打，还是在沙坑内采取补救，或者在沙坑之外采取向后连线的补救时，如果他故意测试这个沙坑内沙子的状况或试挥时触碰到沙子，则该球员违反了规则 12.2b。

但是，就如同在球员已经打了一个球并且它停在了沙坑之外后，规则 12.2b（1）不再适用一样，在球员决定在沙坑之外采取补救后，只要实际在沙坑之外采取了补救，规则 12.2b（1）同样不再适用。

【本节习题】

一、单选题

1. 球员的球在沙坑里，球员在击球前向后挥杆的时候碰到沙坑的沙子，并完成了该次击球，这将如何裁决?

"沙坑"
讲课视频

A. 不受处罚　　　　　　　　B. 这位球员被罚一杆

C. 这位球员受到一般性处罚

2. 下列针对沙坑的说法正确的是：

A. 洒在沙坑外的沙子属于沙坑的一部分

B. 长在沙坑内的树是沙坑的一部分

C. 沙坑内被草覆盖的地面不属于沙坑的一部分

二、判断题

1. 打球前，球员不得故意用手、球杆、沙耙或其他物体测试沙坑状况。（　　）

2. 在沙坑中，球员在上杆时触碰到沙子，并完成了该次击球，则不受处罚。（　　）

3. 沙坑内的散置障碍物，在打球前可以移除。（　　）

4. 球停在沙坑内一块圆形草地上（球场沙坑景观设置），该球属于在沙坑内。（　　）

5. 球停在沙坑内一块毛巾上，该球属于在沙坑内。（　　）

第二节　推杆果岭（规则 13）

一、推杆果岭上允许或要求的行为（规则 13.1）

本规则允许球员做一些在推杆果岭上可以做但通常在推杆果岭以外的地方不可以做的事情，例如允许在推杆果岭上标记、拿起、擦拭球、把球放置回原位、修理损伤以及移走沙子和松散的泥土。在推杆果岭上意外导致球和球标移动也不予处罚。

（一）什么时候球位于推杆果岭上

当球的任何一部分满足以下条件时，球即位于推杆果岭上：触及推杆果岭；或位于任何物体之上或之中（例如一个散置障碍物或妨碍物）并且该球的任何一部分推杆果岭边沿以内。

如果球的一部分同时位于推杆果岭之上和另外一种球场区域内，参见规则 2.2c。

（二）标记、拿起和擦拭位于推杆果岭上的球

位于推杆果岭上的球可以被拿起并擦拭。在球被拿起前必须标记其位置，并且球必须被放置回其初始位置。

（三）在推杆果岭上被允许的改善

在一轮比赛中以及按照规则中止比赛期间，无论球位于推杆果岭之上还是推杆果岭之外，球员在推杆果岭上都可以采取以下两种行为：

（1）移走沙子和松散的泥土。位于推杆果岭上的沙子和松散的泥土可以被移走而不受处罚。

（2）修理损伤。球员可以通过采取合理行为不受处罚的修理推杆果岭上的损伤，令其恢复至尽量接近原来的状况，但仅限于：通过使用他的手、脚、身体的其他部位或普通的球痕修理工具、球座、球杆或普通装备中的类似物体来修理；并且没有过度延误比赛。

但如果球员恢复推杆果岭至其原来的状况的行为超过了合理的限度（例如在朝球洞的方向制造了一条通道或使用了某种不被允许的物体），从而改善了推杆果岭的状况，球员将因违反规则 8.1a 受到一般性处罚。

"推杆果岭上的损伤"指的是由任何人（包括球员本人）或外部因素造成的任何损伤，例如：球痕、鞋子损伤（例如鞋钉印）和由装备或旗杆造成的划伤或压痕；旧洞埋迹、修补草皮、切割草皮的接缝以及由草坪维护工具或车辆造成的划伤或压痕；动物的足迹或蹄印；以及陷入地面的物体（如石头、橡果、冰雹或球座），以及由这些物体造成的凹痕。

但"推杆果岭上的损伤"不包括由以下因素造成的损伤或状况：对推杆果岭采取正常保养作业时留下的总体状况（例如透气孔和垂直修剪时造成的沟痕）；灌溉、雨水或其他自然力；地表面上的自然不完美状况（例如杂草、

裸地、病态或参差不齐的生长状态）；以及经自然使用而磨损的球洞。

（四）当球或球标在推杆果岭上移动时

对于球和球标在推杆果岭上发生移动有两条特定的规则。

1. 意外导致球移动将不予处罚

如果球员、对手或比杆赛中的另一名球员意外地移动了球员在推杆果岭上的球或球标，则不受处罚。球员必须按照以下方式处理：

（1）把该球放置回其初始位置（如果不知道，必须估计）；

（2）放一个球标以标记该初始位置。

例外——当球在球员上杆或击球时开始移动并且随后完成了该次击球时，必须在球的现有位置打球。

如果球员或对手故意拿起球员在推杆果岭上的球或球标，参见规则 9.4 或规则 9.5 以确定是否有处罚。

2. 被自然力移动的球放置回原位的场合

如果自然力导致了球员在推杆果岭上的球移动，球员必须从哪里打下一杆取决于该球是否已在推杆果岭上被拿起并放置回原位：

（1）球已经被拿起并放置回了原位，即便该球被自然力而不是被球员本人、对手或外部因素移动（参见规则 9.3 的例外），也必须被放置回其初始位置（如果不知道，必须估计）。

（2）球尚未被拿起并放置回原位时，必须在球的新的位置打球（参见规则 9.3）。

（五）不得故意测试推杆果岭

在一轮比赛中以及按照规则中止比赛期间，球员不得故意采取以下任一行为以测试推杆果岭或错误果岭：擦抹果岭表面；或滚动球。

例外——在两洞打球之间测试果岭：在两洞打球之间，球员可以在刚完成之洞的推杆果岭或任何一个练习果岭上擦抹表面或滚动一个球。

违反本规则测试推杆果岭或错误果岭的处罚：一般性处罚。

（注：委员会可以采用当地规则禁止球员在刚完成之洞的推杆果岭上滚

动球。）

（六）必须从错误果岭采取补救

（1）错误果岭构成的妨碍的含义。在本规则下当符合以下情况时即构成妨碍：

当球员的球有任何一部分触及错误果岭时或位于任何物体之上或之中（例如一个散置障碍物或妨碍物），并且该球的任何一部分在错误果岭边沿之内；或当错误果岭客观妨碍了球员的预计站位区域或预计挥杆区域时。

（2）必须采取补救。当错误果岭的妨碍存在时，球员不得在现有位置打球。相反，球员必须采取免罚杆的补救将初始球或另一个球抛在这样的补救区内：

参考点：最近完全补救点位于初始球静止时所在的同一种球场区域内。

从参考点测量的补救区的范围：一个球杆长度，但要受到以下限制：

补救区位置必须和参考点位于同一种球场区域内；不得比参考点更靠近球洞；并且必须从错误果岭构成的所有妨碍获得完全补救。

（3）当明显不合理时不予补救。仅当球员的球杆选择、站位或挥杆的方式或打球方向在当时的情形中明显不合理时才会构成妨碍，则球员不能按照本规则采取补救。

（注：委员会可以采用当地规则以拒绝错误果岭仅对预计站位区域构成妨碍的补救。）

二、旗杆（规则 13.2）

本规则阐述了球员在处理和旗杆相关问题时的选择。球员可以把旗杆留在球洞中或将其移走（包括请他人照管旗杆并且在打球后将其移走），但必须在击球前做出决定。通常情况下如果一个运动中球撞到了旗杆将不予处罚。

本规则适用于从球场上任何地方打出的球，无论是从推杆果岭之上还是之外。

（一）将旗杆留在球洞中

1. 球员可以将旗杆留在球洞中

球员可以在击球时将旗杆留在球洞中，因此有可能发生运动中球撞到旗杆的状况。球员必须在击球之前通过以下任一方式做出决定：将旗杆留在其原先位于球洞中的位置或将其移动至位于球洞中心的位置并留在其中；或将一支被移走的旗杆放回球洞中。

在任何一种情形中，球员不得为了试图获得利益而故意将旗杆移到除了球洞中心之外的位置。如果球员这样做了并且其运动中球随后撞到了旗杆，他要受到一般性处罚。

2. 如果球撞到留在球洞中的旗杆将不予处罚

如果球员击球时将旗杆留在球洞中并且球员的运动中球随后撞到了旗杆：不受处罚（上述第 1 款规定的情况除外）；并且必须在球的现有位置打球。

3. 当球处于运动中时关于球员移动或移走球洞中旗杆的限制

当把旗杆留在球洞中时进行了击球后：球员和他的球童不得故意移动或移走旗杆以影响球员的运动中球可能会静止的地方（例如为了避免该球撞到旗杆上）。如果这样做了的话，球员要受到一般性处罚。

但是如果球员出于任何其他原因将球洞中的旗杆移动或移走，例如当他有合理的理由认为运动中球在静止之前不会撞到旗杆，将不会受到处罚。

4. 当球员决定将旗杆留在球洞中后关于其他球员移动或移走旗杆的限制

当球员把旗杆留在球洞中并且没有授权任何人去照管旗杆时，另一名球员不得故意移动或移走旗杆以影响球员的运动中球可能会静止的地方。

如果另一名球员或他的球童在球员击球前或击球时这样做了，并且在球员击球时并没有意识到该行为，或在球员击球后球仍处于运动中时这样做了，另外这名球员要受到一般性处罚。但如果另外一名球员或他的球童出于任何其他原因移动或移走旗杆将不会受到处罚，例如当他有合理的理由认为球员的运动中球在静止之前不会撞到旗杆；或没有意识到球员即将要打球或球员的球正处于运动之中。

（二）从球洞中移走旗杆

1. 球员可以将旗杆从球洞中移走

球员可以在击球时将旗杆从球洞中移走，这样一来他的运动中球不会撞到球洞中的旗杆。

球员必须在击球之前通过以下任一方式做出决定：在打球之前将旗杆从球洞中移走；或授权某人去照管旗杆，也就意味着通过以下方式将其移走：

在击球前或击球时持握旗杆将其插在球洞中、悬在球洞上方或紧挨着球洞以向球员示意球洞的位置；并且在击球完成后将旗杆移走。

如果满足以下条件，球员被视为已经授权了照管旗杆的行为：当球员击球时，球员的球童正握持旗杆将其插在球洞中、悬在球洞上方或紧挨着球洞，或正站在球洞附近，即便当时球员并没有意识到球童正在这样做；球员要求任何其他人照管旗杆并且那个人照做了；或球员看到任何其他人正在持握旗杆将其插在球洞中、悬在球洞上方或紧挨着球洞或正站在球洞附近，并且球员没有要求那个人移开或将旗杆留在球洞中就进行了击球。

2. 如果球撞到旗杆或正在照管旗杆的人该如何处理

如果球员的运动中球撞到了球员已经按照上述第 1 款规定中决定移走的旗杆，或撞到了正在照管旗杆的人（或该人员所持有的任何物品），该如何处理取决于该行为是意外的还是故意的：

（1）球意外撞到旗杆或移走旗杆或正在照管旗杆的人。如果球员的运动中球意外地撞到旗杆或移走旗杆或正在照管旗杆的人（或该人员所持有的任何物品），不受处罚并且要在球的现有位置打球。

（2）球被正在照管旗杆的人故意变向或停止。如果正在照管旗杆的人故意变向或停止球员的运动中球，则规则 11.2c 适用：下一杆从哪里打球？球员不得在球的现有位置打球，并且必须按照规则 11.2c 采取补救。

如果故意变向或停止球的人是一名球员或他的球童，那名球员因违反规则 11.2 而受到一般性处罚。

出于应用本规则的目的，“故意变向或停止”指的是和规则 11.2a 中相同的内容，并且包括当球员的运动中球撞到：一支被故意放置在或留在地面上某特定地点的已被移走的旗杆，以至于它可能变向或停止球；照管旗杆的人故意不从球洞中移走或不从球的行进路线上移开的一支被照管的旗杆；或故意不从球的行进路线上移开的照管或移走旗杆的人（或该人员所持有的任何物品）。

例外——关于故意移动旗杆以影响运动中球的限制（参见规则 11.3）。

（三）球倚靠留在球洞中的旗杆静止

如果球员的球倚靠着留在球洞中的旗杆静止：此时球的任何一部分位于推杆果岭表面以下，即便该球没有整体都在表面以下，该球也视为进洞。如果球没有任何一部分在球洞中位于推杆果岭表面以下，则该球没有进洞并且必须在现有位置打球。如果将旗杆移走时球发生移动（无论是掉入球洞中还是向着远离球洞的方向移动），不予处罚并且必须把球放置回球洞边缘。

三、球悬在球洞边（规则 13.3）

（一）确认悬在球洞边的球是否会掉入球洞中的等待时间

如果球员的球有任何一部分悬在球洞边缘时：球员被允许在合理的时间内到达球洞，然后再加上 10 秒钟以确认球是否会掉入球洞中。

如果球在这段等待时间内掉入球洞中，视为球员用上一次击球进洞。

如果球没有在这段等待时间内掉入球洞中，该球被视为已经处于静止状态。

如果球随后在打此球前掉入球洞中，则视为球员用上一次击球完成击球进洞，但必须在该洞的成绩上加罚 1 杆。

（二）如果悬在球洞边的球在等待时间结束前被拿起或移动该如何处理

如果悬在球洞边的球在规则 13.3a 规定的等待时间结束之前，被自然力之外的因素拿起或移动，该球将被视作之前已经静止，按照以下方式处理：该球必须被放置回球洞的边缘；并且按照规则 13.3a 规定的等待时间不再适用于该球。

如果比洞赛中的对手或比杆赛中的另一名球员在等待时间结束前故意拿起或移动球员的悬在球洞边的球：比洞赛中，该球员的球被视为用上一次击球完成击球进洞，并且对手不会按照规则 11.2b 受到处罚。比杆赛中，拿起或移动该球的球员要受到一般性处罚，球必须被放置回球洞边缘。

规则 13

释义 1. 推杆果岭上的打球线被意外损伤时可以被修理吗？

球员有权享有他的球静止时所获得的击球环境，由自然力或该球员造成的损伤除外（规则 8.1d）。但是，由该球员造成的推杆果岭上他自己的打球线的损伤可以按照规则 13.1c（2）进行修理。

例如，球员在评估打球线的过程中制造了几个鞋钉印，他可以采用合理的行为来修理这个损伤。

释义 2. 受损的球洞属于推杆果岭上的损伤吗？

球洞受到的损伤是推杆果岭上的损伤，由规则 13.1c 涵盖。球员可以修理受损的球洞，但自然磨损导致的损伤除外。

例如，球洞在移走旗杆时受损时，球员可以按照规则 13.1c 对它进行修理，即使这个损伤已经改变了这个球洞的孔径。但是，当球洞已经受损并且该球员无法修理这个损伤（例如这个球洞无法被重新变圆），或者由球员不得进行修理的自然磨损导致这个球洞不圆时，该球员应当要求委员会来修理它。

释义 3. 无法修理推杆果岭上的损伤时，球员可以向委员会寻求帮助吗？

球员无法修理推杆果岭上的损伤时，例如球杆造成的压痕或已沉入地面以下的旧洞埋迹，该球员可以寻求委员会来修理这个损伤。

当委员会无法修理这个损伤并且该球员的球停在推杆果岭之上时，委员会可以考虑通过将受损区域定义为整修地来向球员提供免罚补救。

释义 4. 推杆果岭上的球或球标意外移动时，会受到处罚吗？

根据规则 13.1d（1），在以下场合的行为属于意外：

- 球员准备击球前在球的旁边采取一些常规行为，例如在这个球的旁边试挥或者把推杆放在这个球旁边的地上来指示这个球的位置。

● 球员抛了一个硬币或一支球杆，撞到球并导致它移动。

● 伙伴或球员的对手，或他们的其中一名球童无意中移动了球或球标，例如踢到球、把东西掉在球上或向下按压了球标。

● 球员不小心踩到了球标，并且它粘在了他的鞋底上。

在上述这些意外移动的示例中，这个球或球标必须被放置回原位，并且不对任何人施加处罚。如果不知道这个球或球标被移动的准确地点，则它必须被估计。

释义 5. 抛了一个球进行补救之后如果这个球发生移动，该如何处理?

球员的球停在推杆果岭上，并且他受到异常球场状况妨碍。该球员决定按照规则 16.1d 采取免罚补救。一旦这个球被放置，则将视作这个球已经按照规则 13.1d（2）被拿起并被放置回原位。

例如，球员的球停在推杆果岭上的临时积水中。他决定采取补救并把一个球放置在了最近完全补救点所在的地点。当该球员正准备击球时，自然力导致这个球发生了移动。则该球员必须把这个球放置回最近完全补救点所在的地点。

释义 6. 规则允许球员故意测试任何推杆果岭吗?

规则 13.1e 禁止球员在推果岭上或在错误果岭上为了找出有关球可能如何在它上面滚动的信息而采取两种特定行为。但该规则不禁止球员采取其他的行为，即使这样做的目的是进行测试，也不禁止球员因疏忽而采取了被禁止的行为。

以下是一个违反规则 13.1e 的行为的示例：

● 球员擦抹或刮擦推杆果岭上的草以判定这些草生长的朝向。

以下是未违反规则 13.1e 的行为的示例：

● 球员认可了他的对手的下一次推球，然后沿着该球员接下来可能会使用的同一个打球线把这个球打走，但这样做不是故意为了获取有关推杆果岭的信息。

● 球员把自己手掌的掌心放在推杆果岭表面他的打球线上以判定这个推杆果岭的湿度。虽然该球员这样做是为了测试推杆果岭，但是按照规则 13.1e 这个行为并不被禁止。

● 球员在推杆果岭上擦抹一个球来清除它上面的泥土。

释义 7. 球员有权把旗杆留在前组球员所放的位置吗？

球员有权在他获得的球场的现有状况下打球，这包括前组球员把旗杆所放的位置。

例如，前组球员把旗杆放置在一个位置，并正向离开球员的方向倾斜时，如果他发现这是有利的，则该球员有权在这个旗杆处于这个位置的情况下打球。

如果另一名球员或球童把这个旗杆放到了球洞的中心位置，则该球员可以把它留在该位置，也可以把这个旗杆恢复到它之前的位置。

释义 8. 未被照管的旗杆在没有球员授权时被移走，可以被放置回原位吗？

球员选择将旗杆留在球洞中打球，而另一名球员在没有该球员授权时将这个旗杆从这个球洞中拿了出去时，它可以在该球员的球尚在运动中时被放回到这个球洞中。

但是，如果该另一名球员的行为违反了规则 13.2a（4），则他不能通过把旗杆放置回原位来避免处罚。

释义 9. 照管旗杆的人可以站在什么位置？

当正在照管旗杆的人握持着旗杆将其插在球洞中、悬在球洞上方或紧挨着球洞时可以站在任何地方。

例如，照管旗杆的人可以站在球洞的正后方或球洞的任意一侧以避免站在另一名球员的打球线上。

释义 10. 球员可以握持着旗杆进行击球吗？

规则 13.2b（1）允许球员用另外一只手握持旗杆的同时单手击球。但是，该球员不可以在击球时利用旗杆来稳定自己。

例如，球员可以在推球前用一只手将旗杆从球洞中移走并继续握持着它，同时用另外一只手单手击球；用一只手推球之前以及推球的过程中，用另一只手照管他自己的插在球洞中的旗杆。在单手击球的过程中或击球之后，他可以从球洞中移走旗杆，但不得故意让运动中球撞到这个旗杆。

释义 11. 球员到达球洞的"合理时间"是什么意思？

判定到达球洞的合理时间的时限取决于击球的环境，并包括球员对未进洞的球做出自然的或下意识地反应的时间。

例如，球员从离推杆果岭很远的地方打了球，然后他可能要用几分钟来等其他球员打完他们的击球并全部走向推杆果岭之后才能抵达球洞；或者该球员可能需要走一条去球洞的弯路，绕过另一名球员在推杆果岭上的打球线。

释义 12. 球员悬在球洞边的球在球员移走旗杆时发生移动该如何处理？

旗杆被球员移走之后，如果该球员悬在球洞边的球发生移动，他必须按照以下方式处置：

当知道或几乎肯定是球员移走旗杆的行为导致这个球移动时，这个球要被放置回这个球洞的边缘，并且规则 13.3b 适用。这个球被视作静止，并且规则 13.3a 中的等待时间不再适用。由于旗杆是可移动妨碍物［规则 15.2a（1）］，所以不施加处罚。

当该球员移走旗杆的行为未导致这个球移动，并且之后这个球掉进了这个球洞内时，规则 13.3a 适用。

当因为自然力而不是因为旗杆被移走使得该球员的球被移动到新的地点，不再悬在球洞边时，不施加处罚并且必须从这个球的新的地点打球。

【本节习题】

"推杆果岭"
讲课视频

一、单选题

比杆赛中，一位球员在推杆果岭上修理球痕时，不小心将另一位球员（用于标定果岭上的球）放置的球标移动了。这将如何裁决？

A. 不受处罚　　　　B. 这位球员被罚一杆

C. 这位球员被罚两杆

二、判断题

1. 球倚靠旗杆静止，即视为球已进洞。（　　）

2. 球员可以在刚完成之洞的推杆果岭上擦抹表面或滚动一个球。

（　）

3. 球员位于推杆果岭上的球，由于自然力因素被移动，不罚杆，但必须将球放置回原位。（　）

4. “推杆果岭上的损伤”指的是任何由人或外部因素造成的任何损伤。（　）

5. 仅当球员的球位于推杆果岭上时，才能修复损伤或移除沙子和松散的泥土。（　）

6. 球员通过使用他的手、脚、身体的其他部位或普通的球痕修理工具、球座、球杆或普通装备中的类似物体来修理果岭上的损伤。（　）

7. 推杆果岭上的损伤都可以修复。（　）

8. 在推杆果岭上的沙子和松散的泥土可以被移除，因此它们属于散置障碍物。（　）

9. 在推杆果岭上意外导致球或球标移动要被罚一杆，并放置回原位。（　）

10. 在推杆果岭上允许标记、拿起、擦拭球、把球放置回原位、修理损伤以及移走沙子和松散的泥土。（　）

11. 当球员的球停在错误的果岭上时，球员一定不能在错误的果岭上击球。（　）

12. 球员在果岭上推球时将旗杆留在球洞中，之后球倚靠着留在球洞中的旗杆并静止。当球的任何一部分位于推杆果岭表面以下时，该球就视为进洞。（　）

三、问答题

1. 什么是错误的果岭？何时可以免罚补救？如何补救？

2. 推杆果岭上常见的可以修复的损伤有哪些？（至少 3 种）

3. 推杆果岭上哪些损伤或状态是不能修复的？

第八章　标记、拿起和擦拭球；放置球回原位；在补救区内抛球；从错误的地方打球（规则 14）

一、标记、拿起和擦拭球（规则 14.1）

本规则适用于球员故意“拿起”的静止中球的情况，包括用手捡起球、转动球或用其他方式故意导致球从所在位置移动。

（一）拿起一个要放置回原位的球之前必须标记其位置

按照某条规则拿起球之前，如果该规则要求把这个球放置回其初始位置，在拿起该球之前球员必须标记它的位置。标记球位的方法：在紧靠这个球后或球旁边放置一个球标；或将球杆置于紧靠这个球后或球旁边的地面上。

如果用一个球标标记该点，在把球放置回原位以后，球员必须在击球前移走这个球标。

如果球员没有标记球的位置就拿起这个球、用错误的方式标记位置，或者当球标仍留在原位时就进行击球，该球员要被罚 1 杆。

当按照某条规则拿起一个球采取补救时，规则不要求球员在拿起球之前标记它的位置。

（二）可以拿起球的人

仅有以下人员可以按照规则拿起球员的球：球员本人或任何经球员授权的人。但是必须在每次拿起球之前进行授权，而不能对整轮比赛做出一次通用性授权。

例外——球童可以不经授权拿起球员位于推杆果岭上的球。

当球位于推杆果岭以外的任何地方时，如果球童未经授权就拿起球，该球员要被罚1杆（参见规则9.4）。

（三）擦拭被拿起的球

从推杆果岭上拿起的球总是可以被擦拭。从任何其他地方拿起的球，也可以被擦拭，但因以下情况拿起的球除外：

（1）查看球是否变得有切痕或破裂，不允许擦拭［参见规则4.2c（1）］。

（2）辨认球，只有辨认所需时才允许擦拭球（参见规则7.3）。

（3）因为该球妨碍打球，不允许擦拭［参见规则15.3b（2）］。

（4）查看球是否位于允许补救的状况。除非球员随后按照某条规则采取补救，否则不允许擦拭（参见规则16.4）。

如果球员在本规则不允许的情况下擦拭了自己的球，要被罚一杆，并且之前拿起了这个球，必须把它放置回原位。

二、放置球回原位（规则14.2）

任何时候，当一个球被拿起或移动并且有规则要求将它放置回原位时，本规则均适用。

（一）必须使用初始球

把一个球放置回原位时，必须使用初始球。

例外——可以使用另一个球的场合：

（1）只要球员不是故意导致初始球变得无法取回，当不能在几秒钟内通过合理努力取回初始球时；

（2）当初始球变得有切痕或破裂时（参见规则4.2c）；

（3）当中止的比赛恢复时（参见规则5.7d）；

（4）当初始球作为错球被另一名球员击打时［参见规则6.3c（2）］。

（二）必须把球放置回原位的人以及必须把球放置回原位的方式

（1）球员的球必须只由以下人员按照规则放置回原位：球员本人；或任何拿起这个球或导致其发生移动的人（即使按照规则不允许此人这样做）。如果一个球被规则不允许的人放置回原位，并且球员打了这个球，则该球员要被罚 1 杆。

（2）必须把球放置回原位的方式。放置球回原位时，必须在规则要求的地点用手把这个球放下，然后松手使其停在该点。

如果一个球被放置回原位时使用了错误的方式但是却放置在了规定的地点，球员击打此球要被罚一杆。

（三）球放置回原位的初始位置

把球放置回原位时，必须将它放置回其初始位置（如果不知道，必须估计）。

如果球原先位于任何不可移动妨碍物、基本组成物、界外标志、生长着的或连接着的自然物体之上、之下，或倚靠它们静止，则：球所在的“地点”包括它相对地面的垂直位置。这指的是必须把这个球放置回其在上述物体之上、之下，或倚靠它们时的初始位置。如果任何散置障碍物因为球被拿起时、移动时或在把球放置回原位前被移走，则无须把它们放置回原位。

（四）当初始球位被改变时把球放置回原位的地点

如果一个被拿起或移动的球必须放置回原位，但其球位已被改变，则球员必须按照以下方式将它放置回原位：

（1）球在沙子中。无论在沙坑内还是球场的任何其他地方，如果球位于沙子中：将球放置回其初始位置时（如果不知道，必须估计），球员必须尽可能恢复其初始球位。如果球原先被沙子完全覆盖，球员在恢复球位时可以露出这个球的一小部分。如果球员从正确的地方打球但是违反本规则没有恢复球位时，他要受到一般性处罚。

（2）球在沙子以外的任何地方。如果球位于沙子以外的任何地方，球员把球放置回原位时必须将它放置在与初始球位最相似且距离最近的地点，该点还要符合以下要求：在其初始位置一个球杆长度范围内（如果不知道，必须估计）；不得更靠近球洞；并且与初始位置位于同一个球场区域中。

如果球员知道初始球位已被改变但却不知道初始球位原先的状况，则他必须对该初始球位进行估计，并按照上述第 1 款或第 2 款的规定将这个球放置回原位。

例外——关于中止比赛期间拿起球后球位被改变的情况，参见规则 5.7d。

（五）如果放置回原位的球无法停留在初始位置该如何处理

如果球员试图把一个球放置回原位，但它却无法停留在其初始位置，则该球员必须再试第二次。如果球仍然无法停留在该点，则球员必须把它放置回最近的且能使其静止的地点。

但是根据球的初始位置所处地点的不同，有以下限制：

（1）放置点不得更靠近球洞；

（2）初始位置位于普通区。最近的地点必须在普通区内；

（3）初始位置位于沙坑或罚杆区。最近的地点必须在同一个沙坑或同一个罚杆区内；

（4）初始位置位于推杆果岭上。最近的地点必须在推杆果岭上或普通区内。

违反规则 14.2 击打错误替换的球或从错误的地方打球的处罚：按照规则 6.3b 或 14.7a 进行一般性处罚。

“标记、拿起和擦拭球、放置球回原位”讲课视频

三、在补救区内抛球（规则 14.3）

本规则适用于球员按照某条规则采取补救时必须抛球的场合，包括球员必须按照规则 14.3c（2）放置一个球以完成补救的情况。

如果球员在抛球前或抛球时改善了补救区，参见规则 8.1。

（一）可以使用初始球或另一个球

球员可以使用初始球或另一个球。这指的是每当球员按照本规则抛或放置球时，他都可以使用任何一个球。

（二）必须用正确的方式抛球

球员必须用正确的方式抛球，指的是同时符合以下三个要求：

（1）必须由球员本人抛球。抛球只能由球员本人进行，无论是球员的球童还是任何其他人都不可以抛球员的球。

（2）球必须在膝盖高度垂直落下且没有触及球员或装备。球员必须在膝盖高度的位置松手，使球：垂直落下，但球员不得扔掷、转动或滚动这个球，也不得使用其他可能影响这个球静止地点的动作，而且在触地之前，该球没有触及球员身体或装备的任何一部分。

“膝盖高度”指的是球员站立时膝盖的高度。

（3）球必须被抛在补救区内（或线上）。抛球时，球员可以站在补救区内，也可以站在补救区外。但是，当球员根据某规则采取向后连线补救时［参见规则 16.1c（2）、规则 17.1d（2）、规则 19.2b 和规则 19.3b）］，他必须将球抛在该规则允许的线上的某个位置，此后这个抛球点将形成补救区。

（4）用错误的方式抛球后的处理办法。如果违反了上述三项规定中的一项或多项而造成用错误的方式抛球，则该球员必须使用正确的方式再次抛球，且必须这样做时的次数没有限制。用错误方式进行的抛球不算作按照规则 14.3c（2）要求的两次抛球后必须放置球中的其中一次抛球。

如果球员没有再次抛球，相反从以错误的方式抛球后球静止的地方对其进行了击球，如果从补救区内打了这个球，该球员要被罚 1 杆；但是，如果从补救区外打了这个球，或者在规则要求抛球时放置了球并击打了该球（无论从何处击球），球员要受到一般性处罚。

（三）用正确方式抛的球必须静止在补救区内

本规则仅适用于按照规则 14.3b 用正确方式抛球的场合。

（1）当用正确方式抛的球静止在补救区内时，球员已经完成补救。

球触地以后，在其静止之前无论触及任何人、装备或其他外部因素都将不再产生影响：如果球静止在补救区内，球员已经完成本次补救，并且之后必须在球的现有位置打球；如果球静止在补救区外，球员必须执行规则 14.3c

（2）中的处置程序。

无论上述哪一种情况，如果用正确方式抛的球在静止之前意外撞到任何人、装备或其他外部因素，任何球员均不受处罚。

例外——用正确方式抛的球被任何人故意变向或停止：有关抛下去的球在静止之前被任何人故意变向或停止的处理方式，参见规则 14.3d。

（2）如果用正确方式抛的球静止在补救区外该如何处理。

如果该球静止在补救区外，球员必须用正确的方式第二次抛一个球。

若第二次抛球后，这个球也静止在补救区外，该球员必须执行放置一个球以完成本次补救：球员必须在第二次抛球后球首次触及地面的点放置一个球。

如果该放置的球没有停留并静止在该点，球员必须在该点第二次放置一个球。

如果第二次放置的球也没有静止在该点，球员必须在最近的可以停球的地点放置一个球，但要受到规则 14.2e 的限制。

（四）如果用正确方式抛的球被人故意变向或停止该如何处理

出于应用本规则的目的，以下情况将被视为抛下去的球被人“故意变向或停止”：

（1）触地后球仍在运动中被人故意触碰；

（2）运动中的球撞到了由球员故意摆放或留在某一特定位置的装备或其他物体或任何人（如球员的球童），从而该装备、物体或人可能变向或停止这一运动中球。

当一个用正确方式抛的球在静止之前被任何人故意变向或停止时（无论发生在补救区内还是补救区外）：球员必须再抛一个球（这意味着被故意变向或停止的这次抛球不算作两次抛球后必须放置球的其中一次抛球）。

如果球被任何球员或他的球童故意变向或停止，则该球员要受到一般性处罚。

例外——当球几乎没有可能静止在补救区内时：当一个用正确方式抛的球几乎没有可能静止在补救区内，如果该球被人故意变向或停止（无论在补救区内还是补救区外）：任何球员均不会受罚；并且抛下去的球被视为已经静止在补救区外，并且这次抛球将算作两次抛球后必须放置球的其中一次抛球。

违反规则 14.3 从错误的地方打球或打了本应被抛但被放置的球的处罚：一般性处罚。

（注：在四人二球赛中，任何一名伙伴均可代表本方采取行动，并且该伙伴的行为被视为球员本人的行为；在四球赛中，任何一名伙伴均可代表本方采取行动，并且该伙伴涉及球员的球或装备的行为被视为球员本人的行为。）

四、初始球脱离比赛状态后球员再次拥有比赛中球的方式（规则 14.4）

“抛球，将球重新投入比赛状态”讲课视频

当球员的比赛中球从球场上被拿起、遗失或出界时，该球脱离比赛状态。球员只能通过以下方式将一个球再次投入比赛状态：

- 从发球区内打初始球或另一个球；
- 带着使球进入比赛状态的意图，将初始球或另一个球放置回原位、抛或放置在球场上。

如果球员有意使一个球进入比赛状态并用任何方式将其投入回球场，该球即进入比赛状态，即使规则不允许用该球替换初始球；或在错误的地方，使用了错误的方式以及不适用的处置程序把该球放置回原位、抛或放置。

一个球被放置回原位后，即使还未移走标记该球所在地点的球标，这个球也已经进入了比赛状态。

五、纠正替换球、把球放置回原位、抛球或放置球过程中的错误（规则 14.5）

（一）打球之前球员可以拿起球纠正错误

如果球员在规则不允许时用另一个球替换了初始球，或者球员的比赛中球被放置回、抛或放置（时）在错误的地方或静止在错误的地方，或使用了错误的方式，或使用了不适用的处置程序，则该球员可以拿起这个球纠正错误，不受处罚。但是，只能在打这个球之前才允许纠正。

（二）纠正采取补救过程中的错误时，球员可以更改不同的规则或补救选项的场合

球员在纠正补救过程中的错误时，是必须使用原先采用的规则和补救选项，还是可以更改不同的规则或补救选项，这一点由该错误的性质决定：

（1）按照不适用的规则将球投入比赛状态。

纠正这种错误时，球员可以使用任何适用于其所处状况的规则。例如，如果球员错误地采取不可打之球的规则对其在罚杆区内的球采取补救（规则19.1 并不允许这样做），他必须纠正这个错误。该球员可以按照规则 9.4 将这个球放置回原位（如果它已被拿起），也可以按照规则 17 中任何一种适用于他所处状况的补救选项采取罚杆补救。

（2）按照适用的规则将球投入比赛状态，但是球被抛或放置在错误的地方。

纠正这种错误时，球员必须继续按照同一条规则采取补救，但是可以使用该规则中任何一种适用于他所处状况的补救选项。例如，如果球员采取了不可打之球的补救，使用侧面补救选项（规则 19.2c），但错误地将球抛在了规定的补救区外。纠正该错误时，球员必须继续按照规则 19.2 采取补救，但是他可以使用规则 19.2a、规则 19.2b 或规则 19.2c 中的任何一种补救选项。

（3）按照适用的规则将球投入比赛状态，并且球被抛或放置在正确的地方，但是规则要求再次抛球或放置球。

纠正这种错误时，球员必须继续按照同一条规则并且按照那条规则中的同一个补救选项采取补救。例如，如果球员采取了不可打之球的补救，使用了侧面补救选项（规则 19.2c），球被抛在正确的补救区内，但抛球时使用了错误的方式（参见规则 14.3b），或球静止在了补救区之外（参见规则 14.3c）。纠正该错误时，球员必须继续按照规则 19.2 采取补救，而且必须使用同一个补救选项（即规则 19.2c 的侧面补救）。

（三）球被拿起以纠正错误时，不予处罚

当按照规则 14.5a 拿起一个球纠正错误时：在错误发生后直至拿起球纠正错误前，球员不会因为在此期间采取与该球有关的行为而受罚，例如意外导致球移动（参见规则 9.4b）。但是，如果上述行为同时违反了某条规则，且该规则与为纠正错误而投入比赛状态的那个球（例如这些行为既改善了现在处于比赛状态的球的击球环境，也改善了初始球被拿起之前的击球环境）有关，则处罚施加于此时处于比赛状态的球。

六、从上一杆击球的地点打下一杆（规则 14.6）

本规则适用于按照规则要求或允许球员从上一杆击球的地点进行下一杆击球的任何场合（即采取一杆加距离补救、因某次击球被取消或其他原因导致该次击球无效而需要重打的场合）。

球员把球投入比赛状态的方式取决于上一杆击球时所在的球场区域。上述任何情况下，球员既可以使用初始球，也可以使用另一个球。

（一）上一杆击球地点在发球区内

必须按照规则 6.2b 从发球区之内的任何地方击打初始球或另一个球（并且可以架球）。

（二）上一杆击球地点在普通区、罚杆区或沙坑内

必须将初始球或另一个球抛在符合以下要求的补救区内（参见规则 14.3）：

参考点：上一杆击球的地点（如果不知道，必须估计）；

从参考点测量的补救区的范围：一个球杆长度；补救区位置必须和参考点位于同一个球场区域中；并且不得比参考点更靠近球洞。

（三）上一杆击球地点在推杆果岭上

必须把初始球或另一个球放置在上一次击球的地点（如果不知道，必须

估计）。

违反规则 14.6 从错误的地方打球的处罚：一般性处罚。

七、从错误的地方打球（规则 14.7）

（一）必须打球的地点

开始一洞的比赛后，球员必须每次都从他的球静止的地点进行击球，除非规则要求或允许他从另一个地方打球。球员不得从错误的地方打他的比赛中球。

“纠正错误的处置程序以及在错误的地方打球”讲课视频

违反本规则的处罚：一般性处罚。

（二）比杆赛从错误的地方打球后完成该洞的方式

（1）球员必须决定，是用从错误的地方打的球完成该洞还是从正确的地方打球以纠正错误。球员下一步的行动取决于这次是否为严重违规，即从错误的地方打球是否让球员获得了重大利益。

不构成严重违规，球员必须使用从错误的地方打的球完成该洞，无须纠正错误。

严重违规，球员必须纠正错误，按照规则用一个从正确的地方打的球完成该洞。如果球员在击球以开始另一个球洞前没有纠正错误，或当错误发生在本轮比赛的最后一个球洞时，没有在提交其记分卡之前纠正错误，则他要被取消资格。如果不确定违规是否严重时，球员应该同时使用从错误的地方打的球和按照规则从正确的地方打的第二个球一起完成该洞。

（2）打了两个球的球员必须向委员会报告。如果球员不确定自己从错误的地方打球是否构成严重违规，并在试图纠正此错误时决定打两个球，他必须在提交记分卡之前向委员会报告这个情况；即便球员认为两个球的成绩相同，或者当球员决定了打第二个球后最终并没有用两个球完成该洞，本规定依然适用。

如果球员不向委员会报告这个情况，他要被取消资格。

（3）球员打了两个球后，委员会将判定其在该洞的成绩。球员在该洞的成绩，取决于委员会是否判定从错误的地方打初始球构成严重违规：

①违规不严重。从错误的地方打球的成绩有效，但球员要按照规则 14.7a 受到一般性处罚（即在该球成绩上加罚 2 杆）。如果球员打了第二个球，则打这个球所用的杆数均不予计算（包括击球次数和任何能够因击打该球而产生的罚杆）。

②严重违规。纠正从错误的地方打球这一错误所打的那个球的成绩有效，但球员要按照规则 14.7a 受到一般性处罚（即在该球成绩上加罚 2 杆）。从错误的地方对初始球进行的这次击球，以及随后对该球所打的杆数（包括击球次数和单纯因打那个球而受到的任何罚杆）均不予计算。

如果纠正错误时又从错误的地方打了球，则如果委员会判定本次击球不构成严重违规，则球员按照规则 14.7a 受到一般性处罚（额外罚 2 杆），即在该球成绩上增加总计罚 4 杆（从错误的地方打初始球罚 2 杆，以及从错误的地方打另一个球罚 2 杆）。如果委员会判定本次打球构成严重违规，该球员要被取消资格。

规则 14

释义 1. 可以用任何方式拿起球吗?

规则对拿起球的方式没有限制，只要不是用故意测试推杆果岭（规则 13.1e）的方式拿起球即可。例如，推杆果岭上的球的地点被标记后，球员可以用推杆的背面拿起球，或者可以用球杆把它移到旁边。

释义 2. 如何正确标记球?

规则 14.1a 使用“紧靠球后”和“紧靠球旁边”来保证用足够的精度来标记被拿起的球的地点，以便球员把它放置回正确的地点。一个球可以在这个球周围的任何位置来进行标记，只要是紧靠着它来进行标记即可，并且这包括在这个球的前面或侧面放置一个球标。

释义 3. 当拿起的球不允许被擦拭时，球员该怎么做?

规则 14.1c 中列出了四条不允许擦拭球的规则，当球员执行其中的任何一条规则时，有一些行为球员应当避免，因为尽管没打算擦拭球，但是该行为本身可能导致球被擦拭。

例如，有一些草或其他草屑粘在球员的球上，如果该球员拿起他的球，并把球扔给他的球童，这个球童用一条毛巾接住了它时，有可能一些草或其他草屑会被移除，意味着这个球已经被擦拭了。类似地，当该球员把这个球放入他的口袋或把它抛到地上时，这些行为可能导致一些草或其他草屑被从这个球上移除，意味着它已经被擦拭。但是，当一个球被拿起之前已经知道是干净的，如果该球员在拿起这个球之后采取了这些行为，则该球员不会受到处罚，因为这个球没有被擦拭。

释义 4. 球应当被放置回原位时球员却使用了抛球，该如何处理?

当规则要求球员把一个球放置回原位时，如果他抛了一个球，则这个球被用了错误的方式放置回原位。当该球员用了错误的方式把这个球放置回原位，但是放置在了规则要求的地点（这包括球员抛了这个球，并且它静止在了规则要求的地点）时，如果没有按照规则 14.5（纠正替换球、把球放置回原位、抛球或放置球过程中的错误）纠正这个错误就打了球，他要被罚 1 杆。但是，当该球员抛了一个球，并且这个球静止在了规则要求的地点以外的其他地方时，如果没有纠正这个错误就打了球，则他要因从错误的地方打球而受到一般性处罚。

例如：比杆赛中，球员找球期间移动了他的球，并且规则要求把这个球放置回原位，不受处罚。与把这个球放置回初始位置或估计的地点相反，该球员在这个地点抛了这个球，这个球反弹并静止在另外一个地点，然后他从那里打了这个球。则该球员已构成用错误的方式把这个球放置回原位，同时也构成了从错误的地方打球。因为该球员的违规由程序违规［按照规则 14.2b（2）］——用错误的方式把球放置回原位和违反规则 14.7a——从错误的地方打球组成，所以该球员总计要按照规则 14.7a 被罚 2 杆［参见规则 1.3c（4）——对多重违规施加处罚］。

释义 5. 球被放置回原位时可以朝向任何方向吗?

当把一个被拿起的球放置回某个地点时，规则仅关注位置。这个球被放置回原位时，可以对准任何方向（例如用商标瞄线），只要这个球到地面的垂直距离保持相同即可。

例如，球员的球上沾了一块泥巴，球员按照某条不允许擦拭球的规则拿起他的球。当把它放置回初始地点时，可以把这个球对准任何方向（例如把构成妨碍的泥巴转向球洞）。但是，规则不允许该球员把这个球放置回原位时把这个球架在这块泥巴上，除非在它被拿起之前这就是它的位置。这个球的“地点”包括它相对地面的垂直位置。

释义 6. 从球要被放置回原位的散置障碍物，可以移除吗？

规则 15.1a 的例外 1 阐明，当球静止时，如果移走散置障碍物可能导致这个球移动，则在把一个球放置回原位前，球员不得移走这个散置障碍物。但是，在某些情况下，既可以在这个球被拿起时，也可以在这个球被放置回原位之前移动散置障碍物，并且规则不要求该球员在放置这个球回原位之前或之后把这个散置障碍物放回原位。

例如：球员的球在普通区妨碍了另一名球员打球，该球员被要求标记并拿起他的球，该球员这样做了。由于拿起这个球，一个倚靠着这个球的松枝被移动了。则当这个球被放置回原位时，规则不要求该球员把这个松枝放回原位。

球员的球停在沙坑内，他标记并拿起这个球以查看它是否有切痕。这个球被拿起后，紧靠着球标后方的一片树叶被风吹走了。则当这个球被放置回原位时，规则不要求该球员把这片树叶放回原位。

释义 7. 改变后的球位可以是“最相似且距离最近”，是什么意思？

球员的球被拿起或移动，并且必须被放置回原位时，如果该球员的球位被改变，则这个改变后的球位可以是与该球员的初始球位最相似且距离最近的地点，并且该球员可能被要求从这个改变后的球位打这个球。

例如，球员的球静止在球道上的一个打痕内。另一名球员以为此球是他的球并打了这个球，使这个打痕变得更深了。当在一支球杆长度范围内没有其他相似的打痕时，与初始球位最相似且距离最近的地点应当是在变深的这个打痕内的某个地点。

释义 8. 当球能够静止的地点更靠近球洞时，该如何处理？

执行规则 14.2e 时，有一种可能，放置球时，在球场上的相同区域内这个球可以静止住的唯一地点是更靠近球洞的。在这种情况下，该球员必须按照某条被允许的规则采取罚杆补救，球员不得把球按入地面以保证它停在某个地点上。

例如，球员的球倚靠着沙耙静止在沙坑的向下的斜坡上，在移走沙耙时，这个球发生了移动。该球员试图按照规则要求把这个球放置回原位，但它无法停住。之后，他执行规则 14.2e 的处置程序，但仍没能成功。该球员发现在这个沙坑内没有其他不靠近球洞的地点来进行尝试了。在这种情况下，该球员必须采取不可打之球的补救，或者被罚 1 杆后，执行一杆加距离（规则 19.2a），或者被罚 2 杆后，在沙坑外执行向后连线补救（规则 19.3b）。

释义 9. 当球员准备从另外一个地方打球时，球一定要被放置回初始位置吗？

球员的球必须被放置回其初始位置时，如果他准备按照某条规则采取补救或者从另外一个地方打这个球，则该球员不必把这个球放置回原位。

例如，球员静止在罚杆区内的球被外部因素移动（规则 9.6）时，该球员在从这个罚杆区采取补救前不必把这个球放置回原位。他可以把这个球放置回原位然后从这个罚杆区采取补救，或者可以直接从这个罚杆区采取补救。

释义 10. 在膝盖高度抛球时球可能仅下落很短的距离。

规则 14.3b（2）和抛球的定义要求球员从球员站立时膝盖高度的位置抛一个球。但是，在这个球必须经空中落下以达到被抛的目的（而不是被放置）的同时，这个球并不总是从该球员的膝盖下落至地面的距离。

例如，球员受到球场异常状况的妨碍，并且该球员的补救区是在一个陡坡上。当该球员把他的双脚摆放在陡坡的坡底旁，并面向陡坡来抛球时，尽管是从膝盖高度抛球，但是有可能这个球在被抛完后只下落很短的一段距离。

释义 11. 当抛的球倚靠着球员的脚或装备静止后发生移动，该如何处理？

球员用正确的方式抛了一个球，但这个球意外地被球员的脚或装备（例如标记着补救区的球座）停住并静止在补救区内。则该球员已经完成采取补救并且必须在这个球的现有位置打球，不予处罚。

当这个球随后在球员移动他的脚或装备时发生移动时，该球员必须按照规则 9.4 的要求把这个球放置回原位，但不会受到处罚，因为这个球的移动是由于按照一条规则进行补救时采取的合理行为所造成的。

释义 12. 两次用正确方式抛的球都静止在补救区外时可以被放置在补救区外吗？

当球员必须执行规则放置一个球才能完成抛球的处置程序时，这可能导致该球员要把这个球放置在补救区外。

例如，当球员第二次用正确的方式在补救区的边沿旁边抛了球，并且它静止在了补救区之外时，他必须在第二次抛球后球首次触及地面的地点放置一个球。但是，如果这个被放置的球在两次尝试后都无法停在这个地点上，则最近的不更靠近球洞的这个球可以停住的地点可以在补救区内，也可以在补救区外。

释义 13. 两次用正确的方式在长有灌木的补救区内抛了球后，该在何处放置球？

当球员必须执行规则放置一个球来完成抛球的处置程序时，这可能导致该球员需尝试在地面以外来放置一个球。

例如，球员在补救区内把球抛进灌木中，并且两次抛的这个球都静止在了补救区外时，则规则 14.3c（2）规定他必须在第二次抛球后球首次触及地面的地点放置一个球。当第二次抛球时，如果这个球首先触及了灌木，则因为“地面”包含了灌木，所以该球员必须尝试在它首次触及灌木的位置放置这个球。但是，如果这个放置下去的球在两次尝试后都无法停在这个地点，则该球员必须把这个球放置在最近的不更靠近球洞的这个球可以处于静止的地点，但要受到规则 14.2e 的限制。

释义 14. 补救区包括补救区内的所有物体吗？

球员的补救区包括长草、灌木或其他在补救区内生长着的物体。当球员抛的球静止在补救区内一个不好的球位时，它仍然是静止在补救区内。

例如，球员用正确的方式抛了他的球，并且球停在了补救区内的灌木中。由于灌木是补救区的一部分，因此，这个球成为比赛中球，并且该球员不得按照规则 14.3c 再次抛球。

释义 15. 球可以被抛在禁打区内吗？

按照某条补救规则抛一个球时，球员可以在禁打区之内抛一个球，只要该禁打区是补救区的一部分即可。但是，该球员必须随后按照适用的规则采取补救。

例如，球员可以从罚杆区采取补救并且把一个球抛在异常球场状况之内的禁打区中。但是，在抛下去的球静止在规则 17（罚杆区补救）所要求的补救区内后，该球员必须按照规则 16.1f 采取补救。

释义 16. 除非有意将球投入比赛状态，否则被放置的球不在比赛状态。

当一个球被放置在或放置回地面时，需要判定它被放下时是否有将它投入比赛状态的意图。

例如，球员的球在推杆果岭上，该球员紧靠球后放了一个硬币来标记这个球，然后拿起这个并把它交给他的球童，让球童擦拭球。这个球童随后把这个球放置在紧靠着硬币或紧邻着硬币的地方（不在这个球的初始位置）去帮助该球员从这个球洞的另一边看线。则这个球未在比赛状态，因为此时球童不是带着把球投入比赛状态的意图来放置的这个球。

在这种情况下，直到球被按照规则的要求带着把这个球放置回原位的意图被重新放置之前，这个球都未在比赛状态。如果该球员在它脱离比赛状态时对这个球进行了击球，则该球员将构成击打错球。

释义 17. 规则允许测试抛球吗?

规则 14.3 中的抛球处置程序意味着当按照某条规则采取补救时存在着不确定的因素。测试抛下去的球会如何反应不符合这项运动的精神。

例如，从球车道（不可移动妨碍物）采取补救时，球员确定了他的补救区并意识到，这个球可能滚动并静止在补救区内的灌木中。因为知道不带意图抛的球将不会进入比赛状态，该球员在补救区的一侧试着抛了一个球以查看它是否会滚进灌木中。

因为这个行为有悖于本项运动的精神，委员有理由按照规则 1.2a（严重行为不当）取消该球员的资格。

释义 18. 按照向后连线补救再次抛球时球员可以更改补救区域吗?

按照规则 16.1c（2）（异常球场状况补救）、规则 17.1d（2）（罚杆去补救）、规则 19.2b 或规则 19.3b（不可打之球补救）执行向后连线补救后，规则要求球员第二次抛一个球时，规则要求他要按照相关规则中的向后连线补救选项再次抛球。但是，在第二次抛球时，规则允许该球员更改参考点，从而使得补救区更靠近或更远离球洞。

例如，球员的球静止在罚杆区内，并且他选择采取向后连线补救。该球员选择了一个参考点并用正确的方式抛了这个球，但是它滚到了补救区之外。当该球员按照向后连线补救再次抛球时，他可以选择一个不同的参考点，这个参考点可以更靠近或更远离球洞。

释义 19. 再次抛球时球员可以更改补救区内的球场区域吗？

当球员的补救区位于一个以上的球场区域内，并且规则要求他按照该补救选项再次抛球时，该球员可以抛在同一个补救区的不同的球场区域内。

例如，球员选择按照规则 19.2c（侧面补救）采取不可打之球补救，并且他的补救区有一部分在普通区内，有一部分在沙坑内。该球员的抛球首先触及了补救区内的沙坑，然后静止在普通区内或整个补救区之外，因此该球员必须再次抛球。再次抛球时，他可以把球抛在这个补救区的普通区部分。

释义 20. 球员每次从规则不允许打球的地方击球都要受到处罚吗？

球员的球静止在一片区域内，并且规则不允许在这片区域打球时，该球员必须按照适合的规则采取补救。比杆赛中，如果球员从这片区域（例如禁打区或错误果岭）打了这个球，则该球员每次从这片区域击球都要被罚 2 杆。

例如，球员的球静止在罚杆区内的禁打区中。该球员进入禁打区并对这个球进行了一次击球，这个球仅移动了几码远并且仍停在这个禁打区内。该球员随后又对这个球进行了一次击球，这个球静止在了这个禁打区之外。每一次击球均有效，并且从这个禁打区进行的每次击球都构成从错误的地方打球，该球员都要按照规则 14.7 受到一般性处罚，总计被罚 4 杆。规则要求该球员用从这个禁打区打的球完成击球进洞，但严重违规除外。如果是严重违规，则该球员必须纠正该错误（参见规则 14.7b）。

释义 21. 球员从异常球场状况造成的妨碍采取补救时，规则要求他对该状况构成的所有妨碍采取补救。当这个球被抛在某个地点或静止在某个地点时，如果该球员在此地点受到该状况构成的任何形式的妨碍，则这个球是在错误的地方吗？（未完全“脱困”的情景）

例如，球员的球静止在球车道上，并且该球员决定采取补救。他使用准备用于从这个球车道打球的那支球杆来估计最近完全补救点。从这个点测量完补救区后，该球员抛了一个球，这个球静止在补救区内并且该球员进行了击球，但在击球过程中打到了这个球车道。因为这个球车道位于该球员的预计挥杆区域内，所以该球员仍然受到了妨碍。因此，他并未正确地确定补救区，并且要因从错误的地方打球而受到一般性处罚。但是，如果该球员受到该状况的妨碍是因为他决定打向不同的方向或者击球时他的脚底打滑而改变了预计的挥杆，则该球员将不会被认作构成了从错误的地方打球。

【本章习题】

一、单选题

1. 球员用错误的方式抛了球，以下说法错误的是：

A. 球员必须再次抛球，且纠正错误的次数不受限制

B. 球员没有再次抛球，且在补救区内打了这个球，球员被罚一杆

C. 球员没有再次抛球，且在补救区外打了这个球，球员受到一般性处罚

D. 球员可以进行“两抛一置”的程序

2. 关于擦拭球，以下说法错误的是：

A. 从推杆果岭上拿起的球总是可以被擦拭

B. 查看球是否变得有切痕或破裂时，不允许擦拭

C. 辨认球时，允许擦拭球

D. 当球妨碍打球时，不允许擦拭

3. 按照规则，以下关于拿起球员的球的表述，错误的是：

A. 球员本人可以拿起自己的球

B. 任何经球员授权的人

C. 同属于一方的球员的伙伴

D. 球员的球童随时可以拿起球员的球

4. 在标记球的位置时，以下哪种方法是错误的：

A. 在紧靠这个球后或球旁边放置一个球标

B. 将球杆置于紧靠这个球后或球旁边的地面上

C. 使用散置障碍物（如一片树叶）置于紧靠这个球后或球旁边的地面上

D. 使用一个球座插入紧靠这个球后或球旁边的地面

5. 球员故意“拿起”的静止中球的行为，包括：

A. 用手捡起球

B. 用手转动球

C. 用其他方式，如使用球杆等

D. 以上都是

6. 比杆赛中，球员有合理的理由认为他的球有裂痕，他想拿起这个球查看，但是在拿起球前并没有标定球的位置，裁决是：

A. 这位球员被罚两杆

B. 不受处罚

C. 这位球员被罚一杆

7. 按照某条规则抛球时，球员按照正确的方式抛了两次球，每次球都滚出并静止在补救区范围之外。之后球员应该如何做？

A. 球员必须继续抛球，直到球静止在补救区范围之内

B. 球员必须把球放置在补救区范围内的任何地方

C. 球员必须把球放置在第二次抛球时最初落在地面上的点

二、判断题

1. 如果球员进行了错误的抛球或放置球，他可以在打球前纠正错误。（　　）

2. 球所在的“地点”包括它相对地面的垂直位置。（　　）

3. 把球放置回原位时，不一定要用手，比如使用推杆将球拨回初始位置，并使其停在该位置。（　　）

4. 如果一个球被规则不允许的人放置回原位，并且球员打了这个球，则该球员要被罚 1 杆。（　　）

5. 当不允许擦拭时，如果球员擦拭了拿起的球，则要接受一般性处罚。（　　）

6. 当球标仍留在原位时就进行击球，该球员要被罚 1 杆。（　　）

7. 在采取免罚补救或罚杆补救时，必须将一个替换球或初始球抛在特定的补救区内。（ ）

8. 当把一个被拿起或移动的球放置回原位时，可以换一个球放置回其初始位置。（ ）

三、问答题

1. 如果用正确方式抛的球静止在补救区外该如何处理？（两抛一置程序）

2. 何谓“正确的方式抛球”？

3. 如果放置回原位的球无法停留在初始位置该如何处理？

第九章　免罚补救

第一节　散置障碍物和可移动妨碍物的补救（规则15）

一、散置障碍物（规则15.1）

（一）移走散置障碍物

球员可以用任何方式（如用手脚，使用球杆或其他装备，从他人处获取帮助或折断部分散置障碍物）移走位于球场内或球场外的散置障碍物，不受处罚。但是，有以下两个例外：

例外1——在球必须被放置回原位的地方移走散置障碍物。在推杆果岭以外的任何地方，将被拿起或移动的球放置回原位之前，须遵守以下规定：

（1）若在这个球被拿起或移动前移走散置障碍物可能会导致球移动的话，球员不得故意移走该散置障碍物。

（2）如果球员移走这个散置障碍物，他要被罚一杆，但是无需再将被移走的散置障碍物放回原处。

本例外既适用于一轮比赛过程中，也适用于按照规则5.7a中止比赛期间，但不适用于球被拿起或移动前尚不存在的散置障碍物，亦不适用于因标记球所在地点、拿起球或放置球回原位，或导致一个球移动而使散置障碍物被移走的情景。

例外 2——有关故意移走散置障碍物以影响运动中球的限制（参见规则 11.3）。

（二）移走散置障碍物过程中球被移动

如果球员移走散置障碍物导致他的球移动：必须把该球放置回其初始位置（如果不知道，必须估计）。

如果被移动的球原本静止在推杆果岭或发球区以外的任何地方，则该球员要按照规则 9.4b 被罚 1 杆，除非规则 7.4（找球过程中球被移动，不予处罚）或规则 9.4b 的另外的例外适用。

二、可移动妨碍物（规则 15.2）

本规则阐述了如何对符合可移动妨碍物定义的人工物体采取免罚补救。本规则不提供对于不可移动妨碍物（规则 16.1 为其提供了不同类型的免罚补救）、界外标志或基本组成物（不允许免罚补救）的补救。

（一）可移动妨碍物的补救

1. 移走可移动妨碍物

球员可以用任何方式移走位于球场上或球场外任何地方的可移动妨碍物，不受处罚。但是，有以下两个例外：

例外 1——从发球区打球之前，不得移动发球区标志。

例外 2——有关故意移走可移动妨碍物以影响运动中球的限制（参见规则 11.3）。

如果球员的球在他移走可移动妨碍物的过程中发生移动：球员不受处罚；并且必须把该球放置回其初始位置（如果不知道，必须估计）。

2. 当球位于球场上除推杆果岭以外的任何地方的可移动妨碍物之内或之上时的补救

球员可以采取免罚补救，拿起球，移走可移动妨碍物，然后在符合以下要求的补救区内抛初始球或另一个球（参见规则 14.3）：

（1）参考点：该球静止在可移动妨碍物之内或之上的位置正下方的估

计点；

（2）从参考点测量的补救区的范围：一个球杆长度；

（3）补救区位置必须和参考点位于同一个球场区域中；并且不得比参考点更靠近球洞。

3. 当球位于推杆果岭上的可移动妨碍物之内或之上时的补救

球员可以按照以下方式采取免罚补救：拿起这个球并移走可移动妨碍物；并且执行规则 14.2b（2）和规则 14.2e 中把一个球放置回原位的处置程序，把初始球或另一个球放置在该球原本静止在可移动妨碍物之内或之上的位置正下方的估计点。

（二）未找到在可移动妨碍物之内或之上的球时的补救

如果未找到球员的球，并且知道或几乎肯定该球静止在球场上的某个可移动妨碍物之内或之上时，球员可以使用以下补救选项，而无须采取一杆加距离的补救方式：

球员可以按照规则 15.2a（2）或规则 15.2a（3）采取免罚补救，以该球最后穿越球场上该可移动妨碍物边沿的位置正下方的估计点作为参考点。一旦球员按该方式采取补救而把另一个球投入比赛状态，则：初始球即脱离比赛状态，不得再打。即使在 3 分钟找球时间（参见规则 6.3b）结束之前在球场上找到了初始球，上述条款依然适用。

但是，如果无法知道或几乎肯定该球静止在可移动妨碍物之内或之上，并且该球遗失，则球员必须按照规则 18.2 采取一杆加距离的补救。

三、球或球标有助于或妨碍打球（规则 15.3）

（一）推杆果岭上的球有助于打球

本规则仅适用于静止在推杆果岭上的球，不适用于位于球场上任何其他地方的球。

如果球员有理由认为一个位于推杆果岭上的球可能有助于任何人打球（如位于球洞附近可能挡住别人的球），如果是球员自己的球，他可以按照规则 13.1b 标记该球的地点并将它拿起；如果是其他球员的球，他可以要求该球员标记球的位置并将它拿起（参见规则 14.1）。之后，必须将这个被拿起的球放置回其初始位置（参见规则 14.2）。

仅在比杆赛中：被要求拿起球的球员可以先行击球；此外如果两名或更多名球员之间协商将一个球留在原地以帮助任何一名球员打球，并且那名球员随后在该球仍留在原地时就进行了击球，则每一名参与协商的球员都要受到一般性处罚（罚 2 杆）。

（二）球场上任何地方的球妨碍打球

1. 被另一名球员的球妨碍的含义

当另一名球员的静止中球满足以下条件时，即构成本规则所述的妨碍：该球可能妨碍球员的预计站位区域或预计挥杆区域；该球位于球员的打球线上或其附近，根据球员的预计击球，可以合理推断出其运动中球可能会撞到该球；或该球距离球员太近，以至于会分散他击球时的注意力。

2. 允许对妨碍打球的球采取补救的场合

如果球员有理由认为位于球场上任何地方的另一名球员的球可能妨碍自己打球：他可以要求那名球员标记位置并拿起这个球（参见规则 14.1），但是不得擦拭（按照规则 13.1b 从推杆果岭上拿起球时除外），并且必须把这个球放置回其初始位置（参见规则 14.2）。如果那名球员在拿起球之前没有标记位置，或在规则不允许时擦拭了被拿起的球，他要被罚 1 杆。

仅在比杆赛中，按照本规则被要求拿起球的球员可以先行击球。如果仅仅因为球员本人觉得自己的球可能妨碍另一名球员打球，则他不得按照本规则拿起自己的球。如果球员未被其他球员要求就拿起了自己的球（按照规则 13.1b 拿起位于推杆果岭上的球时除外），他要被罚 1 杆。

（三）有助于或妨碍打球的球标

当一个球标可能有助于或妨碍打球时：如果是球员自己的球标，他可以将这个球标移动到一旁；或如果是其他球员的球标，他可以要求那名球员把球标移动到一旁，理由与球员可以按照规则 15.3a 和 15.3b 要求拿起一个球相同。

将球标移到旁边一个新的地点时，必须从其初始地点开始丈量（例如用一个或多个杆头的长度）。当把球标移回时，球员应当从球标被放置的新地点，采用与刚才将球标移到一旁时的相反步骤逆向丈量。球员从一个妨碍的球所在位置进行丈量以便将它移开时，也应采取上述同样步骤。

违反本规则的处罚：一般性处罚。

本处罚也适用于：如果球员已经意识到另一名球员有意要按照本规则拿起或移动一个有助于打球的球或球标，或已经要求其他人这样做之后，在未等该球或球标被拿起或移动时就进行了击球；或球员的球或球标可能有助于或妨碍另一名球员打球，但当被要求拿起自己的球或移动自己的球标时，球员拒绝这样做，随后这一名球员进行了击球。

规则 15

释义 1. 球员可以请人移走散置障碍物吗?

散置障碍物有多种形状和大小（例如橡果和大石块），并且规则对可以用来将它们移走的方式和方法没有限制，但是移除时不得过度延误比赛。

例如，球员可以使用毛巾、手或帽子，或者也可以拿起或推散置障碍物来进行移除。规则也允许球员在移走散置障碍物时寻求帮助，例如请一些观众帮助移走一个大的树枝。

释义 2. 规则允许球员折断部分散置障碍物吗?

当规则 15.1a 允许球员移走散置障碍物时，他也可以折断部分散置障碍物。

例如，一根大树枝已经从树上断开了，球员的球静止在这根树枝的后面。该球员可以把妨碍他的那部分树枝折断，而不用向其他球员寻求帮助来移走整根树枝。

释义 3. 从准备抛球、放置球或把球放置回去的补救区或地点，可以移走散置障碍物吗?

规则 15.1a 例外 1 阐明，把一个球放置回原位之前，如果当这个球静止时，移动散置障碍物原本可能导致这个球移动，则该球员不得移走该散置障碍物。这是因为当这个球在它的初始位置时，球员在移走该散置障碍物时存在着这个球发生移动的风险。

但是，当一个球是准备被抛或被放置时，这个球不是被放回在一个特定的地点，因此规则允许在抛或放置一个球之前移走散置障碍物。

例如，球员在补救区抛一个球而正在执行规则 14.3b，或者抛下去的球无法停在补救区内并且该球员此时必须放置一个球而正在执行规则 14.3c（2）时，规则允许该球员把散置障碍物移走。

释义 4. 因将有助于打球的球留在原地而导致违规时不需要球员知晓该规则吗？

比杆赛中，根据规则 15.3a，如果两名或更多名球员协商把推杆果岭上的一个球留在原地以帮助另一名球员，并且在这个有助于打球的球留在原地时进行了击球，则每一名参与协商的球员都要被罚 2 杆。违反规则 15.3a 并不取决于这些球员是否知道规则不允许进行这样的协商。

例如，比杆赛中，在从紧邻果岭的地方打球之前，一名球员请求另一名球员将他在球洞旁的球留下，以便用它挡住球。由于不知道规则不允许这样做，该另一名球员同意把他在球洞旁的球留下来帮助该球员。一旦在这个球还在原地时进行了击球，两名球员都要按照规则 15.3a 受到处罚。

一名球员的比赛中球靠近球洞，如果这名球员提出把这个球留下以帮助另一名球员，并且该另一名球员接受了这个提议并随后打了球，则同样的结果将适用。

如果这些球员知道规则不允许他们进行这样的协商，但仍然进行了协商，则他们双方都要因故意无视规则 15.3a 而按照规则 1.3b（1）被取消资格。

释义 5. 比洞赛中允许球员们留下有助于打球的球吗？

比洞赛中，球员可以同意把他的球留在原地以帮助对手，因为从该协商中可能获得的任何利益所产生的结果仅会影响他们的比赛。

【本节习题】

“散置障碍物和可移动妨碍物的补救”讲课视频

一、单选题

1. 关于妨碍打球而被拿起的球，以下说法错误的是：

A. 拿起球前必须先标定球位

B. 拿起的球不可以擦拭

C. 仅在比杆赛中，按照本规则被要求拿起球的球员可以先行击球

D. 只要球员本人觉得自己的球可能妨碍另一名球员打球，出于礼貌，就可以将球拿起

2. 以下哪些物体是可移动妨碍物？

A. 一个被啃了一半的梨　　B. 树上掉落的松果

C. 一个丢弃的矿泉水瓶　　D. 散落在球边上的落叶

3. 球员在球道上移除位于球边上散落的枯枝时，导致了球移动，该如何判罚？

A. 球员不受处罚

B. 球员受到罚一杆的处罚，且必须将球放置回原位

C. 球员受到一般性处罚

D. 球员被 DQ

4. 关于散置障碍物，以下说法错误的是：

A. 位于推杆果岭上的沙子和松散的泥土是散置障碍物

B. 露水、霜和水不是散置障碍物

C. 雪和自然冰（不包括霜）可以是散置障碍物，当其位于地面上时也可以是临时积水，球员具有选择权

D. 蜘蛛网是散置障碍物，即使与其他物体相连也仍然如此

5. 比杆赛中，两位球员的球都在球道上，并且相隔不远。其中一位球员认为自己的球可能影响到另外一位球员击球，就标定并拿起了他的球。但是另一位球员并没有要求他这样做。这将如何裁决？

A. 该球员要被罚两杆，并且必须把这颗球放回原位

B. 该球员要被罚一杆，并且必须把这颗球放回原位

C. 不受处罚，必须把这颗球放回原位

6. 球员的球倚靠在放置在斜坡上的沙耙旁边，球员移走沙耙时，球也被移动了。这将如何裁决？

A. 不受处罚，但是要在球的现有位置打球

B. 该球员要被罚一杆，并且必须把这颗球放回原位

C. 不受处罚，必须把这颗球放回原位

7. 比杆赛中，球员在长草区击球之前，移走了球周围的一些散置的枯树枝，不小心将球移动。这将如何裁决？

A. 这位球员被罚一杆，并且需要将球放回原位

B. 这位球员被罚两杆，并且需要将球放回原位

C. 不受处罚但需要将球放回原位

二、判断题

1. 如果球员的球在他移走可移动妨碍物的过程中发生移动，球员不受处罚；并且必须把该球放置回其初始位置。（　　）

2. 球员可以用任何方式移走位于球场上的可移动妨碍物，但不能移走球场外的可移动妨碍物。（　　）

3. 球员可以用任何方式（例如用手、脚、球杆或其他装备）移走位于球场上或球场外的散置障碍物，不受处罚。（　　）

三、问答题

1. 当球位于球场上除推杆果岭以外的任何地方的可移动妨碍物之内或之上时（如球静止在球道上一块毛巾上面），该如何补救？

2. 什么是“散置障碍物”？

第二节　异常球场状况（含不可移动妨碍物）、危险动物情景及陷入地面的球的补救（规则 16）

一、异常球场状况（包括不可移动妨碍物）（规则 16.1）

“异常球场状况（包括不可移动妨碍物）”讲课视频

本规则阐述了允许对动物的洞穴、整修地、不可移动妨碍物或临时积水构成的妨碍采取免罚补救，这些情况被统称为异常球场状况，它们有各自不同的定义。

但本规则不提供对于可移动妨碍物（规则 15.2a 为其提供了不同类型的免罚补救）、界外标志或基本组成物（不允许免罚补救）的补救。

（一）允许补救的场合

（1）异常球场状况构成妨碍的含义。当出现以下任何一种情况时，异常球场状况即构成妨碍：当球员的球触及或位于异常球场状况之内或之上；当异常球场状况客观妨碍了球员的预计站位区域或预计挥杆区域；仅当球位于推杆果岭上时，该推杆果岭之上或之外的异常球场状况介于打球线上。

如果异常球场状况只是距离过近而分散了球员的注意力，但并不满足上述任何一项规定，则不构成本规则所述的妨碍。

（注：委员会可以采用当地规则，拒绝为仅妨碍球员预计站位区域的异常球场状况提供补救。）

（2）除罚杆区外，球位于球场任何地方都允许补救。只有同时满足以下两个条件，规则 16.1 才允许球员从异常球场状况构成的妨碍中获得补救：异常球场状况位于球场上（而非界外），并且球位于球场上的任何地方，但罚杆区除外（在该区域内球员只能按照规则 17 采取补救）。

（3）打球明显不合理时不予补救。出现以下情形时，不能按照规则 16.1 采取补救：

①当异常球场状况以外的其他原因导致球员在现有位置打球明显不合理时（例如当球员站在临时积水中或不可移动妨碍物上，但却因球位于灌木中而无法击球）；

②仅当球员的球杆选择、站位方式、挥杆方式或打球方向在当时的情形中明显不合理时，异常球场状况才会构成妨碍。

（注：委员会可以采用当地规则，允许对位于球场上或球场外的临时不可移动妨碍物构成的妨碍采取免罚补救。）

（二）球位于普通区内的补救

如果球员的球位于普通区内，并且受到了位于球场上的异常球场状况的妨碍，球员可以采取免罚补救，把初始球或另一个球抛在符合以下要求的补救区内（参见规则 14.3）：

（1）参考点：最近完全补救点位于普通区内。

（2）从参考点测量的补救区的范围：一个球杆长度；

（3）补救区必须在普通区内；

（4）不得比参考点更靠近球洞；

（5）并且此处必须从异常球场状况构成的所有妨碍提供完全补救。

（三）球位于沙坑内的补救

如果球员的球位于沙坑内，并且受到了球场上的异常球场状况的妨碍，球员可以按照下面第 1 款的规定采取免罚补救或按照下面第 2 款的规定采取罚杆补救：

1. 免罚补救：从沙坑内打球

球员可以按照规则 16.1b 采取免罚补救，但是必须符合以下要求：最近完全补救点和补救区都必须在这个沙坑内。如果沙坑内不存在这样的最近完全补救点，球员仍可以使用沙坑内的最大可用补救点作为参考点采取补救。

2. 罚杆补救：从沙坑外打球（向后连线补救）

罚 1 杆后，球员可以将初始球或另一个球（参见规则 14.3）抛在该沙坑外，抛球点在球洞和初始球所在地点的连线上且位于初始球的后方（向后距离没有限制）。在该连线上抛球时，球首先触及地面的点在任何方向的一支球杆长度范围将形成一个（圆形）补救区，但该补救区存在以下限制：不得比初始球所在地点更靠近球洞；可以在除同一沙坑外的任何球场区域；必须与所抛之球首先触及地面的点位于同一种球场区域。

（四）球位于推杆果岭上的补救

如果球员的球位于推杆果岭上，并且受到了球场上的异常球场状况的妨碍，球员可以采取免罚补救，执行规则 14.2b（2）和规则 14.2e 中把一个球放置回原位的处置程序，把初始球或另一个球放置在最近完全补救点上。

最近完全补救点必须在推杆果岭上或普通区内。如果不存在这样的最近完全补救点，球员仍可以使用最大可用补救点作为参考点采取免罚补救，但最大可用补救点必须位于推杆果岭上或普通区内。

（五）未找到在异常球场状况之内或之上的球时的补救

如果未找到球员的球，并且知道或几乎肯定该球静止在球场上的某个异常球场状况之内或之上时，球员可以使用以下补救选项，而无需采取一杆加距离的补救方式：球员可以按照规则 16.1b、规则 16.1c 或规则 16.1d 采取补救，出于找到最近完全补救点的目的，球员要把球最后穿越球场上该异常球场状况边沿的估计点作为球所在的地点使用。一旦球员按该方式采取补救而把另一个球投入比赛状态，则初始球即脱离比赛状态，不得再打。即使在 3 分钟找球时间（参见规则 6.3b）结束之前在球场上找到了初始球，上述条款依然适用。

但是，如果无法知道或几乎肯定球静止在异常球场状况之内或之上，并且该球遗失，则球员必须按照规则 18.2 采取一杆加距离的补救。

（六）必须对异常球场状况内的禁打区构成的妨碍采取补救

在以下情况中，球员不得在现有位置打球：

（1）当球位于禁打区内。如果球员的球位于禁打区内，且该禁打区位于普通区、沙坑或推杆果岭的异常球场状况之内或之上时，按以下方式处理：

①禁打区在普通区内。球员必须按照规则 16.1b 采取免罚补救。

②禁打区在沙坑内。球员必须按照规则 16.1c（1）或规则 16.1c（2）采取免罚补救或罚杆补救。

③禁打区在推杆果岭上。球员必须按照规则 16.1d 采取免罚补救。

（2）当球位于球场上除罚杆区以外的任何地方，禁打区对站位或挥杆构成妨碍。如果球员的球位于普通区内、沙坑内或推杆果岭上且在某个禁打区之外，但是该禁打区（无论在异常球场状况内还是罚杆区内）却妨碍了球员的预计站位区域或预计挥杆区域，则他必须按照以下两种方式之一处理：

①如果规则允许，根据球所处普通区、沙坑或推杆果岭等区域的不同，按照规则 16.1b、规则 16.1c 或规则 16.1d 采取补救。

②按照规则 19 采取不可打之球的补救。

有关罚杆区内的球受到禁打区妨碍时的处理方式，参见规则 17.1e。

违反本规则从错误的地方打球的处罚：按照规则 14.7a 进行一般性处罚。

二、危险动物情景（规则 16.2）

（一）允许补救的场合

“危险动物情景”指的是当某危险动物（例如毒蛇、蜇人蜂、短吻鳄、火蚁或熊）离球很近时，如果球员不得不在现有位置打球，可能导致其受到严重的人身伤害。

无论球位于球场何处，球员都可以按照规则 16.2b 对危险动物情景构成的妨碍采取补救，但以下情况不允许补救：当危险动物情景以外的其他原因导致球员在现有位置打球明显不合理时（例如球员因球位于灌木中而无法击球）；或仅当球员的球杆选择、站位方式、挥杆方式或打球方向在当时的情形中明显不合理时，危险动物情景才会构成妨碍。

（二）危险动物情景的补救

当存在危险动物情景妨碍时：

（1）当球位于除了罚杆区以外的任何地方。球员可以根据球所处普通区、沙坑或推杆果岭等区域的不同，按照规则 16.1b、c 或 d 采取补救。

（2）当球位于罚杆区内。球员可以采取免罚补救或罚杆补救：

①免罚补救：从罚杆区内打球。球员可以按照规则 16.1b 采取免罚补救，但最近完全补救点和补救区必须位于罚杆区内。

②罚杆补救：从罚杆区外打球。球员可以按照规则 17.1d 采取罚杆补救，在罚杆区外采取罚杆补救后，如果将要打球的地点存在危险动物情景的妨碍，球员可以按照上述第 1 款的规定采取进一步补救，不再追加处罚。

出于应用本规则的目的，最近完全补救点指的是不再存在危险动物情景妨碍的最近的地点（不更靠近球洞）。

违反本规则的处罚：按照规则 14.7a 进行一般性处罚。

三、陷入地面的球（规则 16.3）

（一）允许补救的场合

球必须在普通区陷入地面。只有当球员的球在普通区内陷入地面时，才允许其按照规则 16.3b 采取补救。球在除了普通区以外的任何地方陷入地面时，不能按照本规则采取补救。但是，如果球在推杆果岭上陷入地面，球员可以标记球的位置、拿起并擦拭球，修理由该球的冲击力造成的损伤，然后把球放置回其初始位置［参见规则 13.1c（2）］。

例外——不允许对普通区内陷入地面的球采取补救的场合：以下场合不允许按照规则 16.3b 采取补救：

（1）球陷入普通区的沙子中，且该区域的草没有修剪至与球道草高度相同或更短；

（2）陷入地面以外的其他任何状况的妨碍使这次击球明显不合理（例如球员因球位于灌木中而无法击球）。

确定球是否陷入地面。只有满足以下条件时，球员的球才被视为陷入地面：该球位于球员上一次击球造成的落痕内；并且球体有一部分低于地面高度。如果球员无法确定球在自身的落痕中还是在另一个球造成的落痕中，只要根据获得的信息可以合理推断出这个球位于自身的落痕内，他就可以视该球为陷入地面的球。如果球低于地面高度是由于球员上一次击球以外的其他原因所致，这个球不算作陷入地面，例如：当球被某人踩入地面时；当球直接被打入地面，并未在空中飞行时；或当按照某条规则采取补救抛球时。

（二）陷入地面的球的补救

当球员的球在普通区内陷入地面并且按照规则 16.3a 允许补救时，该球员可以采取免罚补救，把初始球或另一个球抛在符合以下要求的补救区内（参见规则 14.3）：

（1）参考点：位于普通区内紧挨球陷入地面所在位置后方的地点；

（2）从参考点测量的补救区的范围：一个球杆长度；

（3）补救区必须在普通区内；并且不得比参考点更靠近球洞。

（注：委员会可以采用当地规则，规定球只有陷入短草区域时才允许补救。）

违反本规则的处罚：按照规则 14.7a 进行一般性处罚。

四、拿起球查看其是否位于允许补救的状况内（规则 16.4）

如果球员有理由认为自己的球位于某种可以按照规则允许免罚补救的状况之中，但是只有拿起球才能对此予以确认时：球员可以拿起球以查看是否允许补救，但必须先标记这个球的位置，而且不得擦拭被拿起的球（在推杆果岭上除外）（参见规则 14.1）。如果球员没有合理的理由就拿起了球（在推杆果岭上除外，此时可按照规则 13.1b 拿起球），他要被罚 1 杆。如果规则允许补救，且球员采取了补救，即使他在拿起球之前没有标记球的位置，或者擦拭了被拿起的球，球员也不受处罚。如果规则不允许补救，或者规则允许但球员选择不补救：如果球员拿起球之前没有先标记球的位置，或者在规则不允许的情况下擦拭了被拿起的球，他要被罚 1 杆；并且这个球必须被放置回其初始位置（参见规则 14.2）。

违反本规则的处罚：按照规则 6.3b 或 14.7a 进行一般性处罚。

规则 16

释义 1. 异常击球方式受到妨碍物的妨碍时，一定会限制球员采取补救吗？

“异常球场状况（危险动物情景、陷入地面的球、拿起球查看其是否位于允许补救的状况）”讲课视频

在某些情况下，球员在打他的球时为了适应某个特定的环境可能不得不采取异常的挥杆方式、站位或打球方向。如果根据实际情况，这样异常的击球方式不是明显不合理的，则规则允许该球员按照规则 16.1 采取免罚补救。

例如，在普通区，球洞的左侧设有一个界外标志，一名右手球员的球距离这个界外标志非常近，使得为了向球洞方向打球，他必须采用左手挥杆。进行左手挥杆时，该球员的站位受到一个不可移动妨碍物的妨碍。规则允许

该球员从这个不可移动妨碍物采取补救，因为在当时的情况下使用左手挥杆不是明显不合理的。

完成左手挥杆的补救处置程序后，该球员随后可以使用正常的右手挥杆来进行下一次击球。当该妨碍物妨碍了这次右手挥杆时，该球员可以按照规则 16.1b 对这个右手挥杆采取补救，或者在这个球的现有位置打球。

释义 2. 球员可以为了从某个状况获得补救而使用明显不合理的击球方式吗？

球员不得为了从某种异常球场状况获得补救而使用明显不合理的击球方式。如果根据当时的状况，该球员的击球是明显不合理的，则不允许按照规则 16.1 进行补救，并且他必须在这个球的现有位置打球，或者采取不可打之球的补救。

例如，在普通区，一名右手球员的球位于一个不好的球位。旁边的一个不可移动妨碍物不会对该球员正常的右手击球构成妨碍，但会对左手击球构成妨碍。该球员声称他准备用左手打下一杆，并且认为由于这个妨碍物妨碍了这样的击球，所以可以按照规则 16.1b 进行补救。

但是，因为该球员使用左手击球的唯一原因是为了通过采取补救来摆脱一个不好的球位，所以使用左手击球明显是不合理的，并且该球员不得按照规则 16.1b［规则 16.1a（3）］采取补救。同样的原则也适用于使用明显不合理的站位、打球方向或球杆选择的情形。

释义 3. 球位于地下的动物洞穴内时，该如何处理？

在决定是否应该按照规则 16.1a（3）不对一个位于地下在动物的洞穴内的球提供补救时，做出这个决定要基于这个球在这个洞穴的入口处原本应当获得的球位相对于这个球在地下的动物的洞穴内的位置。

例如，在普通区，球员的球静止在地下的动物制造的洞穴内。一大丛灌木紧邻着这个动物的洞穴的入口，并悬在入口的上方。这个动物的洞穴入口周围的环境是这样一种状态：即使此处没有这个动物的洞穴，该球员对这个球进行击球也明显是不合理的（因为悬在上方的灌木）。在这种情况下，该球员不得按照规则 16.1b 采取补救。该球员必须在这个球的现有位置打球或者按照规则 19（不可打之球）进行处置。

当这个球停在动物的洞穴内但不在地下时，要用这个球的地点来判定打这个球是否明显是不合理的，以及规则 16.1a（3）是否适用。如果规则 16.1a（3）不适用，则规则允许该球员按照规则 16.1b 采取补救，不受处罚。同样的原则也适用于位于地下的不可移动妨碍物之内的球。

释义 4. 球停在异常球场状况内的地下时，如何使用补救处置程序？

球进入异常球场状况内并静止在地下［并且规则 16.1a（3）不适用］时，所适用的补救处置程序取决于这个球是停在普通区内（规则 16.1b）、沙坑内（规则 16.1c）、罚杆区内（规则 17.1c）还是界外（规则 18.2b）。

是否允许补救及如何采取补救的示例如下：

● 一个动物洞穴的入口在推杆果岭边的沙坑内。球从这个洞口进入了这个洞穴并且被发现静止在了推杆果岭的下方。因为这个球既不在沙坑内，也不在推杆果岭上，所以要按照规则 16.1b 中球在普通区内的情况采取补救。这个球停在这个动物的洞穴内的地点要被用来决定最近完全补救点，并且补救区必须在普通区内。

● 一个动物洞穴的入口在界外的某处地点，球从这个入口进入这个洞穴。这个洞穴有一部分在界内并且位于普通区内。这个球被发现静止在界内，位于地下并且在普通区内。则要按照规则 16.1b 中球在普通区内的情况采取补救。这个球停在这个动物的洞穴内的地点要被用来决定最近完全补救点，并且补救区必须在普通区内。

● 一个动物洞穴的入口在普通区内但距界外栅栏只有约一只脚的距离，球从这个入口进入了这个洞穴。这个动物的洞穴在栅栏下方陡峭地向下倾斜，结果这个球被发现静止在界外线以外。因为这个球出界了，所以该球员必须采取一杆加距离的补救，罚 1 杆并从上一次击球的地方打一个球。

● 一个动物洞穴的入口在普通区内，球可能已经通过这个入口进入了这个洞穴，但这个球未被找到并且不知道或几乎肯定这个球是在这个异常球场状况内。在这种情况下，这个球遗失，并且该球员必须采取一杆加距离的补救，罚 1 杆并且从上一次击球的地方打一个球。

释义 5. 球员采取最大可用补救点补救后仍无法脱困，可以决定采取向后连线补救吗？

当球员采取最大可用补救点补救，他仍将受到异常球场状况的妨碍时，可以采取进一步补救，被罚 1 杆后执行向后连线的处置程序。如果球员决定这样做，向后连线补救的参考点是这个球采取最大可用补救点补救后静止的地方。

释义 6. 拿起球之后，球员可以在把一个球投入比赛状态之前更改补救选项吗？

当球员拿起他的球准备按照规则 16.1c 采取补救时，他并非必须按照规则 16.1c 采取之前打算选择的补救选项，除非初始球已被投入了比赛状态或按照该选项替换了另一个球。

例如，球员选择从沙坑内的临时积水采取补救并带着在沙坑内采取补救［规则 16.1c（1）］的意图拿起了球。该球员随后意识到，该规则要求将这个球抛在这个沙坑内，这将导致一次非常困难的击球。在拿起这个球之后，但在把一个球投入比赛状态之前，该球员可以选择该规则的两个选项中的任意一个选项，尽管原先的意图是按照规则 16.1c（1）采取补救。

释义 7. 从异常球场状况采取补救后的状况，一定会是更好的吗？

当球员按照规则 16.1 采取补救后获得了一个更好的球位、挥杆区域或打球线时，这属于该球员的好运气。规则 16.1 中没有任何规定要求他在采取补救后要保持一致的环境。

例如，从长草中的喷灌头（不可移动妨碍物）采取补救时，球员的最近完全补救点或补救区可能位于球道上。如果这使得该球员能够在球道上抛一个球，这是规则所允许的。在某些情况下，采取补救之后的环境相较采取补救之前的环境可能对球员更加不利，例如当最近完全补救点或补救区在一片有很多石块的区域时。

释义 8. 从第一种状况采取完全补救之后，如果受到第二种异常球场状况的妨碍，该如何处理？

从第一种异常球场状况采取完全补救之后，当球员受到第二种异常球场状况的妨碍时，第二种情况是一个新的情况，并且该球员可以再次按照规则

16.1 采取补救。

例如，在普通区有两块紧密相邻的临时积水区域，并且球员受到其中一块区域的妨碍，但不受另一块区域的妨碍。球员按照规则 16.1 采取补救，然后球静止在补救区内的一个地点，在这个地点上，该球员不再受到第一块临时积水区域的妨碍，但是受到第二块区域的妨碍。该球员可以在这个球的现有位置打球，或者按照规则 16.1 从第二块区域采取补救。

同样的结果也适用于受到任何其他球场异常状况妨碍的情况。

释义 9. 受到两种状况妨碍时，球员可以选择从其中任何一种状况采取补救吗?

有些情况下，球员可能同时受到两种状况的妨碍。在这些情况下，该球员可以选择从其中任何一种状况采取补救。从一种状况采取补救之后，如果受到第二种状况的妨碍，则该球员可以接着从第二种状况采取补救。

上述规则的示例包括以下场合：

● 在普通区，一个不可移动妨碍物妨碍了球员的预计挥杆区域，并且球停在一块被定义为整修地的区域内。如果这块整修地是补救区的一部分，该球员可以首先按照规则 16.1 从这个妨碍物采取补救，把这个球抛在这块整修地内，然后再选择在这个球当前在整修地内的位置打球，或者按照规则 16.1b 采取补救。反过来，该球员可以从这块整修地采取补救，之后如果仍受到这个妨碍物的妨碍，再从这个妨碍物采取补救。

● 球员的球陷入了普通区内整修地的地面中。该球员可以对这块整修地导致的妨碍按照规则 16.1 采取补救，也可以按照规则 16.3 对这个陷入地面的球采取补救。但是，在这些情况下，该球员不得用一次处置程序同时对两种状况采取补救，把一个球抛在两种状况组合决定的最近完全补救点所确定的补救区内。但是有一种情况除外，在这种情况中，该球员连续对每种状况导致的妨碍采取补救后，实质上又回到了该球员起初开始的状况。

释义 10. 球停在不可移动妨碍物的高处时如何采取补救?

球停在不可移动妨碍物的高处时，最近完全补救点是在这个妨碍物下方的地面上。这是为了更容易地建立最近完全补救点，并且避免它被定位在附近树木的树枝上。

例如，球静止在普通区内一个不可移动妨碍物的高处，例如一个深坑上的人行道或桥。

当球员选择在这种情况下采取补救时，垂直距离不予考虑，并且最近完全补救点是地面上的一个点（X 点），这个点位于这个球在这个妨碍物位置的正下方，前提是按照规则 16.1a 的规定，该球员在这个点不再受到妨碍。当位于 X 点的球受到这个妨碍物的某个部分（例如支撑柱）的妨碍时，该球员可以随后按照规则 16.1b 采取补救，出于找到最近完全补救点的目的，要把 X 点视作是这个球的地点。

释义 11. 球位于异常球场状况的地下时如何测量最近完全补救点？

球位于异常球场状况的地下时，处置程序与它位于高处时不同。在这种情形下，确定最近完全补救点时必须考虑垂直距离和水平距离。在一些情形下，最近完全补救点可能位于通道的入口，在另外一些情形中，它可能位于地面上，并在这个球停在通道中的位置的正上方。

释义 12. 球正在水中运动时，球员可以稍等再确定最近完全补救点吗？

当球正在临时积水中运动时，无论球员选择拿起这个正在运动的球还是按照规则 16.1 采取补救来替换另一个球，规则允许该球员让这个球运动到一个更好的地点之后再确定最近完全补救前，只要他没有过度延误比赛。

例如，球员的球正在穿过球道的临时积水中运动。该球员在这个球位于 A 点时到达球所在的地方并意识到，如果这个球到达 5 码远处的 B 点时，他的最近完全补救点相较于从 A 点采取补救的情形将位于一个好很多的地点。只要该球员没有过度延误比赛，规则允许他延迟开始补救处置，直到这个球到达 B 点。

释义 13. 对危险球场状况不予免罚补救吗？

当球员的球静止在某个地点，在这个地点球员受到能导致身体伤害的植物或灌木妨碍时，例如有毒的常春藤或仙人掌，虽然该球员可能要面临具有挑战性的环境，或者可能对某种特定植物敏感，但他不得按照本规则进行免罚补救。

释义 14. 如何确认球是否陷入自己的落痕？

必须能够合理地断定球是在自己造成的落痕内时，球员才可以按照规则 16.3b 采取补救。

一个可以合理地断定球是静止在自己的落痕内的例子是，球员进攻果岭的击球落在普通区内紧邻推杆果岭的松软地面上。该球员看到这个球向前弹出然后又转了回来。当该球员到达球的位置时，他看到这片区域内只有一个落痕，这个球陷入了这个落痕之中。因为断定这个球是转回了到自己的落痕内是合理的，所以该球员可以按照规则 16.3b 采取补救。

但是，当球员的开球落在球道上，然后这个球弹起来越过一座小丘落到了某个位置，从发球区无法看到这个位置，但是在一个落痕内被找到了时，断定这个球是陷入了自己的落痕内不是合理的，并且该球员不得按照规则 16.3b 采取补救。

【本节习题】

一、单选题

1. 关于陷入地面的球，以下说法错误的是：

A. 球必须在普通区陷入地面

B. 该球位于球员上一次击球造成的落痕内

C. 球体有一部分低于地面高度

D. 当球被某人踩入地面或直接被打入地面时，也可接受免罚补救

2. 以下关于最近完全补救点的说法，错误的是：

A. 离球的初始位置最近

B. 有时可能会比初始位置更靠近球洞

C. 必须位于规定的球场区域内

D. 当球位于该点时，之前的状况不再对这次击球构成妨碍

3. 以下不属于构成“异常球场状况”妨碍的是：

A. 当球员的球触及或位于异常球场状况之内或之上

B. 客观妨碍了球员的预计站位区域或预计挥杆区域

C. 无论球是否位于推杆果岭上，该推杆果岭之上或之外的异常球场状况介于打球线上

D. 如果异常球场状况只是距离过近而分散了球员的注意力，但并不

满足“客观妨碍”，则不构成本规则所述的妨碍。

二、判断题

1. 露水和霜可以被视为临时积水。（　　）

2. 球场上任何区域的异常球场状况妨碍打球，都可以接受免罚补救。（　　）

三、问答题

如果球员的球位于普通区内，受到了位于球场上的异常球场状况的妨碍，该如何补救？

第十章　罚杆补救

第一节　罚杆区（规则 17）

一、球位于罚杆区内的选项（规则 17.1）

罚杆区被标定为红色或黄色，这影响了球员的补救选项。球员可以站在罚杆区内打一个位于罚杆区外的球，包括从罚杆区采取补救之后。

（一）球位于罚杆区内的场合

当球的任何一部分符合以下条件时，该球即位于罚杆区内：位于罚杆区边沿内的地面或任何其他物体（如任何自然或人工物体）之上或触及上述地面或物体；或位于罚杆区边沿或任何其他部分的上空。

（二）球员可以在罚杆区内球的现有位置打球或采取罚杆补救

球员可按照以下两种方式之一处理：按照球位于普通区时适用的相同的规则（意味着没有特定规则限制球员如何在罚杆区打球），在现有位置打这个球，不予处罚；或按照规则采取罚杆补救，在该罚杆区外打一个球。

例外——受到罚杆区内禁打区的妨碍时必须采取补救（参见规则 17.1e）。

（三）未找到在罚杆区内的球时的补救

如果未找到球员的球，并且知道或几乎肯定该球静止在罚杆区内时，按以下方式处理：球员可以按照规则 17.1d 或规则 17.2 采取罚杆补救。一旦球员按该方式采取补救而把另一个球投入比赛状态，则初始球即脱离比赛状态，不得再打。即使在 3 分钟找球时间（参见规则 6.3b）结束之前在球场上找到了初始球，上述条款依然适用。

但是，如果无法知道或几乎肯定该球静止在罚杆区内，并且该球遗失，则球员必须按照规则 18.2 采取一杆加距离的补救。

（四）球在罚杆区内的补救

如果球员的球位于罚杆区内，包括虽然未找到球但知道或几乎肯定它在罚杆区内，该球员有以下这些补救选项，但每种补救都要被罚 1 杆：

（1）一杆加距离补救。球员可以在上一次击球的地点打初始球或另一个球（参见规则 14.6）。

（2）向后连线补救。球员可以将初始球或另一个球抛在罚杆区外（参见规则 14.3），抛球点在球洞和初始球最后穿越罚杆区边沿的估计点的连线上且位于该估计点的后方（后方距离没有限制）。在该连线上抛球时，球首先触及地面的点在任何方向的一支球杆长度范围将形成一个（圆形）补救区，但该补救区存在以下限制：

①不得比初始球最后穿越罚杆区边沿的估计点更靠近球洞；

②可以在除同一罚杆区以外的任何球场区域；

③必须与所抛之球首先触及地面的点位于同一种球场区域。

（3）侧面补救（仅限于红色罚杆区）。当球最后穿越红色罚杆区的边沿时，球员可以将初始球或另一个球抛在该侧面补救区内（参见规则 14.3），但要符合以下条件：

参考点：是初始球最后穿越该红色罚杆区边沿的估计点。

从参考点开始测量的补救区范围：两个球杆长度，但有以下限制：

补救区位置不得比参考点更靠近球洞；并且可以在除同一个罚杆区以外的任何球场区域；但是如果参考点两个球杆长度范围内存在一种以上的球场区域，则球员在该补救区内抛球时球首先触及哪一种球场区域，该球就必须静止在同一种球场区域的补救区内。

（注：委员会可以采用当地规则，允许球员在红色罚杆区另一侧与球洞距离相等的位置采取侧面补救。）

（五）必须对罚杆区内的禁打区构成的妨碍采取补救

在以下情况中，球员不得在现有位置打球：

（1）球位于罚杆区内的禁打区。球员必须按照规则 17.1d 或规则 17.2 采取罚杆补救。

（2）球位于罚杆区内，球场上的禁打区对球员的站位或挥杆构成妨碍。如果球员的球位于罚杆区之内且在某个禁打区之外，但是该禁打区（无论在异常球场状况内还是罚杆区内）却妨碍了该球员的预计站位区域或预计挥杆区域，则他必须按照以下两种方式之一处理：按照规则 17.1d 或规则 17.2 在罚杆区之外采取罚杆补救；或采取免罚补救，把初始球或另一个球抛在罚杆区内的补救区之内（如果存在的话）（参见规则 14.3），但要符合以下条件：

参考点：该禁打区的最近完全补救点。

从参考点测量的补救区的范围：一个球杆长度；补救区必须和球位于同一个罚杆区中；并且不得比参考点更靠近球洞。

但以下情况球员不能按照上述第 2 款的规定对禁打区构成的妨碍采取免罚补救：

当禁打区之外的其他原因导致球员在现有位置打球明显不合理时（例如球员因球位于灌木中而无法击球）；或仅当球员的球杆选择、站位方式、挥杆方式或打球方向在当时的情形中明显不合理时，才会构成妨碍。

有关球在除罚杆区以外的任何地方受到禁打区妨碍时的处理方式，参见规则 16.1f。

违反本规则从错误的地方打球的处罚：按照规则 14.7a 进行一般性处罚。

二、从罚杆区打球后的选项（规则 17.2）

（一）从罚杆区打的球静止在同一个或另一个罚杆区内

如果从罚杆区打的球静止在同一个或另一个罚杆区内，球员可以在球的现有位置打球（参见规则 17.1b）；或者被罚 1 杆后，球员可以按照以下任何一个选项采取补救：

（1）常规补救选项。球员可以按照规则 17.1d（1）采取一杆加距离补救，或按照规则 17.1d（2）采取向后连线补救。对于红色罚杆区，还可以按照规则 17.1d（3）采取侧面补救。按照规则 17.1d（2）或规则 17.1d（3），用于确定补救区的估计点是初始球最后穿越其当前所在罚杆区的边沿的点。

如果球员采取一杆加距离补救，在罚杆区内抛了一个球（参见规则 14.6），随后又决定不在其静止的地点打这个抛下去的球，他可以按照以下方式处理：该球员可以按照规则 17.1d（2）或规则 17.1d（3）（限于红色罚杆区），或规则 17.2a（2）在此罚杆区外采取进一步补救。如果该球员这样做，他要再被罚 1 杆，总计罚 2 杆：其中 1 杆来自一杆加距离的补救，另外 1 杆来自在罚杆区外采取的补救。

（2）额外补救选项：从最后一次在罚杆区外击球的地方打球。该球员可以选择从其最后一次在罚杆区外击球的地方打初始球或另一个球（参见规则 14.6），而不必使用上述第 1 款规定中的其中一种常规补救选项。

（二）从罚杆区打的球在罚杆区外遗失、出界或不可打

从罚杆区打球后，球员有时会因为初始球发生以下两种情况之一而被要求或选择采取一杆加距离的补救：在罚杆区外出界或遗失（参见规则 18.2）；或在罚杆区外不可打（参见规则 19.2a）。

如果该球员采取一杆加距离补救，在罚杆区内抛了一个球（参见规则 14.6），随后又决定不在其静止的地点打这个抛下去的球，他可以按照以下方式处理：该球员可以按照规则 17.1d（2）或规则 17.1d（3）（限于红色罚杆区），或规则 17.2a（2）在此罚杆区之外采取进一步补救。如果该球员这样做，他要再被罚 1 杆，总计罚 2 杆：1 杆是采取了一杆加距离的补救，另外 1 杆是在罚杆区外采取的补救。球员可以不用先在罚杆区内抛一个球而直接在罚杆区外采取上述补救，但仍然总计罚 2 杆。

违反本规则从错误的地方打球的处罚：按照规则 14.7a 进行一般性处罚。

三、球在罚杆区内不适用的补救规则（规则 17.3）

当球员的球位于罚杆区内时，不得按照以下规则采取补救：异常球场状况构成的妨碍（规则 16.1）；陷入地面的球（规则 16.3）；或不可打之球（规则 19）。

上述情况下，该球员唯一的补救选项是按照规则 17 采取罚杆补救。

但是，当危险动物情景妨碍该球员打位于罚杆区内的球时，该球员可以选择在罚杆区内采取免罚补救或在罚杆区外采取罚杆补救［参见规则 16.2b（2）］。

规则 17

释义 1. 某些情况下即使罚杆区标定不当，但球仍是在罚杆区内吗？

当用来将某个水体定义为罚杆区的立桩插的位置不当时，球员不得利用委员会造成的此类错误。

例如，由于地形轮廓的原因，某片水体的延伸部分虽然明显是罚杆区的一部分，但被标定在了立桩之外。因此，从技术角度讲，这部分区域是在罚杆区之外。球在这部分延伸区域内被找到。此时，该球员不可以声称静止在这片水体中的这个球是在临时积水中，因为罚杆区包括球场上的任何水体，无论是否被委员会标定（参见“罚杆区”的定义）。

释义 2. 球在罚杆区内或与罚杆区毗邻的异常球场状况内遗失时，该如何处理？

在某片区域有一个罚杆区和一个与其毗邻的异常球场状况，如果球员的球在这片区域内没有被找到时，则在确定这个球的位置时，该球员必须进行合理的判断［规则 1.3b（2）］。

如果进行合理的判断后，知道或几乎肯定这个球已经静止在这些区域中的其中一个区域内，但在两个区域内的可能性相当，则该球员必须按照规则 17 采取罚杆补救。

释义 3. 规则建议球员在参考线上标示出参考点吗？

规则 17.1d 允许球员在参考线上选择一个参考点来决定向后连线的补救区。尽管球员应当用一个物品（例如球座）指示这个点，他也可以从视觉上选择一个参考点。如果该球员从视觉上选择了一个参考点，则这个点要被用来决定补救区以及是否必须重抛一个球。

建议要将这个参考点实际标定出来的原因是，这有助于补救处置，也有助于确定这个球是否已被抛在并已静止在补救区内（规则 14.3）。

释义 4. 球员根据估计的球最后穿越罚球区边沿的点抛球，此后证明该点是错误的，该如何处理？

当球最后穿越罚杆区边沿的点未知时，球员必须使用他的合理判断来确定参考点。

根据规则 1.3b（2），该球员的合理的判断将被接受，即使此后证明这个参考点是错误的亦如此。但是，在一些情况下，该球员在完成击球之前知道了这个参考点有误时，这个错误必须被纠正。

例如，比杆赛中，球员的球几乎肯定停在红色罚杆区内。咨询了同组的其他球员后，该球员估计了这个球最后穿越罚杆区边沿的点。之后，该球员采取了侧面补救并且在基于这个参考点的补救区内抛了一个球。但是在对这个抛下去的球进行击球之前，同组的一名球员在这个罚杆区内找到了该球员的初始球，它的位置表明这个球最后穿越罚杆区边沿的点比该球员所估计的参考点更靠近球洞约 20 码。

因为在该球员对这个抛下去的球进行击球之前知道了这个信息，他必须按照规则 14.5（纠正替换球、把球放置回原位、抛球或放置球过程中的错误）纠正这个错误。这样做时，该球员必须根据正确的参考点来执行规则 17.1，并且可以使用该规则中的任何补救选项［参见规则 14.5b（2）］。

释义 5. 规则 17.2b 允许的补救选项，有哪些具体的示例？

在上图中，球员从发球区开球，并且这个球静止在了红色罚杆区内的 A 点。该球员选择从这个罚杆区打球并把这个球打到了 B 点，B 点位于界外。该球员可以按照规则 18.2b 采取一杆加距离的补救，使用 A 点作为补救区的参考点，并且这是其第四杆。

如果该球员采取一杆加距离的补救，把一个球抛回到这个罚杆区内，随后又决定不从它静止的地点打这个被抛下去的球：该球员可以按照规则 17.1d（2）在这个罚杆区之外虚线 X-Y 上任何位置采取向后连线的补救，或者按照规则 17.1d（3）使用 X 点作为参考点采取侧面补救，或者按照规则 17.2a（2）从这个罚杆区之外上次击球的地方（在本图例中在发球区）打另一个球。

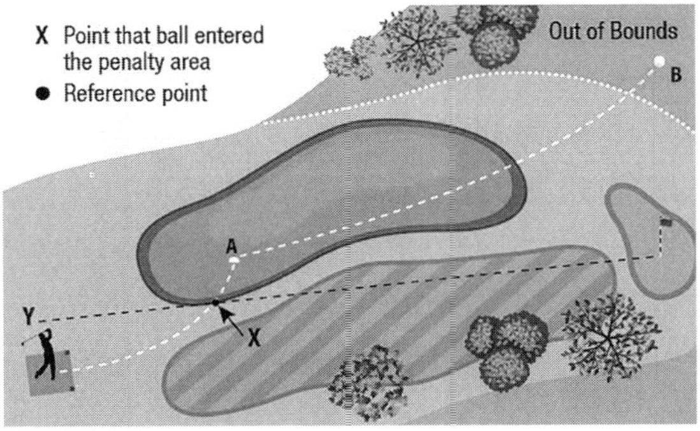

如果该球员采用这三种选项中的任何一种，他要再被罚 1 杆，总计罚 2 杆：1 杆是因为采取了一杆加距离的补救，另外 1 杆是因为采取了向后连线补救、侧面补救或从这个罚杆区之外上次击球的地方（在本图例中在发球区）打了另一个球。因此，该球员采用这些选项中的任何一种选项时，将是打其第五杆。

该球员也可以选择在这个罚杆区之外采取补救而不首先在这个罚杆区内抛一个球，但是这样做仍将总计被罚 2 杆。

【本节习题】

“罚杆区及其补救”讲课视频

一、单选题

1. 球员把球打向了罚杆区方向，能知道球就在这个罚杆区内，于是按照规则 17 进行了抛球补救，但在打这个抛下去的球前，3 分钟内在该罚杆区找到了初始球，该如何处理？

A. 继续打初始球，不受处罚

B. 继续打初始球，要被罚 1 杆

C. 抛下去的球成为使用中球，初始球脱离比赛状态，只能按照规则 17 处理

D. 以上说法都错

2. 球员的球进入了罚杆区，球员打算在罚杆区内击球。在击球前，球员将球杆轻轻地放在球后面的地面上，并没有按压球杆。这将如何裁决？

A. 不受处罚

B. 这位球员被罚一杆

C. 这位球员被罚两杆

D. 以上说法都错

二、判断题

1. 在判断球是属于黄色或红色罚杆区时，是依据球的最后“入水点”来决定，而并非球的最终停点。（　　）

2. 罚杆区的界限向上、下垂直延伸。（　　）

3. 只要球有可能在罚杆区内，球员就可以按照罚杆区的规则补救。（　　）

4. 如果球没有触及罚杆区的地面或草，但是有一部分在罚杆区界限垂直向上延伸的平面上，则这个球位于该罚杆区内。（　　）

5. 罚杆区（一片水域）内的一座桥，不属于该罚杆区的一部分。（　　）

6. 一名球员的球进入了罚杆区，他在采取补救时，可以将球抛在一个沙坑或另一个罚杆区内。（　　）

7. 当球有一部分同时位于罚杆区和沙坑，则此时判定球位于该罚杆区内。（　　）

8. 罚杆区必须被标定为红色或黄色，且颜色会影响球员的补救选项。（　　）

9. 球员将球打入了罚杆区，则他必须按照罚杆区补救，即按规则罚一杆后采取补救，而不得在现有位置打球。（　　）

第二节 一杆加距离补救；球遗失或出界；暂定球（规则 18）

一、任何时候都允许按照一杆加距离的处罚进行补救（规则 18.1）

任何时候，球员都可以采取一杆加距离的补救，即加上一杆处罚并在上一次击球的地点打初始球或另一个球（参见规则 14.6）。该球员总是拥有一杆加距离的补救选项：无论该球员的球在球场上的什么地方；并且即使某规则要求他按照某种方式采取补救或者从某个位置打一个球也依然如此。一旦该球员按照一杆加距离的处罚把另一个球投入比赛状态（参见规则 14.4），则初始球即脱离比赛状态，不得再打。即使在 3 分钟找球时间（参见规则 6.3b）结束之前在球场上找到了初始球，上述条款依然适用。

但是，当该球员因以下原因之一要在上一次击球的地点打球时，上述条款不适用：宣布打一个暂定球（参见规则 18.3b）；或比杆赛中按照规则 14.7b 或 20.1c（3）打第二个球。

二、球遗失或出界：必须进行一杆加距离补救（规则 18.2）

（一）球遗失或出界的场合

1. 球遗失的场合

球员或其球童开始找球后，如果 3 分钟内没有找到这个球，该球即遗失。如果在 3 分钟时限内找到一个球但不确定是否是该球员的球：球员必须立即尝试去辨认该球（参见规则 7.2）。规则允许他为此花一些合理的时间，即使尝试去辨认的行为发生在 3 分钟找球时间结束之后。这包括如果球员不在球被找到的地方时，抵达球所在位置的合理时间。如果球员在这段合理的时间内没有辨认出自己的球，该球即遗失。

2. 球出界的场合

只有当一个静止的球整体位于球场边界线之外时，该球才算出界。

当球有任何一部分符合以下条件时，该球即位于界内：位于或触及边界线内侧的地面或任何其他物体（如任何自然的或人工的物体）；或位于边界线或球场任何其他部分的上空。

球员可以站在界外打位于球场上的球。

（二）球遗失或出界该如何处理

如果球遗失或出界，球员必须采取一杆加距离的补救，即加上一杆处罚并在上一次击球的地点打初始球或另一个球（参见规则 14.6）。

例外——当知道或几乎肯定球发生了什么状况时，球员可以按照其他规则替换另一个球：如果没有找到球员的球，但是知道或几乎肯定该球符合以下条件之一，球员即可以按照某条适用的规则替换另一个球，而不用采取一杆加距离的补救：

（1）静止在球场上并且被某外部因素移动（参见规则 9.6）或被另一名球员作为错球击打［参见规则 6.3c（2）］；

（2）静止在球场上的某可移动妨碍物之内或之上（参见规则 15.2b）或某异常球场状况之内或之上（参见规则 16.1e）；

（3）位于罚杆区内（参见规则 17.1c）；

（4）被任何人故意变向或停止（参见规则 11.2c）。

违反本规则从错误的地方打球的处罚：按照规则 14.7a 进行一般性处罚。

三、暂定球（规则 18.3）

（一）允许打暂定球的场合

如果球可能在罚杆区外遗失或可能出界，为了节省时间，球员可以暂时按照一杆加距离的处罚打另一个球（参见规则 14.6）。这包括以下情形：

（1）初始球尚未被找到并辨认出来，但也没有遗失；

（2）球可能遗失于罚杆区内，但也可能遗失于球场内的其他地方；

（3）球可能遗失于罚杆区内，但也可能出界。

如果球员带着打暂定球的意图从上一杆打球的地方打了一个球，但实际上当时规则并不允许打暂定球，则球员打的这个球按照一杆加距离的处罚程序成为其比赛中球（参见规则 18.1）。

如果暂定球可能在罚杆区外遗失或可能出界，按照以下方式处理：球员可以打另一个暂定球。后打的暂定球与第一个暂定球的关系等同于第一个暂定球与初始球的关系。

（二）宣布打暂定球

击球之前，球员必须向某人宣布自己要打一个暂定球，球员只说自己要打另外一个球或再打一杆是不够的；他必须使用“暂定”一词，或者用其他方式清楚表明自己在按照规则 18.3 暂时打这个球。

如果球员没有向某人宣布就在上一杆打球的地方打了一个球，即使其意图确实是要打一个暂定球，该球也要按照一杆加距离的处罚程序成为其比赛中球（参见规则 18.1）。

但是，如果附近没人可以听到球员的宣布，他可以先打这个暂定球，然后在情况允许时再通知某人自己刚才的行为。

（三）击打暂定球直至其成为比赛中球或被放弃

1. 不止一次击打暂定球

只要球员打暂定球的地点距球洞的距离，与初始球的估计位置距球洞的距离相等或更远，球员就可以持续打暂定球而不丧失其暂定球的性质。即使多次击打暂定球，本条款依然适用。

但是，暂定球按照下面第 2 款的规定成为比赛中球或按照下面第 3 款的规定被放弃并因此成为错球后，便终止了其暂定球的性质。

2. 暂定球成为比赛中球的场合

在以下两种情况之一发生时，暂定球按照一杆加距离的处罚成为球员的比赛中球：

（1）初始球在除罚杆区以外的球场任何地方遗失或出界。初始球即脱离比赛状态（即使 3 分钟找球时间结束后在球场上找到该球）并成为错球，不得再打（参见规则 6.3c）。

（2）球员在比初始球的估计位置更靠近球洞的地点打了暂定球。初始球即脱离比赛状态（即使 3 分钟找球时间结束之前在球场上找到该球，或者在比之前估计的地点更靠近球洞的地点找到该球）并成为错球，不得再打（参见规则 6.3c）。

如果球员把暂定球打到与初始球大致相同的位置并且无法区分两者，按照以下方式处理：

如果在球场上只找到其中一个球，该球即被视为暂定球，现在它处于比赛状态。如果两个球都在球场上被找到，球员必须从其中选择一个球视为暂定球，现在该球处于比赛状态，另一个球被视为遗失，不得再打。

例外——当知道或几乎肯定球发生了什么状况时，球员可以按照其他规则替换另一个球：如果没有找到球员的球，但是知道或几乎肯定该球符合以下条件之一，球员即可以有额外的一个选项：

（1）静止在球场上并被某外部因素移动（参见规则 9.6）；

（2）静止在球场上的某可移动妨碍物之内或之上（参见规则 15.2b）或某异常球场状况之内或之上（参见规则 16.1e）；

（3）被任何人故意变向或停止（参见规则 11.2c）。

当上述规则之一适用时，球员可以用以下两种方式之一处理：按照适用的规则替换另一个球；或按照一杆加距离的处罚将暂定球视为比赛中球。

3. 必须放弃暂定球的场合

当暂定球还未成为比赛中球时，如果发生以下两种情况之一，球员必须放弃这个暂定球：

（1）3 分钟找球时间结束之前在球场的罚杆区之外找到初始球。球员必须在现有位置继续打初始球。

（2）在罚杆区内找到初始球，或知道或几乎肯定它在罚杆区内。球员必须在现有位置继续打初始球或按照规则 17.1d 采取罚杆补救。

无论上述哪种情况：球员均不得再击打暂定球，它此时已经是一个错球（参见规则 6.3c）；并且该暂定球被放弃之前所有对其击打的杆数（包括击球次数和单纯因为打这个球而产生的任何罚杆）均不予计算。

如果球员更愿意用暂定球继续比赛，他可以要求其他人不去寻找自己的初始球，但其他人没有义务必须服从其要求。

如果暂定球尚未成为比赛中球时，有人找到一个可能是初始球的球，球员必须尽力去辨认这个球。如果球员不这样做，并且委员会认定这属于违反高尔夫球运动精神的严重不端行为，委员会可以按照规则 1.2a 取消该球员的比赛资格。

规则 18

释义 1. 初始球在 3 分钟找球时间内被找到时已经架好的球可以被拿起来吗？

再次从发球区打球时，一个球被放置在、抛在或架在发球区之后，直到球员对它进行了击球之前，这个球都还没有进入比赛状态。

例如，球员从发球区开球后，短暂地找了一会儿他的球，随后走回这个发球区架好了另一个球。在该球员打这个架起来的球之前，并且在 3 分钟找球时间内，初始球被找到了。则该球员可以放弃这个被架起来的球并且用这个初始球继续比赛，不受处罚。但是，也可以按照一杆加距离进行处置，从发球区打球。但是，如果该球员已经从普通区打了球，并且随后抛了另一个球以采取一杆加距离的补救，则结果将不同，此时该球员必须按照一杆加距离的处罚用这个抛下去的球继续比赛。如果在这种情况下该球员用这个初始球继续比赛，则他将构成击打错球。

释义 2. 球员无法通过按照“一杆加距离”来避免处罚的场合有哪些？

如果球员在规则不允许时拿起了他的球，则该球员无法通过随后决定按照一杆加距离打球来避免按照规则 9.4b 被罚 1 杆。

例如，球员的开球静止在一片林地内。该球员以为一个球是被遗弃的球并捡起了这个球，但是发现这个球是其比赛中球。该球员随后决定按照一杆加距离来打球。该球员在按照规则 18.1 受到一杆加距离的处罚之外，还要再按照规则 9.4b 被罚 1 杆，因为在这个球被拿起的时候，规则不允许该球员拿起这个球，并且该球员也没有按照一杆加距离打球的意图。该球员的下一次击球将是他的第四杆。

释义 3. 找球被暂时中断时，如何计算找球时间？

规则允许球员用 3 分钟时间找到自己的球，之后这个球将成为遗失球。但是，有些情况下，“时钟停止”并且这样的时间不计入球员的 3 分钟找球时间。

以下示例以说明当找球被暂时中断时，如何计算找球的时间：

比杆赛中，球员 1 分钟来寻找他的球并找到了一个球。该球员以为这个球是他的球，然后用了 30 秒来决定怎样击球、选择球杆并且打了这个球。该球员随后发现它是错球。当该球员返回到初始球有可能在的区域并且恢复找球时，他可以再用 2 分钟来找球。在该球员找到这个错球并且停止了找球时，找球时间已停止。

比赛被委员会中止时，球员已经用了 2 分钟来寻找他的球。该球员继续找球。从该球员开始找球后过了 3 分钟时，这个球成为遗失球，即使 3 分钟找球时间是在比赛中止期间结束亦如此。

比赛被中止时，球员已经用了 1 分钟时间找球。该球员又继续用了 1 分钟时间找球，随后停止找球去寻求庇护。当该球员返回球场继续比赛时，规则允许该球员再用 1 分钟时间来找球，即使比赛尚未恢复亦如此。

用了 2 分钟找球后，球员在长草中找到了并且辨认出他的球。该球员离开这片区域去拿球杆。当他返回后，又无法找到这个球了。则该球员可以再用 1 分钟来找球，之后这个球将成为遗失球。在这个球第一次被找到时，3 分钟找球时间已停止。

球员用了 2 分钟来寻找他的球，然后走到旁边以允许后续组别跳组。当找球被暂时停止时，找球时间即停止，因此该球员可以再用 1 分钟来找球。

释义 4. 球员可以要求自己的球童不要找球吗？

球员可以指示他的球童不要开始寻找他的球。

例如，一名球员打的球落在了远处的深草中，另一名球员打的球落在了近处的深草中。该球员的球童开始走向可以开始寻找该球员的球的位置。其他所有人，包括该球员，都走向该另一名球员的球可能停在的位置去寻找那名球员的球。该球员可以指示他的球童也去寻找该另一名球员的球，并且等到其他所有人都能来帮助寻找他的球的时候再开始找球。

释义 5. 当未立即辨认时，球可能成为遗失球。

当球员有机会在 3 分钟找球时间内辨认出一个球是否是他的球但没有这样做时，这个球在找球时间结束时成为遗失球。

例如，球员开始寻找他的球，并且在 2 分钟后找到了一个球。但是该球员认为它是另一名球员的球，并且继续寻找他的球。3 分钟找球时间结束之后，发现该球员之前找到的但认为是另一名球员的球的那个球实际上是该球员的球。在这种情况下，该球员的球成为遗失球，因为他之前继续找球，没有立即辨认这个找到的球。

释义 6. 球被流水移动到界外，该如何处理？

当水流（临时积水或罚杆区内的水）把一个球带出界外时，球员必须采取一杆加距离补救（规则 18.2b）。水是自然力，不是外部因素，因此规则 9.6 不适用。

释义 7. 何时球员可以打暂定球？

当球员要决定是否可以打一个暂定球时，只有当时已经被该球员知道的信息才需要被考虑。以下场合中，可以打暂定球：

- 初始球可能停在罚杆区内，但它也可能在罚杆区之外遗失或者出界。
- 球员认为初始球静止在普通区内并且它有可能遗失。

如果之后在 3 分钟找球时间之内它在罚杆区内被找到，则该球员必须放弃暂定球。

释义 8. 规则允许在已经开始找球后又去打暂定球吗？

一个球有可能遗失，当初始球尚未被找到和辨认时，即使 3 分钟找球时间尚未结束，球员也可以打一个暂定球。

例如，在 3 分钟找球时间结束之前，当球员能够返回到他上一次击球的地点并且打一个暂定球时，规则允许球员这样做。如果球员打了暂定球，并且随后在 3 分钟找球时间之内找到了初始球，则球员必须用这个初始球继续比赛。

释义 9. 从同一个地点打的每一个球只与上一个球有关吗？

当球员从同一个地点打了多个球时，每个球只与上一次打的球有关。

例如，球员认为他的开球可能遗失或出界，于是打了一个暂定球。这个暂定球被打向和初始球相同的方向，然后没做任何声明，他从发球区打了另一个球。这个球静止在球道上。

当初始球没有遗失或出界时，该球员必须用初始球继续比赛，不受处罚。但是，当初始球遗失或出界时，该球员必须用从这个发球区打的第三个球继续比赛，因为这个球是在没有做任何声明的情况下被击打的。因此，无论暂定球在什么位置，第三个球都是一个按照一杆加距离（规则 18.1）的处罚替换了上一个球的球。该球员此时已经用从发球区打的第三个球打了 5 杆（包括罚杆）。

释义 10. 怎样才被认为是宣布了要打暂定球？

尽管规则 18.3b 没有硬性规定必须向谁宣布要打暂定球，但在宣布时必须使在该球员附近的人能够听到它。

例如，有其他人在附近时，如果球员声明他将打一个暂定球，但这样做的方式仅有他能够听到，则这不符合规则 18.3 中的要求，即球员必须“宣布”他要打一个暂定球。在这样的情况下打的任何球都将按照一杆加距离的处罚成为这个球员的比赛中球。

当附近没有其他人能听到该球员的声明时（例如当球员短暂地找了一会儿他的球之后已经回到发球区时），如果他在有可能将这个意图告诉其他人的时候这样做了，则该球员被认为已经正确地宣布了他打算打一个暂定球。

释义 11. “清楚表明”了准备打一个暂定球是什么意思？

打暂定球时，最好是球员在他做出的宣布中使用了“暂定球”一词。但是，其他声明如果能够清楚地表明球员的意图是要打一个暂定球也可以被接受。

清楚地表明了球员准备打一个暂定球的一些声明包括以下情形：

- “我要按照规则 18.3 打一个球。”
- “以防万一，我要打另外一个球。”

未清楚表明球员准备打一个暂定球的声明包括以下情况，并且这意味着该球员将把一个球按照一杆加距离投入比赛状态：

- “我要再来一发。”

- “我要打另一个球。”

释义 12. 用暂定球采取的一些行为将延续暂定球的性质，是什么意思？

用暂定球采取的击球以外的一些行为，例如抛球、放置球或替换另一个比估计的初始球的位置更靠近球洞的球，不属于“打”这个暂定球，并且也不会导致这个球失去它的暂定球的性质。

例如，球员的开球可能在距球洞 175 码的地方遗失，于是他打了一个暂定球。短暂地找了一会儿初始球之后，该球员向前去打这个暂定球，这个暂定球停在距球洞 150 码处的灌木中。他决定这个暂定球不可打，然后按照规则 19.2c 抛了这个球。在打这个抛下去的球之前，该球员的初始球在该球员开始找球后的 3 分钟之内被一名观众找到了。在这种情况下，这个初始球仍为比赛中球，因为它是在开始找球的 3 分钟内被找到，并且该球员尚未从比估计的初始球的位置更靠近球洞的地点对这个暂定球进行击球。

释义 13. 如何用估计的初始球的地点来确定哪个球处于比赛状态？

规则 18.3c（2）使用球员“估计”的他的初始球所在的地点来确定是否暂定球已经被从比这个点更靠近球洞的位置进行了击打，以及是初始球还是暂定球处于比赛状态。这个估计的地点不是暂定球最终被找到的位置。更准确地说，它是该球员合理地认为或假定的这个球应该所处的地点。

确定哪个球处于比赛状态的情况包括：由于认为他的初始球可能遗失或出界，球员打了一个暂定球，这个暂定球静止在比估计的初始球的地点更远离球洞的地方。该球员找到了一个球，并且认为它是初始球并打了这个球。之后，该球员发现刚刚打的这个球是那个暂定球。

在这种情况下，这个暂定球不是被从一个比估计的初始球的地点更靠近球洞的地点击打的。因此，该球员可以继续寻找初始球。如果初始球在开始找球的 3 分钟内被找到，它仍然是比赛中球，并且该球员必须放弃这个暂定球。如果在初始球被找到之前，3 分钟的找球时间结束，则这个暂定球成为比赛中球。

一名球员认为他的开球可能遗失或越过了一条被定义为界外的道路，于是打了一个暂定球。该球员短暂地找了一会儿初始球但没有找到它。然后，该球员往前走，并且从一个比估计的初始球的地点更靠近球洞的地点打了这个暂定球。之后，该球员往前走并在界内发现了初始球。因为这个初始球被发现的位置比之前预计的要靠前很多，所以它一定是从道路上弹下来，然后回到界内的。

在此情况中，这个暂定球在它被从比估计的初始球的位置更靠近球洞的地点击打时成为比赛中球。这个初始球不再处于比赛状态，并且必须被放弃。

释义 14. 球员可以要求其他人不要寻找他的初始球吗?

当球员不打算寻找他的初始球，因为他更愿意继续打暂定球时，该球员可以要求其他人不要找球，但是他们并没有义务要遵守。

当找到了一个球时，球员必须尽所有合理的努力来辨认这个球，前提是他尚未从比估计的初始球的位置更靠近球洞的地点打了暂定球，在那种情况下，这个暂定球将成为该球员的比赛中球。如果另一个球被找到时这个暂定球尚未成为比赛中球，则拒绝尽合理的努力去辨认这个被找到的球可能被认为是与本项运动的精神相悖的严重行为不当（规则 1.2a）。

当该另一个球被找到之后，如果这个暂定球从被找到的该另一个球的地点更靠近球洞的位置被击打了，并且结果证明该另一个球是该球员的初始球，则对这个暂定球的击球实际上是打了错球（规则 6.3c）。该球员要受到一般性处罚，并且在比杆赛中，必须纠正这个错误，并且用初始球继续比赛。

释义 15. 尽管球员有要求，但对手或另一名球员仍可以寻找该球员的球吗?

即使球员更希望不要寻找初始球，而用暂定球继续完成本洞比赛，但对手或比杆赛中的另一名球员仍可以寻找该球员的初始球，只要这样做没有过度延误比赛即可。如果该球员的初始球在它仍处于比赛状态时被找到，则该球员必须放弃这个暂定球［规则 18.3c（3）］。

例如，在一个 3 杆洞，球员的开球进入了一片茂密的树丛，然后他打了一个暂定球，这个暂定球静止在球洞旁边。鉴于此结果，该球员不希望找到初始球，并直接走向这个暂定球去用它继续比赛。该球员的对手或比杆赛中的另一名球员认为如果找到这个初始球，这将对自己有利，于是他开始寻找这个初始球。如果他在该球员对这个暂定球进行另一次击球之前找到了这个初始球，则该球员必须放弃这个暂定球而用这个初始球继续比赛。但是，如果该球员在这个初始球被找到之前对这个暂定球进行了另一次击球，则它即成为比赛中球，因为它比估计的初始球的地点更靠近球洞［规则 18.3c（2）］。

比洞赛中，当球员的暂定球比对手的球更靠近球洞时，该对手可以取消这次击球并且让球员按正确的顺序打球（规则 6.4a）。但是，取消这次击球将不会改变这个初始球的性质，这个初始球不再是比赛中球。

释义 16. 何时完成进洞的暂定球的成绩成为本洞的成绩？

一个暂定球已经完成了击球进洞时，只要初始球尚未在界内被找到，则在该球员从球洞中拿起这个暂定球时，这个暂定球的成绩即成为该球员在本洞的成绩，因为在这种情况下，从球洞中拿起这个球相当于对其进行了击球。

例如，在一个距离较短的三杆洞，球员 A 的开球可能遗失，于是他打了一个暂定球，并且这个暂定球直接进了洞。球员 A 不希望寻找初始球，但是球员 B（球员 A 的对手或比杆赛中的另一名球员），前去寻找这个初始球。

如果球员 B 在球员 A 从球洞中拿起这个暂定球之前找到了球员 A 的初始球，则球员 A 必须放弃这个暂定球并用这个初始球继续比赛。如果球员 A 在球员 B 找到球员 A 的初始球之前从球洞中拿起了这个暂定球，则球员 A 在本洞的成绩是 3 杆。

释义 17. 被球员拿起的暂定球随后成为比赛中球，该如何判罚？

当球员在规则不允许拿起暂定球时拿起了他的暂定球，并且这个暂定球随后成为比赛中球时，该球员必须按照规则 9.4b（拿起或导致球移动的处罚）加罚 1 杆，并且必须把这个球放置回原位。

例如，比杆赛中，由于认为他的开球可能遗失，该球员打了一个暂定球。之后，该球员找到一个球，并且他认为是自己的初始球，于是对它进行了击球同时捡起了这个暂定球，但随后发现他之前打的这个球不是初始球，而是一个错球。该球员继续寻找初始球但在 3 分钟找球时间内没能找到它。

因为这个暂定球按照一杆加距离的处罚成为比赛中球，所以规则要求该球员把这个暂定球放置回原位并且要按照规则 9.4b 被罚 1 杆。该球员同时要因击打错球（规则 6.3c）而被罚 2 杆。所以，该球员的下一次击球是他的第 7 杆。

释义 18. 初始球不可打或在罚杆区内时，暂定球能作为比赛中球吗?

只有当球员认为初始球可能在罚杆区之外遗失或可能出界时，他才被允许打一个暂定球。球员不可以决定他要打的第二个球既是初始球在罚杆区之外遗失或出界情况下的暂定球，又是初始球不可打或在罚杆区内时的比赛中球。

当初始球在界内被找到，或者知道或几乎肯定在罚杆区之内时，这个暂定球必须被放弃。

【本节习题】

"一杆加距离、球遗失或出界、暂定球"讲课视频

一、单选题

球员在开始一个洞的发球区击打了一颗球，这颗球进入了右边的树林很可能遗失。这位球员什么都没有说，又从发球区打了一颗球。这将如何裁决?

A. 打出的第二颗球是暂定球。如果初始球在 3 分钟内找到，则必须打初始球

B. 打出的第二颗球是暂定球。如果初始球在 3 分钟内找到，则既可以打初始球，也可以打这颗暂定球

C. 打出去的第二颗球已经按照一杆加距离成为使用中球，不能再击打初始球

D. 以上说法都不对

二、判断题

1. 规则允许球员有 3 分钟的找球时间。(　　)

2. 球员的第二杆打偏往右进入一个树林，于是打了一颗暂定球。在暂定球没有比初始球预计的点更靠近球洞之前，球员可以一直打暂定球。(　　)

第三节　不可打之球（规则 19）

一、球员可在除罚杆区之外的任何地方决定进行不可打之球的补救（规则 19.1）

球员是唯一可以决定将自己的球视为不可打之球的人，并按照规则 19.2 或 19.3 采取罚杆补救。球场上任何地方都允许使用不可打之球的补救，但罚杆区除外。如果位于罚杆区内的球不可打，球员唯一的补救选项是按照规则 17 采取罚杆补救。

二、普通区或推杆果岭上不可打之球的补救选项（规则 19.2）

球员可以使用规则 19.2a、规则 19.2b 或规则 19.2c 中的三个选项之一采取不可打之球的补救，但都要加上一杆处罚。球员可以按照规则 19.2a 采取一杆加距离的补救，即使还未找到并辨认出初始球。但是，按照规则 19.2b 采取向后连线补救，或按照规则 19.2c 采取侧面补救时，球员必须知道初始球的位置。

（一）一杆加距离补救

球员可以在上一次击球的地点打初始球或另一个球（参见规则 14.6）。

（二）向后连线补救

球员可以将初始球或另一个球（参见规则 14.3）抛在初始球所在地点的后方（后方距离没有限制），抛球点位于球洞和初始球所在地点的连线上。在该连线上抛球时，球首先触及地面的点在任何方向的一支球杆长度范围将形成一个圆形补救区，但该补救区存在以下限制：

（1）不得比初始球所在地点更靠近球洞；

（2）可以位于任何球场区域；

（3）必须与所抛之球首先触及地面的点位于同一种球场区域内。

（三）侧面补救

球员可以把初始球或另一个球抛在符合以下条件的侧面补救区内（参见规则 14.3）：

（1）参考点：是初始球所在的地点。但是，当球位于地面上空时（例如停在一棵树上），参考点是球正下方地面上的点。

（2）从参考点开始测量的补救区范围：两个球杆长度；

（3）补救区的位置的限制：补救区位置不得比参考点更靠近球洞；并且可以位于任何球场区域；但是如果参考点两个球杆长度范围内存在一种以上的球场区域，则球员在该补救区内抛球时球首先触及哪一种球场区域，该球就必须静止在同一种球场区域的补救区内。

违反本规则从错误的地方打球的处罚：按照规则 14.7a 进行一般性处罚。

三、沙坑内不可打之球的补救选项（规则 19.3）

（一）常规补救选项（罚 1 杆）

当球员的球位于沙坑内时：被罚 1 杆后，球员可以按照规则 19.2 规定的任何一个选项采取不可打之球的补救，除了如果球员采取向后连线补救（参见规则 19.2b）或侧面补救（参见规则 19.2c），球必须被抛在并静止在该沙坑内的补救区内。

（二）额外补救选项（罚 2 杆）

当球位于沙坑内时，作为一个额外的补救选项，球员可以按照规则 19.2b 在沙坑外采取向后连线补救，总计罚 2 杆。

违反本规则从错误的地方打球的处罚：按照规则 14.7a 进行一般性处罚。

规则 19

释义 1. 即使上一次击球的地点比不可打之球的地点更靠近球洞，球员也可以采取一杆加距离补救吗？

当一个球静止的地点比它被击打的地点离球洞更远时，采取一杆加距离的补救仍可以被采用。一杆加距离补救之后的位置可能更靠近球洞的情况包括以下场合：

球员的开球撞在树上，反弹回来并静止在发球区后面。该球员可以在被罚 1 杆后重新从这个发球区打球。

球员沿下坡推球，并且他把球推出了推杆果岭。之后，这个球滚下了果岭停在了一个不好的球位或停在了罚杆区内。则该球员可以在被罚 1 杆后，重新从这个推杆果岭打球。

释义 2. 一杆加距离的补救只允许从上一次击球的地点实施吗？

对不可打之球采取一杆加距离补救的选项仅适用于上一次击球的地点。规则不允许球员回到任何比上一次击球更早进行击球的地点。

当一杆加距离的补救选项或向后连线的选项都不适合时，唯一的选项是多次采取侧面补救，每次都要被处罚，直至该球员能够让一个球处于可打的位置。

释义 3. 球不在地面上时，如何采取侧面补救？

球员的球停在地面上方（例如在灌木上或树上）时，该球员可以采取侧面补救，使用地面上的一个点作为他的参考点，这个点是这个球的地点在地面上的垂直投影点。补救区是两支球杆的长度以内的范围，并且不比地面上的这个参考点更靠近球洞（参见规则 19.2C）。

在某些情况下，这可以允许球员将一个球抛在推杆果岭上。

但是，当一个不可打之球停在地面上的时候，初始球本身的地点将始终被用作参考点。例如：当球员的球停在崖壁或陡坡的底下时，初始球的地点是参考点。这指的是球员不可以忽视垂直距离而把一个球抛在这个崖壁或陡坡顶部的某个点的两支球杆的长度之内，这个点位于这个球在崖壁或陡坡底下地面上的位置的正上方。

释义 4. 采取不可打之球的补救后，一定能保证球可打吗？

采取不可打之球的补救时，即使结果不理想，球员也必须接受这个结果，例如当抛下去的球静止在它的初始位置上或补救区内另一个球位不好的位置上。

一旦抛下球的这个球静止在补救区内，该球员即处于一个新的环境。当该球员决定，他无法（或不希望）从这个球当前位置打球时，该球员可以再次采取不可打之球的补救，接受一次额外的处罚后，执行规则 19 中任何适用的补救选项。

释义 5. 采取不可打之球的补救时，球可以被抛在球场上的任何区域吗？

球员可以按照不可打之球的补救的那些选项采取补救，把一个球抛在位于任何球场区域上的补救区内。这包括从普通区采取补救并把球直接抛在沙坑内、罚杆区内、推杆果岭上、禁打区内或错误果岭上。

但是，当该球员选择抛在禁打区或错误果岭上时，该球员之后必须继续按照规则的要求从这个禁打区或错误果岭采取补救。类似地，当该球员选择抛在罚杆区内，然后他无法（或不希望）从这个球的现有位置打球时，唯一的选项是按照一杆加距离的处罚采取进一步补救，从上一次进行击球的地方打球，因为：不可以再次采取不可打之球的补救，因为当球停在罚杆区内时这种补救是不允许的；也不可以从这个罚杆区使用向后连线补救选项或侧面补救选项来采取补救，因为这个球在静止之前没有穿越这个罚杆区的边沿，因此不存在参考点，并且也没办法估计一个参考点来采取这种补救。采取一杆加距离的补救时，该球员要另外被罚 1 杆（在因采取不可打之球补救而被罚的第 1 杆之外）。

释义 6. 一杆加距离补救的参考点必须保持不变直至进行了击球吗？

按照一杆加距离采取补救时所用的参考点保持不变，直至球员对他的比赛中球进行了另一次击球，即使该球员已经按照某条规则抛了一个球亦如此。

例如，球员对一个不可打之球采取补救并且按照向后连线补救选项或侧面补救选项抛了一个球。这个抛下去的球停在补救区内但滚到了一个地方，在这个地方该球员再次决定这个球不可打。加罚 1 杆后，该球员可以再次使用向后连线补救选项或侧面补救选项，或者可以选择一杆加距离补救选项，使用这个球第一次成为不可打之前上一次击球的地点作为参考点。这个一杆加距离的参考点没有改变是因为该球员尚未对这个抛下去的球进行击球。如果该球员对这个抛下去的球进行了击球，则结果将不同，因为这个抛下去的球的地点将成为这个新的一杆加距离补救的参考点。

释义 7. 球员拿起球采取不可打之球的补救但在抛球之前发现这个球是在整修地内时，球员可以采取免罚补救吗？

当球员拿起他的球想采取不可打之球补救，并且随后发现它是在整修地内或另外一个异常球场状况内时，该球员仍然可以按照规则 16.1 采取免罚补救，只要他尚未按照规则 19 把一个球投入比赛状态以采取不可打之球的补救即可。

释义 8. 使用向后连线补救或侧面补救时，球员必须找到球吗？

没有找到初始球时，向后连线和侧面补救的选项不可以被使用，因为这两种选项都要求使用这个球的初始地点作为补救的参考点。如果其中一种补救选项以一个不属于该球员的球为参考点被用于采取不可打之球的补救，则该球员被视为采取了一杆加距离的补救，因为当该球员没有找到他的初始球时，这是唯一能够被使用的规则。

例如，球员找到一个球位不好的被遗弃的球。由于把它误认成了他的球，该球员决定采取侧面补救（规则 19.2c），替换了一个球并打了这个球。在走去打下一杆的路上，该球员找到了他的球。因为该球员在替换另一个球时并不知道这个初始球的地点，所以他被视为已经采取了一杆加距离的补救并且在错误的地方（规则 14.7）采取的补救。

比洞赛中，该球员要因从错误的地方打球而本洞负。

比杆赛中，该球员要因采取一杆加距离补救（规则 18.1）而被罚 1 杆，并且因从错误的地方采取补救而再被罚 2 杆。如果这个错误的地方属于严重违规，则这个错误必须在击球以开始另一个球洞的比赛之前，或者当事情发生在该轮比赛的最后一个球洞时，在提交记分卡之前被纠正。

释义 9. 沙坑内不可打之球补救的特殊情况有哪些？

当球员的球停在沙坑内，并且该球员按照规则 19.3a 被罚 1 杆后，在沙坑内采取了不可打之球的补救。之后决定，他无法（或不希望）从这个抛下去的球的现有位置打球时，该球员面对着一个新的情况：可以再次按照规则 19.3a 采取不可打之球的补救，再被罚 1 杆，总计被罚 2 杆后，使用一杆加距离的补救从进行上一次击球的地方重打，或使用这个球的新的地点作为参考点来采取向后连线补救或在沙坑内采取侧面补救。

相反，当该球员决定使用规则 19.3b 中的额外补救选项采取补救，在沙坑后方抛一个球时，他在因第一次采取不可打之球的补救而被罚 1 杆之外，额外还要再被罚 2 杆，总计被罚 3 杆。

【本节习题】

“不可打之球”讲课视频

一、单选题

球员的球在球道上的灌木里，球员宣布这颗球不可打，并选择侧面补救。在两杆范围内可以量到旁边的罚杆区，球员将球抛在并静止在这个罚杆区里并击打了这颗球。这将如何裁决?

A. 球员在错误的地方打球，受到一般性处罚

B. 球员可以将球抛在罚杆区里，处理程序正确，不受处罚。

C. 球员在错误的地方打球，受到一杆处罚

D. 以上说法均错误

二、判断题

球员的球停在沙坑里，他想宣布这颗球不可打，此时在接受两杆罚杆之后，球员可以采取向后连线补救，将球抛在沙坑外。（　　）

第十一章　比赛中的争议及其裁决（规则 20）

一、一轮比赛中解决规则问题（规则 20.1）

（一）球员必须避免过度延误

球员在一轮比赛中寻求规则方面的帮助时，不得过度延误比赛。如果裁判员或委员会不能在合理时间内到场帮助解决规则问题，球员必须决定如何处理并继续比赛。比洞赛中，球员可以通过请求判决来保护自己的权利；比杆赛中，球员可以用打两个球的方式达到同样的目的。

（二）比洞赛中的规则问题

1. 通过协商决定

一轮比赛中，球员之间可以协商决定规则问题。只要球员们没有故意协商无视任何他们明知适用的规则或处罚［参见规则 1.3b（1）］，该商议的结果就是最终的，即使事后发现该结果按照规则是错误的。但是，如果有指定跟组裁判员，该裁判员必须及时就其注意到的任何问题做出判决，球员必须服从其判决。在没有裁判员的情况下，如果球员之间彼此没有达成一致，或者对如何执行规则存有疑问，任何一名球员都可按照本规则请求判决。

2. 在最终比赛结果确定之前提出判决请求

当球员需要裁判员或委员会来判定其本人或对手该如何执行规则时，他可以提出判决请求。如果裁判员或委员会不能在合理时间内到场，球员请求判决的方式可以是告知对手，他将在之后裁判员或委员会可以到场时再寻求判决。

如果球员在最终比赛结果确定之前提出判决请求：只有及时提出请求才会得到判决。是否“及时”取决于球员何时意识到造成规则问题的事实：球员在其本人或对手开始最后一洞比赛前意识到相关事实。球员意识到相关事实后，必须在其本人或对手击球以开始另一个球洞比赛之前提出判决请求。球员在比赛最后一洞期间或结束后意识到相关事实。球员必须在最终比赛结果确定前提出判决请求。如果球员未能按照上述时间提出请求，裁判员或委员会将不给予判决，即便当时规则执行错误，所涉及球洞的结果仍维持不变。

如果球员就之前完成的球洞提出判决请求，只有当以下三个条件全都满足时才会得到判决：对手违反了规则 3.2d（1）（提供错误的已打杆数）或规则 3.2d（2）（未告诉球员所受处罚）；球员和对手任意一人在击球以开始正比赛球洞或刚完成的球洞（两洞之间）前，球员并没有意识到请求所基于的事实；并且意识到这些事实后，球员及时提出判决请求（如前文所述）。

3. 最终比赛结果确定后提出判决请求

如果球员在最终比赛结果确定后提出判决请求：只有以下两个条件全部满足，委员会才会给出判决：该请求基于球员在最终比赛结果确定前没有意识到的事实；并且对手违反了规则 3.2d（1）（提供错误的已打杆数）或规则 3.2d（2）（未告诉球员所受处罚），并且在最终比赛结果确定前就知道该次违规。给出此类判决没有时间限制。

4. 无权打两个球

比洞赛中，如果球员不确定正确的处置程序，规则不允许他用两个球完成该洞。打两个球的处置程序只适用于比杆赛。

（三）比杆赛中的规则问题

1. 无权协商决定规则问题

如果裁判员或委员会不能在合理时间内到场帮助解决某规则问题：规则鼓励球员之间互相帮助以执行规则，但是他们无权通过协商决定规则问题，他们达成的任何此种协议对任何球员、裁判员或委员会均无约束力。提交记分卡之前，球员如有任何规则问题，应向委员会提出。

2. 球员应保护比赛中其他球员的利益

为了保护所有其他球员的利益，球员应做到以下几点：如果球员知道或认为另一名球员违反或可能违反了规则，并且这名球员没有意识到或不理会自己的违规，他应告知这名违规的球员、其记分员、裁判员或委员会。当该名球员意识到问题后，应赶在涉事球员提交记分卡之前立即行动，除非无法做到这一点。如果球员没有这样做，而委员会又判定其严重行为不当，有悖于本项运动精神，可以按照规则 1.2a 取消其比赛资格。

3. 不确定如何处理时打两个球的程序

球员在一洞比赛中如果不确定正确的处置程序，可以按照以下方式用两个球完成该洞，不受处罚：

（1）球员必须在不确定情况产生之后并且在击球之前做出打两个球的决定。

（2）球员应该选择自己要用哪一个球计算成绩（如果采用的处置程序符合规则要求的话），并在击球之前向其记分员或另一名球员宣布其选择。如果没有及时做出选择，规则将默认球员首先打的球是其选择用来计算成绩的球。即使两个球的杆数相同，球员也必须在提交记分卡之前向委员会报告相关事实情况。如果不这样做，该球员要被取消资格。

如果球员在决定打第二个球之前进行了击球：本规则将完全不适用，并且球员决定打第二个球之前已打的那个球的成绩有效。但是，球员不会因为打第二个球而受到处罚。按照本规则打的第二个球不同于规则 18.3 中的暂定球。

4. 委员会决定一洞的成绩

当球员按照上述第 3 款的规定打了两个球时，委员会将按照以下方式决定其在该洞的成绩：如果被选择的球使用的处置程序符合规则，则该球成绩有效，无论它是由球员选择的还是由规则默认选择的；如果被选择的球使用的处置程序不符合规则，而打的另一个球使用的处置程序符合规则，则另一个球的成绩有效；如果两个球使用的处置程序都不符合规则，则被选择的球成绩（无论它是由球员选择的还是由规则默认选择的）有效，但球员因从错误的地方打这个球而构成严重违规时除外，此时另一个球的成绩有效。如果两个球都因从错误的地方打球而构成严重违规，该球员要被取消资格。成绩无效的那个球的所有杆数（包括击球次数和单纯因为打这个球而产生的任何罚杆）均不计入球员在该洞的成绩。

“使用的处置程序符合规则”指的是以下两种情况之一：

（1）在现有位置击打了初始球而且在此处打球符合规则；

（2）所击打的球是按照规则以正确的处置程序、正确的方式、在正确的地方投入比赛状态的。

二、裁决（规则 20.2）

（一）裁判员的判决

裁判员是指由委员会指定的判定事实问题并执行规则的官员。球员必须服从裁判员对事实或规则执行方式所做出的判决。球员无权就裁判员的判决向委员会上诉。裁判员在做出判决之前可以寻求委员会的帮助，也可将判决提交给委员会审查，但他并非必须这样做。

（二）委员会的判决

当没有裁判员给出判决或者当裁判员将判决提交由委员会处理时：委员会将做出判决；并且委员会的判决是最终的。如果委员会无法做出决定，可以将问题提交给 R&A/USGA 的高尔夫球规则委员会，其决定是最终的。

（三）当使用视频证据时执行“肉眼”标准

委员会在判决中决定事实问题时，使用视频证据要受到“肉眼”标准的限制：如果视频显示的事实用肉眼无法合理可见，那么即使视频证据显示有违规发生也不予考虑。但是，即使视频证据因为“肉眼”标准未予考虑，如果球员通过其他方式意识到违规事实（例如在沙坑里球员感觉到球杆触及了沙子，尽管这一点用肉眼无法可见），违规依然成立。

（四）纠正错误判决的时机

如果事后发现裁判员或委员会给予的判决是错误的，按照以下方式处理：如果可能，则按照规则予以纠正。如果为时已晚，则维持错判。

在一轮比赛中或中止比赛期间，如果球员由于合理的原因误解了裁判员或委员会的指令并因此采取违规行为（例如规则不允许时拿起一个比赛中球），该指令被视为错判，对球员不予处罚。

（五）最终比赛结果确定之后取消球员资格

1. 比洞赛

按照规则 1.2（严重行为不当）或规则 1.3b（1）取消球员资格没有时间限制。（故意无视某已知违规或处罚，或与另一名球员协商无视任何他们明知适用的规则或处罚）。

即使该场比洞赛最终结果已经确定，仍可如此处理［参见规则 3.2a（5）］。有关比洞赛中委员会何时可以对最终结果确定后提出的判决请求给予判决，参见规则 20.1b（3）。

2. 比杆赛

比杆赛结束后通常不得再追加或更正处罚。比杆赛结束指的是：比赛结果已经按照委员会设定的方式予以确定；或对于在比洞赛之前举行的比杆赛预选赛而言，球员已经在其本人的第一场比洞赛中开球。

但是，如果球员有以下行为之一，即使比赛结束也必须被取消资格：除比赛结束前因不知道自己违规而未计入一杆或更多罚杆外，由于任何原因导致提交的成绩中有任何一个球洞的杆数低于实际杆数［参见规则 3.3b（3）］；在比赛结束前知道提交的记分卡上显示的差点高于实际差点，并且该情况影响了用于调整该球员成绩的差点杆数［参见规则 3.3b（4）］。

在比赛结束前知道自己违反了处罚为取消资格的任何其他规则；或故意与另一名球员协商无视任何他们明知适用的规则或处罚［参见规则 1.3b（1）］。比赛结束后，委员会也可以按照规则 1.2（严重行为不当）取消球员的资格。

三、规则未涉及的情况（规则 20.3）

规则未涵盖的任何情况应由委员会按照以下原则判定：将所有因素考虑在内；并且按照合理、公平、与规则处理类似情况一致的方式予以处理。

规则 20

释义 1. 判决请求必须及时提出吗？

球员在任何时候都有责任知道他的比赛的状态或者一个判决请求将在本场比赛的后程得到解决。判决请求必须及时提出以防止球员试图在比赛的后程再施加处罚。是否进行判决将取决于球员知道相关事实的时间（不是他知道某件事情会导致处罚的时候）以及提出裁决请求的时间。

例如，比洞赛第一个球洞的比赛期间现场没有裁判员，球员 A 按照规则 4.2c（1）正确地拿起他的球查看是否有破损，并且确定这个球上有切痕，于是按照规则 4.2c（2）替换了一个新的球。球员 A 不知道，球员 B 也看到了这个初始球的状况，并且私下并不同意球员 A 的判断。但是，球员 B 决定忽视这个可能的违规，而且什么也没对球员 A 说。两名球员都完成了击球进洞，然后从下一个发球区继续打球。

最后一洞的比赛完成后，球员 A 以一杆的优势成为本场比赛的获胜者。离开推杆果岭的过程中，此时委员会已可以随时到场，球员 B 改变了他的想法并告诉球员 A，他不同意球员 A 在第一个球洞所做的替换球，并且向委员会请求判决。

委员会应当判定球员 B 的判决请求未能及时提出，因为球员 B 是在第一个球洞的比赛期间知道了上述事实，并且随后在第二洞进行了击球［规则 20.1b（2）］。因此，委员会应决定不给予判决。

本场的比赛结果有效，球员 A 成为本场比赛的获胜者。

释义 2. 最后一洞的比赛结束之后但最终比赛结果确定之前做出的判决可能会导致球员们恢复比赛吗？

球员们以为某个球洞的比赛是本场比赛的最后一个球洞的比赛。当一名球员在完成这个球洞的比赛之后才知道他的对手可能有一个违规时，该球员可以提出判决请求。如果这名对手违反了规则，则调整后的比赛成绩可能会要求这些球员回到球场恢复比赛。

例如：比洞赛中，球员 A 对抗球员 B，球员 B 以 5 比 4 获胜。在返回更衣室的路上并且在最终比赛结果确定之前，发现球员 B 在他的球包里带有 15 支球杆。于是球员 A 请求进行判决，委员会判定球员 A 确实及时提出了判决请求。这些球员必须回到 15 号洞并恢复比赛。本场比赛的成绩要被调整，球员 B 被扣除 2 洞［规则 4.1b（4）］，即球员 B 现在的成绩是 3 洞领先 4 洞待打。

比洞赛中，球员 A 对抗球员 B。球员 B 以 3 比 2 的比分获胜。在返回更衣室的路上，球员 A 发现球员 B 在 14 号洞的一个沙坑内试挥时触碰了沙子，而且球员 B 已赢了 14 号洞。于是球员 A 请求裁决，委员会判定球员 A 确实及时提出了判决请求，并且球员 B 因未告诉球员 A 自己受到的处罚而输了 14 号洞［规则 3.2d（2）］。这些球员必须回到 17 号洞并恢复比赛。本场比赛的成绩要被调整，由球员 B 在 14 号洞胜更改为在该洞负，所以球员 B 现在的成绩是 1 洞领先 2 洞待打。

释义 3. 比洞赛中，规则允许用两个球完成一洞比赛吗？

仅在比杆赛中才允许打两个球，这是因为在比洞赛的比赛期间，比赛中的任何问题仅与涉及该场比赛中的那些球员，并且该场比赛中的这些球员能够保护他们自身的利益。

但是，当比洞赛中的某名球员不确定正确的处置程序并且用两个球完成了本洞的比赛时，如果该球员和对手把这个情况报告给了委员会并且这名对手没有反对该球员打第二个球，则初始球的成绩将始终有效。但是，如果对手反对该球员打第二个球并且及时请求了判决［规则 20.1b（2）］，则该球员要因违反规则 6.3c（1）云打错球而在该洞负。

释义 4. 打两个球时，对打其中一个不在比赛状态的球，会受到处罚吗？

当球员不确定如何处理并决定打两个球时，如果其中一个球是他的初始球，并且这个球已不再处于比赛状态，则他不会因为打了这个球而受到处罚。

例如，找了 3 分钟球之后，没有在罚杆区内找到球员的球，于是该球员按照规则 17.1c 正确地从这个罚杆区采取了补救，并打了一个替换球。之后，这个初始球在这个罚杆区内被找到了。由于不确定应该如何处理，于是该球员在进行任何击球之前，决定把初始球作为第二个球来打球，并选择这个初始球的成绩有效。然后该球员用这两个球完成了本洞的比赛。

按照规则 17.1c 所打的球成为比赛中球，并且这个球的成绩是该球员在本洞的成绩。初始球的成绩无效，因为这个初始球已不再处于比赛状态。但是，该球员不会因为打了作为第二个球的这个初始球而受到处罚。

释义 5. 球员必须在进行另一次击球之前做出打两个球的决定吗?

规则 20.1c（3）要求球员在击球之前决定打两个球，以便他的打两个球的决定或者哪个球的成绩有效的选择不会受到刚打的球的结果影响。抛一个球不等同于击球。

应用上述要求的示例包括：

球员的球静止在普通区一条铺设的球车道上。采取补救时，该球员拿起这个球，把它抛在了规则要求的补救区之外并打了这个球。该球员的记分员认为这个抛球有问题并提醒该球员，他刚才可能从错误的地方打了球。因为不确定如何处理，该球员希望用两个球完成本洞比赛。但是，因为已经进行了一次击球，所以现在已经太迟了而不能再使用规则 20.1c（3），并且该球员必须因从错误的地方打球（规则 14.7）而受到一般性处罚。如果该球员认为这次可能是一次严重违规，则该球员应该按照规则 14.7 打第二个球以避免可能被取消资格。如果在该球员对这个球进行击球之前，该球员的记分员对这个抛球提出问题，并且他不确定如何处理，则该球员原本可以按照规则 20.1（3）用两个球完成本洞的比赛。

球员的球停在用红桩标定的罚杆区内。其中一个立桩妨碍了该球员的预计挥杆，并且该球员不确定是否他可以移走这根立桩。之后，该球员没有移走立桩并进行了他的下一次击球。

此时，该球员决定移走这根立桩来打第二个球并向委员会请求判决。委员会应当判决这个初始球的成绩是有效的成绩，因为当这个球在罚杆区内受到这根立桩的妨碍时，这个疑问就已经发生了，所以该球员必须在对初始球进行击球之前做出打两个球的决定。

释义 6. 打两个球时，球员可以拿起初始球，然后抛、放置初始球或把它放置回原位吗？

在初始球的现有位置打球时，规则 20.1c（3）不要求必须用这个初始球来打球。通常，球员在初始球的现有位置打这个初始球，然后按照任何所使用的规则把第二个球投入比赛状态。但是，规则同样允许把这个初始球按照该规则投入比赛状态。

例如，当球员不确定他的球是否是停在普通区的异常球场状况内时，该球员可以决定打两个球。之后，该球员可以按照规则 16.1b（异常球场状况的补救）采取补救，拿起、抛并打初始球，然后继续把第二个球放置在这个初始球所在的有疑问的区域，并从该处打这个球。在这种情况下，该球员在拿起初始球之前不需要标记它的地点，尽管规则建议这样做。

释义 7. 球员不确定正确的处置程序并且希望用两个球完成该洞比赛时，打初始球和第二个球的顺序可以互换吗？

例如，由于不确定如何处理，球员决定用两个球完成本洞的比赛并选择第二个球的成绩有效。该球员可以选择在打初始球之前打第二个球，并且可以完成本洞的比赛期间对这个初始球和第二个球交替击球。

释义 8. 在宣布了用两个球完成本洞比赛的意图并选择了哪个球的成绩有效之后，球员该怎么做？

球员已经宣布他要按照规则 20.1c（3）打两个球的意图，并且已经把一个球投入比赛状态或对其中一个球击球之后，该球员有责任执行规则 20.1c（3）中的处置程序。如果球员没有打其中的一个球，或者没有用其中的一个球完成击球进洞，并且这个球是委员会原本应当用来计算成绩的那个球，则该球员要因为未击球进洞而被取消资格（规则 3.3c 未击球进洞）。但是，当该球员没有用其中一个球击球进洞时，如果这个球不用于计算成绩，则不施加处罚。

例如，球员的球停在了由机动车制造的车辙内。由于认为该区域应当已被标定为整修地，所以该球员决定打两个球并宣布，他希望第二个球的成绩有效。该球员随后从这个车辙对初始球进行了击球。在看到这次击球的结果之后，该球员决定不再打第二个球。在完成该轮比赛之后，这个事实被报告给了委员会。

如果委员会决定这条车辙是整修地，则该球员要因为没有用第二个球击球进洞而被取消资格（规则 3.3c）。但是，如果委员会决定这条车辙不是整修地，则该球员的初始球的成绩有效，并且他不会因为没有打第二个球而受到处罚。如果球员对第二个球进行了一次或几次击球，但在完成本洞比赛之前拿起了这个球，结果将相同。

释义 9. 当不确定如何处理时，哪些场合下暂定球必须被用作第二个球？

尽管规则 20.1c（3）规定按照该规则打的第二个球不同于规则 18.3（暂定球）中的暂定球，但反之则不正确。打了一个暂定球之后，并且由于不确定初始球是否出界或在罚杆区之外遗失而决定打两个球时，该球员必须把这个暂定球作为第二个球。

使用暂定球作为第二个球的示例包括以下场合：

球员不确定他的初始球是否出界，于是他用这个初始球和暂定球完成了本洞的比赛。

球员的初始球没有被找到，但该球员已经知道或几乎肯定它是在异常球场状况内。由于不确定应该如何处理，所以他用暂定球和按照规则 16.1e 采取补救的第二个球完成了本洞的比赛。

释义 10. 规则允许球员按照两条不同的规则打一个球吗？

当球员不确定什么是正确的处置程序时，建议他按照规则 20.1c（3）打两个球。但是，没有任何规定不允许该球员按照两条不同的规则打同一个球并在提交他的记分卡之前请求判决。

例如，球员的球静止在某片区域内一个无法打球的地点上，他认为这片区域应当是整修地，但是没有被标定。由于不确定如何处理，并且愿意在它不是整修地时，接受被罚 1 杆的情况下，该球员决定使用一个球，并把它抛在一个补救区内，这个补救区既是从这片整修地采取补救时规则允许的补救区（规则 16.1），同时，也是被罚 1 杆后，采取不可打之球补救时规则允许的补救区（规则 19.2）的一部分。

当委员会决定这片区域是整修地时，该球员不会因为采取不可打之球的补救而受到处罚。当委员会决定该区域不是整修地时，该球员要因为采取不可打之球的补救而被罚 1 杆。当该球员使用上述的处置程序，并且这个球静止在某个地点，该地点仍受到该状况的妨碍（规则 16 要求重抛，但规则 19 不要求）时，他应当向委员会请求帮助，或者按照规则 20.1c（3）打两个球。

释义 11. 错误判决不同于管理错误吗？

规则对纠正错误判决的时机有限制，但是对纠正管理错误没有时间限制。

当裁判员或委员会试图对某种状况应用规则，但错误地执行了该规则时，错误判决即已发生。例如，因为以下原因：曲解或误解了一条规则；未执行一条规则或者执行了一条不适用的或不存在的规则。

裁判员或委员会在赛事管理方面出现处置程序差错的例子：误算了平局的结果，或者比杆赛中，应当仅使用部分差点杆数时，却使用了球员的全差点杆数等。

释义 12. 管理错误一定要被纠正吗？

规则 20.2d 中的时间限制处理的是关于处罚方面的问题，不适用于委员会的管理错误。纠正管理错误没有时间限制。

例如，纠正以下错误时没有时间限制：委员会错误地运用了差点，导致另一名球员赢得了比赛；由于委员会的错误没有将冠军的成绩张贴出去，导致奖品被颁发给了错误的球员。

释义 13. 球员在比赛期间、比赛结果确认后或比赛结束后被发现不符合资格，该如何处理？

一名参赛球员被发现不符合资格时，对纠正比赛的结果没有时间限制。

例如，如果发现某个球员参加了年龄封顶赛并且该球员超龄，或者某个球员不是业余球员时参加了仅限于业余高尔夫球员的比赛，则该球员不符合资格。

在这些情况下，该球员将被视作他从未参加该场比赛，而不是在该场比赛中被取消资格，并且比赛成绩或结果也要相应地被修改。

【本章习题】

一、单选题

1. 比杆赛中，球员由于规则问题打了第二个球，委员会在判定该洞成绩时，以下哪种说法是错误的？

“比赛中的争议及其裁决”讲课视频

A. 如果被选择的球使用的处理程序符合规则，则该球成绩有效

B. 如果两个球使用的处理程序都不符合规则，则该球员被取消资格

C. 成绩无效的那个球的所有杆数（包括罚杆）都不计入球员在该洞的成绩

D. 以上说法都错误

2. 以下说法错误的是：

A. 球员有权就裁判员的判决向委员会上诉

B. 裁判员在做出判决之前可以寻求委员会的帮助

C. 裁判员是由委员会指定的判定事实问题并执行规则的官员

D. 裁判员的判决是最终的

二、判断题

1. 比洞赛中，若球员与对手之间发生争议，他们可以在任何时间向委员会或其代表提出申诉。（ ）

2. 比杆赛中，如果球员在一洞过程中对自己的权利或处理程序有疑问的，可以打两个球，不受处罚。（ ）

3. 比洞赛中，球员提出申诉后，他有权一直等待委员会或其代表到场解决完争议后再继续比赛。（ ）

4. 比杆赛中，球员打的第二个球不是暂定球。（ ）

第十二章　其他赛制

第一节　个人比杆赛和比洞赛的其他赛制（规则 21）

一、定分式比赛（规则 21.1）

（一）定分式比赛概述

定分式比赛是一种比杆赛赛制。在此赛制中，一名球员或一方在一个洞的成绩按照得分计算，该得分通过比较球员或一方在该洞的杆数（包括击球次数和罚杆）和委员会为该洞所设定的固定目标杆数而得出；并且以最多的分数完成所有轮次的球员或一方在该比赛中获胜。

规则 1~20 中关于比杆赛的通行规则亦适用于此赛制，但需根据以下特定规则进行适度调整。规则 21.1 的制定是为了用于：无差点比赛，但也可以调整用于差点比赛；以及个人赛，但也可以调整用于有伙伴参与的比赛，不过要根据规则 22（四人二球赛）和规则 23（四球赛）适度予以调整。用于团体赛时，要根据规则 24 适度予以调整。

（二）定分式比赛的计分

1. 得分方式

分数为通过比较球员在各个球洞的杆数和该洞的固定目标杆数而得（如下表）。除非委员会另行设定，否则这个固定的目标杆数就是标准杆。

定分式比赛的计分表

完成一个洞的杆数	得分
较固定的目标杆数多 1 杆以上或者未提交成绩	0 分
较固定的目标杆数多 1 杆	1 分
固定的目标杆数	2 分
较固定的目标杆数少 1 杆	3 分
较固定的目标杆数少 2 杆	4 分
较固定的目标杆数少 3 杆	5 分
较固定的目标杆数少 4 杆	6 分

无论何种原因，球员若没有按照规则击球进洞，在该洞得零分。为帮助提升打球速度，当某洞的杆数只能得到零分时，规则鼓励球员停止该洞的比赛。在一个球洞，当球员已经击球进洞、选择不击球进洞或当其杆数只能得到零分时，该洞比赛即已完成。

2. 各洞的成绩记录

为了符合规则 3.3b 在记分卡上记录各洞成绩的规定，如果一洞以击球进洞的方式完成：

（1）当杆数可以得分时，记分卡上必须显示实际杆数。

（2）当杆数只能得零分时，记分卡上必须显示以下二者之一：a. 没有成绩记录；b. 任何对应得分为零分的成绩。

（3）如果一洞没有以击球进洞的方式完成。如果球员没有按照规则击球进洞，记分卡上必须显示以下二者之一：a. 没有成绩记录；b. 任何对应得分为零分的成绩。

委员会负责计算球员在各洞得到的分数。在差点比赛中，委员会还要负责对记录的成绩运用差点杆数，然后再计算每洞的分数。

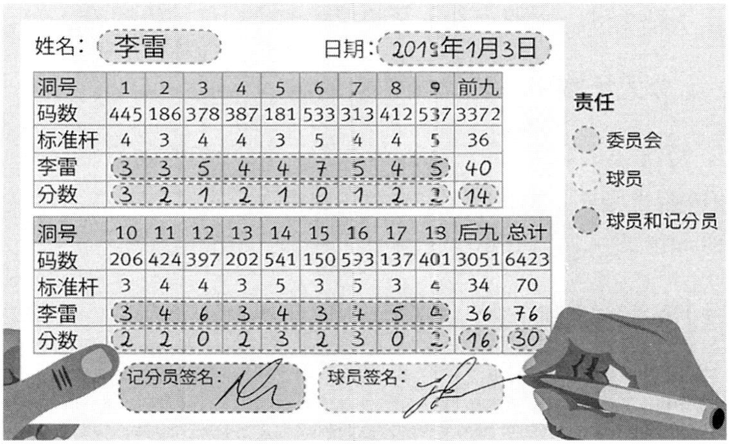

定分式比赛的计分

（三）定分式比赛的处罚

所有比杆赛中的处罚均适用于定分式比赛。但是，违反以下五条规则之一后，球员不会被取消资格，取而代之的是其在违规发生之洞的得分为零：

（1）未按规则 3.3c 击球进洞；

（2）开始一洞比赛时，在发球区以外击球且没有纠正错误［参见规则 6.1b（2）］；

（3）打错球后没有纠正错误（参见规则 6.3c）；

（4）在错误的地方击球并构成严重违规后，没有纠正错误（参见规则 14.7b）；

（5）用错误的顺序击球后，没有纠正错误（参见规则 22.3）。

如果球员违反了其他处罚为取消资格的规则，他要被取消资格。

执行完任何罚杆后，球员在一洞的得分不会低于零分。

（四）定分式比赛中规则 11.2 的例外

规则 11.2 不适用于以下情况：如果球员的运动中球需要进洞才会在该洞得到 1 分的情况下，在该球已经没有合理机会进洞的任何时间，任何人故意变向或停止了这个球，则那个人不受处罚，球员在该洞得零分。

（五）定分式比赛中一轮比赛结束的时间

在以下情况下，球员的一轮比赛结束：球员在他的最后一洞击球进洞（包括例如按照规则 6.1 或规则 14.7b 纠正错误）；或球员选择不在最后一洞击球进洞，或在该洞已经不会超过零分。

二、封顶赛（规则 21.2）

（一）封顶赛概述

封顶赛是一种比杆赛赛制，委员会为一名球员或一方在一洞的杆数设定了上限（封顶杆数），例如两倍标准杆、某个固定的杆数或净杆双波基等。

规则 1~20 中关于比杆赛的通行规则亦适用于此赛制，但需根据以下特定规则进行适度调整。规则 21.2 的制定是为了用于：无差点比赛，但也可以调整后用于差点比赛；以及个人赛，但也可以调整后用于有伙伴参与的比赛，不过要根据规则 22（四人二球赛）和规则 23（四球赛）适度予以调整。用于团体赛时，要根据规则 24 适度予以调整。

（二）封顶赛的计分

1. 球员在一洞的成绩

球员在一洞的成绩基于其在这个洞所打的杆数（包括击球次数和罚杆）。但如果该球员实际所打的杆数超过了封顶杆数，则只按照封顶杆数计算这个洞的成绩。不论何种原因，没有按照规则击球进洞的球员都将按照该封顶杆数计算这个洞的成绩。为帮助提升打球速度，当一洞成绩已达到封顶杆数时，规则鼓励球员停止这个洞的比赛。在一个球洞，当球员已击球进洞、选择不击球进洞或当其成绩已达到封顶杆数时，该洞比赛即已完成。

2. 各洞的成绩记录

为了符合规则 3.3b 在记分卡上记录各洞成绩的规定，如果一洞以击球进洞的方式完成：

（1）当杆数低于封顶杆数时，记分卡上必须显示实际杆数。

（2）记分卡上必须显示实际杆数时，记分卡上必须显示以下二者之一：a. 没有成绩记录；b. 任何等于或高于封顶杆数的成绩。

（3）如果一洞没有以击球进洞的方式完成。如果球员没有按照规则击球进洞，记分卡上必须显示以下二者之一：a. 没有成绩记录；b. 任何等于或高于封顶杆数的成绩。

（4）当记分卡上显示球员任何一洞没有成绩记录或者记录的成绩高于封顶杆数时，委员会负责将该成绩调整为封顶杆数；在差点比赛中，委员会负责对各洞记录的成绩运用差点杆数。

（三）封顶赛中的处罚

所有适用于比杆赛的处罚同样适用于封顶赛。但当球员违反以下任何四条规则之一时，不会被取消资格，而代之以封顶杆数计算发生违规球洞的成绩：

（1）没有按规则 3.3c 击球进洞；

（2）开始一洞的比赛时，在发球区之外打球且没有纠正错误［参见规则 6.1b（2）］；

（3）打错球后没有纠正错误（参见规则 6 3c）；

（4）在错误的地方打球并构成严重违规后，没有纠正错误（参见规则 14.7b）。

如果球员违反了其他处罚为取消资格的规则，他要被取消资格。

施加任何罚杆之后，球员在一洞的成绩不能高于委员会设定的封顶杆数。

（四）封顶赛中关于规则 11.2 的例外

规则 11.2 不适用于以下情况：如果球员的运动中球需要进洞才能使其在该洞的杆数比封顶杆数低 1 杆的情况下，在该球已经没有合理机会进洞的任何时间，任何人故意变向或停止了这个球，则那个人不受处罚，球员在该洞的成绩按照封顶杆数计算。

（五）封顶赛中一轮比赛结束的时间

在以下情况下，球员的一轮比赛结束：球员在他的最后一洞击球进洞（包括例如按照规则 6.1 或规则 14.7b 纠正错误）；或球员选择不在最后一洞击球进洞，或在该洞的成绩已经达到封顶杆数。

三、标准杆比赛 / 波基比赛（规则 21.3）

（一）标准杆比赛 / 波基比赛概述

标准杆比赛 / 波基比赛是一种比杆赛赛制，它用比洞赛的方式计分：球员或一方完成一洞的杆数少于或多于委员会为这个洞设定的固定目标杆数时，他相应的在该洞胜或负；以及球员或一方胜的洞数和负的洞数之差（即胜的洞数减去负的洞数）最高者赢得比赛。

规则 1~20 中关于比杆赛的通行规则亦适用于此赛制，但需根据以下特定规则进行适度调整。规则 21.3 的制定是为了用于：无差点比赛，但也可以调整后用于差点比赛；以及个人赛，但也可以调整后用于有伙伴参与的比赛，不过要根据规则 22（四人二球赛）和规则 23（四球赛）适度予以调整。用于团体赛时，要根据规则 24 适度予以调整。

（二）标准杆比赛 / 波基比赛

1. 如何判定一洞胜或负按比洞赛的记分方式记录成绩

通过比较球员的杆数（包括击球次数和罚杆）和委员会设定的固定目标杆数（通常是标准杆或波基）来决定他在该洞是胜或负（见下表）。

标准杆比赛 / 波基比赛计分表

完成一个洞的杆数	比赛状态
球员的杆数低于固定目标杆数	该洞胜
球员的杆数等于固定目标杆数	该洞平
球员的杆数高于固定目标杆数，或者没有提交这个洞的成绩	该洞负
不论何种原因，没有按照规则击球进洞	该洞负

为帮助提升打球速度，在杆数超过固定目标杆数时（因为他已经在该洞负），规则鼓励球员停止这个洞的比赛。在一个球洞，当球员已击球进洞、选择不击球进洞或当其杆数已超过固定目标杆数时，该洞比赛即已完成。

2. 各洞的成绩记录

为了符合规则 3.3b 在记分卡上记录各洞成绩的规定，如果一洞以击球进洞的方式完成：

（1）当成绩为该洞胜或平时，记分卡上必须显示实际杆数。

（2）当成绩为该洞负时，记分卡上必须显示以下二者之一：没有成绩记录；或任何成绩为该洞负的成绩。

（3）如果球员没有按照规则击球进洞，记分卡上必须显示以下二者之一：没有成绩记录；或任何成绩为该洞负的成绩。

委员会负责决定球员在各洞的结果为胜、负或平。在差点比赛中，委员会负责对各洞记录的成绩运用差点杆数，然后再决定该洞的结果。

例外——不影响一洞结果时不予处罚：如果球员提交的记分卡上某洞的成绩低于实际杆数，但是这并不影响该洞胜、负或平的结果，则不会按照规则 3.3b 予以处罚。

（三）标准杆比赛 / 波基比赛的处罚

所有比杆赛的处罚同样适用于标准杆 / 波基比赛，但违反以下五条规则之一后，球员仅在该洞失利，而并非被取消资格：

（1）未按规则 3.3c 击球进洞；

（2）开始一洞比赛时，在发球区以外击球且没有纠正错误［参见规则 6.1b（2）］；

（3）打错球后没有纠正错误（参见规则 6.3c）；

（4）在错误的地方击球并构成严重违规后，没有纠正错误（参见规则 14.7b）；

（5）用错误的顺序击球后没有纠正错误（参见规则 22.3）。

如果球员违反了其他处罚为取消资格的规则，他要被取消资格。

施加任何罚杆后，球员的最差成绩为该洞失利。

（四）标准杆比赛 / 波基比赛中规则 11.2 的例外

规则 11.2 不适用于以下情况：如果球员的运动中球需要进洞才会在该洞打平的情况下，在该球已经没有合理机会进洞的任何时间，任何人故意变向或停止了这个球，则那个人不受处罚，球员在该洞负。

（五）标准杆比赛 / 波基比赛中一轮比赛结束的时间

在以下情况下，球员的一轮比赛结束：球员在其最后一洞击球进洞（包括例如按照规则 6.1 或规则 14.7b 纠正错误）；或球员选择不在最后一洞击球进洞，或其已在该洞负。

四、三球比洞赛（规则 21.4）

（一）三球比洞赛概述

三球比洞赛是一种比洞赛的赛制，在此赛制中：三名球员中每一名球员都同时在与另外两名球员打个人比洞赛；并且每一名球员在这两场比洞赛中只打一个球。

规则 1~20 中关于比洞赛的通行规则亦适用于所有这三场单独的比洞赛。但在以下两种情况下，在一场比洞赛中执行通行规则，会造成在另一场比赛中因执行该规则而产生冲突，此时以下特定的规则适用。

（二）不按顺序打球

如果球员在任何一场比洞赛中不按顺序打球，本应先打球的那名对手可以按照规则 6.4a（2）取消这次击球。如果球员在两场比洞赛中都没有按照顺序打球，每名对手均可以选择是否取消与他所对应比赛中的球员的这次击球。如果球员的击球只在其中一场比洞赛中被取消，则该球员必须在另一场比洞赛中继续打初始球。这意味着该球员必须在两场比洞赛中使用不同的球完成该洞。

（三）球或球标被对手拿起或移动

如果一名对手拿起了一名球员的球或球标、导致这个球或球标移动，按照规则 9.5b 或 9.7b 要被罚 1 杆，该处罚只施加于他与那名球员之间的比洞赛。在与另一名球员的比洞赛中，这名对手不受处罚。

五、其他赛制（规则 21.5）

尽管规则 3、规则 21、规则 22 和规则 23 只阐述了几种特定的赛制，但高尔夫球比赛还有很多种其他赛制，如最佳球位赛和果岭两球赛等。委员会可以对规则进行调整以便对上述赛制和其他赛制进行管理。

规则 21

释义 1. 三球比洞赛中每名球员都是在打两场独立的比洞赛吗？

三球比洞赛中，因为每名球员是在打两场独立的比洞赛，所以可能出现一些情况对其中一场比洞赛有影响，但对另一场比洞赛没影响。

例如：球员 A 向球员 B 的认可了下一次击球，认输了一洞或该场比赛。这个认可 / 认输对球员 A 和球员 C 之间的比洞赛或球员 B 和球员 C 之间的比洞赛没有影响。

释义 2. 球员可以同时参加多种赛制的比杆赛吗？

球员可以同时参加多种赛制的比杆赛，例如常规比杆赛、定分式比赛、封顶赛和标准杆比赛 / 波基比赛。

“定分式比赛、封顶赛”讲课视频

“标准杆比赛 / 波基比赛、三球比洞赛以及其他赛制”讲课视频

【本节习题】

一、单选题

1. 在封顶赛（双标准杆封顶）中，球员 A 在一个四杆洞击球入洞，记录的成绩是 Par。在下一个洞开球之后，球员发现他在上一个洞打了一个错球，并一直用错球击球入洞。该怎么判罚？

A. 上一个洞成绩调整为 6 杆　　B. 上一个洞成绩调整为 8 杆

C. 在整个比赛取消资格　　D. 不受处罚，继续比赛

2. 关于封顶赛，以下哪项说法是正确的？

A. 球员在某洞未击球入洞，该球员被取消资格

B. 球员在打错球后未纠正错误，该球员被取消资格

C. 球员在发球区外开球且未纠正错误，该球员被取消资格

D. 球员任何一洞的成绩不得高于委员会设定的封顶杆数

二、判断题：

1. 三球赛可以用于比洞赛，也可以用于比杆赛。（　　）

2. 在封顶赛的比赛中，球员在某洞的实际杆数超过了该洞封顶杆数 2 杆，但他在记分卡上记录的杆数为封顶杆数。球员将不会受到处罚。（　　）

第二节　四人二球赛（轮换击球赛）（规则 22）

一、四人二球赛的概述（规则 22.1）

四人二球赛是一种有伙伴参与的赛制。在此赛制中，两名伙伴组成一方参与比赛，在各球洞两人以轮换的顺序击打一个球。

规则 1~20 亦适用于此赛制（对待打一个球的一方的方式与单独一名球员相同），但根据以下特定规则做了适度调整。

本赛制在比洞赛中可以变形为三人两球赛。三人两球赛是由一名单独的球员对抗由两名伙伴组成的一方，这一方按照以下特定规则轮换击球。

二、任何一名伙伴均可代表本方行动（规则 22.2）

因为两名伙伴组成一方打一个球参赛，所以：无论轮到哪名伙伴为本方打球，任何一名伙伴均可在击球之前或采取被规则允许由这一方采取的行为，例如标记球的位置并拿起球、把球放置回原位、抛球或放置球等。

伙伴和他的球童都可以任何方式向另一名伙伴提供规则所允许的、可由另一名伙伴自己的球童为其提供的帮助（如提供或征询助言，采取按照规则 10 允许的其他行为等），但不得提供任何按照规则所不允许由另一名伙伴自己的球童所提供的其他帮助。

任何一名伙伴或球童的行为或违规都适用于其所在的一方。

比杆赛中，只需其中一名伙伴在记分卡上证明本方各洞的成绩。

三、一方必须轮换击球（规则 22.3）

在各个球洞，两名伙伴必须以轮换的顺序为本方击球：一名伙伴必须从所有奇数洞的发球区为本方开球；同时，另一名伙伴必须从所有偶数洞的发球区为本方开球。一方在各洞的发球区完成首次击球后，两名伙伴必须轮换击球完成这个洞余下的部分。

如果某次击球被取消或者按照任何规则被视为无效（除了违反本规则以错误的顺序击球外），此次击球的这名伙伴必须为本方进行下一次击球。

如果一方决定打一个暂定球，这个暂定球必须由轮到为这一方进行下一次击球的伙伴来打。任何对一方的罚杆不影响两名伙伴之间轮换的打球顺序。

违反本规则以错误顺序击球的处罚：一般性处罚。

比杆赛中，这一方必须按以下方式纠正错误：必须由顺序正确的伙伴，在这一方最初按错误顺序击球的地方击球。用错误顺序击球的那一杆以及在纠正错误之前所打的任何杆数（包括击球次数以及单纯因打那个球而产生的罚杆）均不予计算。如果这一方在击球以开始另一个球洞的比赛之前没有纠正此错误；或者当事情发生在该轮比赛的最后一个球洞时，在提交记分卡之前没有纠正此错误，这一方要被取消资格。

四、开始一轮比赛（规则 22.4）

（一）首先开始比赛的伙伴

除了竞赛规程规定必须由哪一名伙伴首先开始比赛以外，一方可以选择由任意一名伙伴在第一个发球区打球以开始这一轮的比赛。当这名伙伴击球开始了本方第一洞的比赛后，这一方的这一轮比赛即开始。

（二）出发时间和出发地点

针对各名伙伴执行规则 5.3a 时，基于谁为这一方首先打球而有所不同：首先打球的伙伴必须在规定的出发时间和出发地点做好准备，并且必须在此时间（不得提前）开始比赛。

打第二杆的伙伴必须在规定的出发时间出现在出发地点，或在此时间出现在球从该洞的发球区打出后预计静止的地方附近。如果任何一名伙伴未按上述规定到场，这一方即违反了规则 5.3a。

五、伙伴可以共用球杆（规则 22.5）

对规则 4.1b（2）进行了适度调整，允许伙伴们共用球杆，只要他们拥有的球杆总数之和不超过 14 支。

六、对球员在伙伴击球时站在其后方的限制（规则 22.6）

除规则 10.2b（4）的限制条件外，当伙伴正在击球时，球员不得站在其打球线在球后方的延长线上或附近，为本方下一次击球获得信息。

违反规则 22.6 的处罚：一般性处罚。

规则 22

释义 1. 个人的差点必须按照规则 3.3b（4）（差点比赛的计分）被填写在记分卡上，球员有责任确保记分卡上含有他的正确的差点（参见规则 3.3b（4）/1）。在四人二球赛中，本规定既适用于球员，也适用于他的伙伴。

如果某一方提交的记分卡上没有单独填写球员和伙伴各自的差点，例如合并为联合差点作为本方的差点或没有填写，则这一方要被取消资格。

释义 2. 混合四人二球赛中重新从发球区打球时，必须从同一个发球区打球吗？

混合四人二球赛中，男女球员使用不同的发球区，例如，当男球员从用蓝色发球区标志标定的发球区开球并把他的球打出了界时，女球员必须从这个蓝色发球区打下一杆。

释义 3. 四人二球赛中的两名伙伴从同一个发球区开球时如何确定哪一个球在比赛状态？

当球员和他的伙伴都错误地从同一个发球区开了球时，必须判定原本应当轮到谁打球。

例如，球员 A 和球员 B 是 A-B 一方的伙伴。球员 A 首先开了球，然后球员 B 从同一个发球区开了球。如果应当轮到球员 A 开球，则球员 B 的球将按照一杆加距离的处罚（规则 18.1）成为这一方的比赛中球。这一方已打了 3 杆（包括 1 杆罚杆），并且轮到球员 A 打下一杆。

如果应当轮到球员 B 开球，当球员 A 首先打了球时，即构成了以错误的顺序打球。则比洞赛中这一方本洞负，或者比杆赛中这一方要被罚 2 杆。在比杆赛中，球员 B 的球是这一方的比赛中球，这一方已打了 3 杆（包括 2 杆罚杆），并且现在轮到球员 A 打下一杆。

释义 4. 球员不得故意挥空以便让他的伙伴打球。

球员不得通过故意挥空来改变打球顺序。“击球”是指为击打球而使球杆向前的运动。因此，当球员故意挥空时，他没有击球，并且仍然轮到他打球。

例如，球员 A 和球员 B 是 A-B 一方的伙伴。当球员 A 故意挥空以便球员 B 能来打这一杆时，球员 A 没有击球，因为没有击打球的意图。如果球员

B 随后打了这个球，则 A–B 方要受到一般性处罚，因为球员 B 在原本应当轮到球员 A 打球时按照错误的顺序打了球。但是，如果球员 A 想要击球但意外挥空了，则他已进行了击球，并且此时轮到球员 B 打球。

5. 暂定球被错误的伙伴击打时如何处理？

某一方决定打一个暂定球时，必须由轮到这一方进行下一次击球的伙伴来打球。

例如，球员 A 和球员 B 是 A–B 这一方的伙伴。球员 A 打了他的球，但不清楚这个球是出界了还是在罚杆区外遗失。如果这一方决定打一个暂定球，则必须由球员 B 来打这个暂定球。当球员 A 错误地打了这个暂定球时，如果初始球被找到并且这个暂定球没有成为比赛中球，则不予处罚。但是，如果这个初始球遗失并且这个暂定球成为比赛中球，则因为在本例中球员 A 打了这个暂定球，所以这一方在比洞赛中本洞负，或者在比杆赛中要因为按照错误的顺序打球而被罚 2 杆。比杆赛中，这个暂定球必须被放弃，然后球员 B 必须回到球员 A 上一次打初始球的地点，并把一个球投入比赛状态（规则 18.2b）。

【本节习题】

“四人二球赛”讲课视频

一、单选题

四人二球比杆赛中，A 和 B 互为伙伴。在 2 号洞本应该轮到球员 A 击球，但是球员 B 击打了这一杆，直到 3 号洞开完球后才发现错误。如何裁决？

A. 罚一杆　　B. 罚两杆

C. 取消资格　　D. 没有处罚

二、判断题

1. 四人二球赛中，任何一名伙伴都可以代表本方采取行动（如抛球）。（　　）

2. 四人二球赛中，一方在各洞的发球区首次击球后，两名伙伴必须轮换击球完成这个洞的余下部分。（　　）

3. 四人二球赛中，伙伴间不得共用球杆。（　　）

4. 在四人二球比杆赛中，A 和 B 为一方。根据交替击球的原则，A 完成了 3 号洞的击球入洞后，必须由 B 在 4 号洞开球。（　　）

5. 在四人二球赛中，如果球员 A 在奇数洞开球，则之后不得在偶数洞开球。（　　）

6. 四人二球比杆赛，如果发生一方球员未按次序轮换击球，则要被罚 2 杆，然后这一方球员继续按错误的击球次序完成该洞。（　　）

7. 在四人两球赛中，当规则要求抛球时，只能是轮到该次击球的球员才能抛球。（　　）

8. 在男女搭配互为伙伴的一场四人二球比杆赛中，男女使用不同的发球区，男球员 A 的开球可能出界，他的女性伙伴 B 可以在女子的发球区打暂定球。（　　）

第三节　四球赛（规则 23）

一、四球赛概述（规则 23.1）

四球赛是一种有伙伴参与的赛制，在此赛制中：两名伙伴组成一方参与比赛，每名球员只打自己的球。一个球洞中，两名伙伴中杆数较少的那个人的成绩就是这一方在这个洞的成绩。规则 1-20 适用于此赛制，但根据以下特定规则做了适度调整。

本赛制在比洞赛中的一种变形为最佳球赛，由一名单独的球员对抗由另外两名或三名伙伴组成的一方，这一方的各名伙伴按照规则及以下做了适度调整的规则打各自的球。（对于三名伙伴组成一方的最佳球赛，当规则提到另一名伙伴时，指的是另外两名伙伴）。

二、四球赛的记分（规则 23.2）

（一）比洞赛和比杆赛中一方在某一洞的成绩

（1）当两名伙伴均击球进洞或按照规则的其他方式完成一洞时。杆数较低的那个成绩即为这一方在这个洞的成绩。

（2）当只有一名伙伴击球进洞或按照规则的其他方式完成一洞时。这名伙伴的成绩即为这一方在这个洞的成绩。另一名伙伴无需击球进洞。

（3）当没有任何伙伴击球进洞或按照规则的其他方式完成一洞时。这一方在这个洞将没有成绩，这意味着：比洞赛中这一方在该洞负，除非对方在此之前已经认输或以其他方式已经在该洞负。比杆赛中这一方要被取消资格，除非按照规则 3.3c 及时纠正了错误。

（二）比杆赛中一方的记分卡

1. 一方的责任

一方在各洞的总杆成绩必须记录于同一张记分卡上；在差点比赛中，必须在记分卡上记录每名伙伴的差点。

对于各个球洞：在记分卡上必须记录至少一名伙伴的总杆成绩；在记分卡上记录一名以上伙伴的成绩，不予处罚；记分卡上记录的每个成绩都必须清晰分辨出是由哪名伙伴所打，如果没有做到这样，这一方要被取消资格。只笼统地将某个成绩作为这一方的成绩（而不可辨别是由哪名伙伴所打）是不够的。

只需一名伙伴按照规则 3.3b（2）证明这一方在记分卡上的各洞成绩。

2. 委员会的责任

委员会负责决定哪个成绩算作一方在各洞的成绩，包括在差点比赛中运用差点：

（1）如果一个洞只记录了一个成绩，它即为这一方在该洞的成绩；

（2）如果一个洞记录了两个伙伴的成绩：如果这两个成绩不同，较低的杆数（总杆或净杆）算作这一方在该洞的成绩。如果这两个成绩相同，委员会可以计算任意一个成绩。如果出于任何原因发现用于计算的成绩有错，委员会将计算另一个成绩。

（3）如果一方被采用的成绩不能清晰分辨出由哪名伙伴所打，或者被计算成绩的这名伙伴因该洞比赛违规被取消资格，这一方要被取消资格。

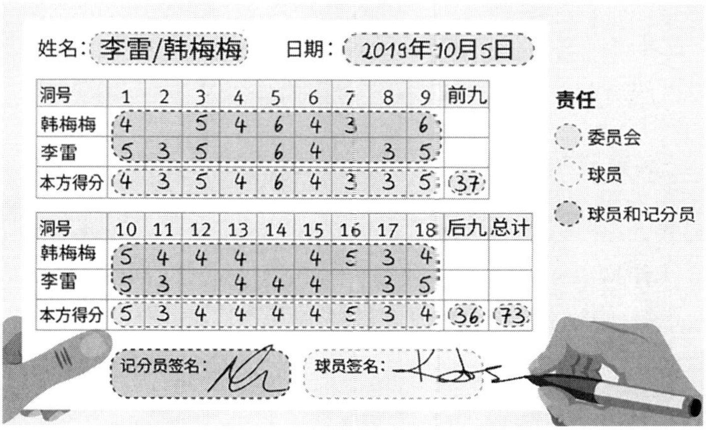

四球赛的记分

（三）四球赛中规则 11.2 的例外

规则 11.2 不适用于以下情况：如果一名球员的伙伴已经完成一洞而该球员的运动中球需要进洞才让这一方在该洞的成绩再少 1 杆的情况下，在该球已经没有合理机会进洞的任何时间，任何人故意变向或停止了这个球，则那个人不受处罚，而这名球员的球的成绩不算作本方的成绩。

三、一轮比赛开始和结束的时间；完成一洞的时间（规则 23.3）

（一）一轮比赛开始的时间

当其中一名伙伴击球以开始第一个洞的比赛后，这一方的一轮比赛即开始。

（二）一轮比赛结束的时间

一方的一轮比赛在以下情况视为结束：比洞赛中，任意一方已经在这场比赛获胜［参见规则 3.2a（3）和规则 3.2a（4）］。比杆赛中，这一方以两名伙伴均击球进洞的方式完成最后一洞（包括例如按照规则 6.1 或规则 14.7b 纠正错误），或者以一名伙伴在最后一洞击球进洞而另一名伙伴选择不击球进洞的方式完成最后一洞。

（三）一洞完成的时间

1. 比洞赛

当两名伙伴均已击球进洞，或者他们的下一次击球均已被认可，或者任意一方已在本洞认输时，一方即已完成该洞。

2. 比杆赛

当其中一名伙伴已经击球进洞，且另一名伙伴也已经击球进洞或选择不击球进洞时，一方即已完成该洞。

四、一方可由一名或两名伙伴代表（规则 23.4）

在一轮的全部或部分比赛中，一方可以由一名伙伴代表。在比赛中无需两名伙伴同时到场；即使同时到场，也无需在各个洞两名伙伴都同时参与比赛。如果一名伙伴缺席而随后到达参与比赛，这名伙伴只能在两洞比赛之间加入本方比赛。这意味着：

比洞赛——在该场比赛的任何一名球员开始一洞比赛之前。如果这名伙伴在该场比赛任意一方的任何一名球员已经开始一洞比赛之后到达，直到下一个球洞比赛之前不允许他为本方比赛。

比杆赛——在另一名伙伴开始一洞比赛之前。如果这名伙伴在另一名伙伴已经开始一洞比赛之后到达，直到下一个球洞比赛之前不允许该伙伴 为本方比赛。

当不被允许加入一洞比赛中时，这名后到的伙伴仍可在这一洞向另一名伙伴提供助言或帮助，以及采取其他行为（参见规则 23.5a 和 23.5b）。

违反本规则的处罚：一般性处罚。

五、球员影响伙伴比赛的行为（规则 23.5）

（一）涉及伙伴的球时，球员被允许采取任何该伙伴本人可以采取的行为

尽管一方的每名伙伴必须用自己的球进行比赛，但是在击球之前，涉及伙伴的球时，球员可以采取任何该伙伴本人被允许采取的行为，例如标记球的位置并拿起球、把球放置回原位、抛球和放置球等。

伙伴的球童被允许向该伙伴提供的任何帮助，也可由球员和其球童向该伙伴提供（如提供和征询助言以及采取规则 10 允许的其他行为等），但不得提供任何按照规则不允许该伙伴的球童所提供的帮助。

比杆赛中，伙伴之间不得互相协商把一个球留在推杆果岭上的某个地方，以帮助他们中的任意一人或任何其他球员（参见规则 15.3a）。

（二）伙伴为球员的行为负责

球员涉及伙伴的球或装备采取的任何行为被视为伙伴的行为。如果球员采取了某个假如由伙伴本人采取会构成违规的行为时，按照以下方式处理：伙伴本人违规并受到由此产生的处罚（参见规则 23.8a）。以下为球员违规造成伙伴受罚的例子：

（1）改善了伙伴的击球环境；

（2）意外导致伙伴的球移动；

（3）拿起伙伴的球之前没有标记位置。

如果球员的球童对涉及伙伴的球采取某个行为，而假如该行为由伙伴本人或伙伴的球童来做会构成违规时，本规则同样适用。

如果球员或其球童的行为同时影响了他自己的球和伙伴的球，参见规则 23.8a（2）以确认处罚是否同时施加于两名伙伴。

六、一方的打球顺序（规则 23.6）

伙伴之间可以以这一方认为最佳的顺序打球。这意味着按照规则 6.4a（比洞赛）或规则 6.4b（比杆赛）轮到球员打球时，球员或其伙伴均可以打下一杆。

例外——比洞赛中击球被认可后继续在该洞打球：球员的下一次击球被认可后，如果继续打球会对其伙伴构成帮助，他便不得这样做。如果球员这样做，他在该洞的成绩有效且不受处罚，但是其伙伴在该洞的成绩不能算作本方的成绩。

七、伙伴可以共用球杆（规则 23.7）

对规则 4.1b（2）进行了适度调整，允许伙伴们共用球杆，只要他们拥有的球杆总数之和不超过 14 支。

八、对球员在伙伴击球时站在其后方的限制（规则 23.8）

除规则 10.2b（4）的限制条件外，当伙伴正在击球时，球员不得站在伙伴的打球线在球后方的延长线上或附近，为（球员）自己的下一次击球获取信息。

违反规则 23.8 的处罚：一般性处罚。

九、处罚仅施加于一名伙伴或施加于所有两名伙伴的场合（规则 23.9）

当某球员因违规而受到处罚时，处罚可能只施加于球员本人，也可能施加于两名伙伴（即这一方），这取决于处罚的类型和赛制。

（一）取消资格以外的处罚

1. 处罚通常只施加于球员，不施加于伙伴

当球员受到取消资格以外的处罚时，该处罚通常只施加于球员本人，不同时施加于其伙伴，但下面第 2 款规定的情形除外。所有的罚杆均只加入球

员的成绩，不加入伙伴的成绩。

比洞赛中，受到一般性处罚（该洞负）的球员在该洞对本方没有有效成绩；但这个处罚对伙伴没有影响，伙伴可以继续在这一洞为本方比赛。

2. 对球员的处罚同时施加于伙伴的三种情形

当球员违反规则 4.1b（14 支球杆的限度；在一轮比赛中共用、补充或更换球杆）时。比洞赛中，这一方受到处罚（调整比洞赛的成绩）；比杆赛中，伙伴受到和球员相同的处罚。

当球员的违规有助于伙伴的比赛时。无论是比洞赛还是比杆赛中，伙伴都要受到和球员相同的处罚。

比洞赛中，球员的违规影响了对手的比赛。伙伴也受到和球员相同的处罚。

例外——球员击打错球不被视为有助于伙伴或影响对手的比赛：只有球员本人（非伙伴）因违反规则 6.3c 受到一般性处罚。无论被作为错球打的球属于伙伴、对手，还是任何其他人，上述条款依然适用。

（二）取消资格的处罚

1. 当一名伙伴违规意味着一方被取消资格的场合

如果任何一名伙伴因违反以下任何规则受到取消资格的处罚，这一方要被取消资格：

规则 1.2　球员的行为标准

规则 1.3　遵照规则打球

规则 4.1a　允许用来击球的球杆

规则 4.1c　放弃球杆的处置程序

规则 4.2a　一轮比赛中允许使用的球

规则 4.3　装备的使用

规则 5.6a　过度延误比赛

规则 5.7b-c　委员会暂停比赛和比赛恢复的场合

规则 6.2b　发球区规则

只适用于比洞赛：规则 3.2c　在差点比洞赛中运用差点

只适用于比杆赛：

规则 3.3b（2） 球员的责任：证明并提交记分卡

规则 3.3b（3） 一洞的成绩错误

规则 3.3b（4） 差点比杆赛中的记分

规则 23.2b 比杆赛中一方的记分卡

规则 5.2b 一轮比赛以前或两轮比赛之间在球场上练习

2. 当两名伙伴均违规意味着一方被取消资格的场合

如果两名伙伴同时违反了以下任何规则之一，受到取消资格的处罚，这一方要被取消资格：

规则 5.3 开始和结束一轮比赛

规则 5.4 按组别比赛

规则 5.7a 球员可以或必须中止比赛的场合

只适用于比杆赛：如果两名伙伴在同一个球洞因违反以下任何规则的组合受到取消资格的处罚时，这一方要被取消资格：

规则 3.3c 未击球进洞

规则 6.1b 开始一洞比赛时从发球区之外打球

规则 6.3c 错球

规则 14.7 从错误的地方打球

3. 一名球员违规意味着仅该球员在这个洞没有有效成绩的场合

在球员违规受到取消资格处罚的所有其他情况下，该球员不会被取消资格，但是他在违规发生之洞的成绩不能算作本方的成绩。比洞赛中，如果两名伙伴在同一个球洞均有此类违规，这一方在该洞负。

规则 23

释义 1. 没有球员正确地击球进洞时，如何判定一洞比赛的胜负？

四球赛中，当所有球员都没有完成某一洞的比赛时，哪一方的球员最后拿起球则在该洞获胜。

例如，四球赛中 A-B 方对抗 C-D 方。在一个特定的球洞，球员 A 错误地打了球员 C 的球，然后球员 C 打了球员 A 的球，并且彼此用互换过的球击球进洞。球员 B 和球员 D 都把球打进了罚杆区，并且都捡起了球。在下一个球洞的比赛期间，球员 A 和球员 C 确定他们两人在上一个球洞都打了错球。

判决应当是球员 A 和球员 C 在上一个球洞都被取消资格。因此，当球员 B 在球员 D 之前捡起球时，C-D 方在该洞获胜。当球员 D 在球员 B 之前捡起球时，A-B 方在该洞获胜。如果无法确定哪一名球员首先捡起了球，则委员会应判决该洞打平。

释义 2. 一洞被采纳的成绩必须能分辨出来自哪位球员的成绩吗？

四球比杆赛中，伙伴们有责任提交含有正确的各洞成绩的记分卡，并且这些成绩要能分辨出对应的正确的伙伴。以下是根据记分卡的填写方式和 A-B 方提交记分卡的方式计算四球赛成绩的示例：

差点比赛中，球员 A 和球员 B 在一个球洞都用 4 杆完成击球进洞，球员 B 在这个球洞要接受 1 杆差点杆数，但球员 A 不接受差点杆数。记分员给球员 A 的总杆成绩记录了 4 杆，但没有给球员 B 记录总杆成绩，而是给这一方的净杆成绩记录了 3 杆。之后，这张记分卡被提交给了委员会。判决应当是：球员 A 的成绩，即 4 杆是本方在这个球洞的成绩。只有委员会才负责运用任何差点杆数。这一方的成绩是 4 杆，因为它可以被分辨出是球员 A 的成绩。该记分员记录的 3 杆的净杆成绩不予考虑。

一洞比赛中，球员 A 捡起了球，球员 B 用 5 杆完成了击球进洞。记分员给球员 A 记录的成绩是 6 杆，给球员 B 记录的成绩是 5 杆。之后，这张记录着这些成绩的记分卡被提交给委员会。因为在该洞用来计算本方成绩的那名伙伴的成绩记录正确，所以不予处罚。

一洞比赛中，球员 A 捡起了球，球员 B 用 4 杆完成击球进洞。由于不小心，记分员给球员 A 记录的成绩是 4 杆，而没有给球员 B 记录成绩。之后，这张记分卡按照此成绩被提交给委员会。判罚应当是这一方被取消资格，因为这一方在该洞的成绩被辨认为球员 A 的成绩，但球员 A 没有完成该洞的比赛。

释义 3. 提交了错误的记分卡，该如何处理？

以下情形解释了如何应用规则 3.3b（3）（一洞的成绩错误）和规则 23.2b。在所有的情况中，A-B 方都提交了含有一洞错误的成绩的记分卡，并且在记分卡被提交之后但比赛结束之前发现了该错误。

球员 A 提交的成绩是 4 杆，球员 B 提交的成绩是 5 杆。球员 A 在沙坑内击球上杆的过程中用球杆触碰了沙子，并且在提交记分卡之前知道因违反了规则 12.2b（1）（触碰沙子会受到处罚的场合）而受到了处罚，但是却没有把这个处罚计入他在该洞的成绩。因为球员 A 知道受到的这个处罚，所以规则 3.3b（3）的例外不适用，并且这一方要按照规则 23.2b 被取消资格。

球员 A 提交的成绩是 4 杆，球员 B 提交的成绩是 5 杆。球员 A 因在一个沙坑内试挥时触碰了沙子而违反了规则 12.2b（1），但是在提交记分卡之前没有任何一名伙伴知道这个处罚。此时，规则 3.3b（3）的例外适用。因为球员 A 的成绩是在该洞有效的成绩，委员会必须因为违反了规则 12.2b（1）而在球员 A 的这个洞的成绩上增加一般性处罚。因此，这一方这个洞的成绩是 6 杆。仅当这两名伙伴在该洞的成绩相同时，规则才允许这一方改用球员 B 的成绩。

球员 A 提交的成绩是 4 杆，球员 B 提交的成绩是 6 杆。球员 A 在移走散置障碍物的过程中移动了他的球而违反了规则 15.1b。球员 A 把这个球放置回原位，但是不知道被罚了 1 杆。球员 B 看到了全部情况并知道这个处罚。之后，这张记分卡被提交给委员会，其中球员 A 的成绩为 4 杆，球员 B 的成绩是 6 杆。但球员 A 的成绩原本应当是 5 杆，包括 1 杆罚杆。因为球员 B 知道这个状况以及由此导致的处罚，并且这个处罚原本应施加给球员 A，所以规则 3.3b（3）的例外不适用。这一方要按照规则 23.2b 被取消资格。

球员 A 和球员 B 各自提交的成绩都是 4 杆。球员 A 拿起他在普通区的球进行辨认，但是并没有合理的必要来拿起这个球进行辨认。球员 A 和球员 B 在提交记分卡之前都不知道违反了规则 7.3 而受到了处罚。因为在记分卡上的两名球员的成绩相同，委员会可以采用任何一个成绩。如果委员会已经采用了球员 A 的成绩，但之后发现该成绩被发现是错误的，则委员会应采用球员 B 的成绩，该成绩是正确的，并且不对这一方施加处罚。

释义 4. 四球比洞赛中一名球员无法比赛时，如何确定差点补贴？

带差点的四球比洞赛中，当差点最低的球员无法打球时，这位缺席的球员不能被忽略，因为他可以在两洞比赛之间开始代表本方比赛，在比洞赛中这指的是仅当任意一方的任何一名球员已经开始一洞比赛之前。差点杆数要按照四名球员全部出场来进行运用。如果该缺席的球员宣布了错误的差点，规则 3.2c（1）（宣布差点）适用。

释义 5. 共用球童的行为可能会导致处罚同时施加于两名伙伴吗？

当四球赛中的伙伴共用一名球童，并且这名球童的违规行为无法被分配给某一特定的伙伴时，两名伙伴都要被处罚。

例如，四球赛中，A–B 方和 C–D 方对抗。球员 A 和 B 共用一名球童，这名球童在找球期间意外地移动了球员 C 或球员 D 的球，但是既没有球员 A 也没有球员 B 的特定指示。此时，这名球童已经违反了规则 9.5b（拿起或故意触碰球，或导致球移动的处罚），但无法将这个处罚指定给这一方的某一名特定的伙伴。因此，球员 A 和球员 B 都要被罚 1 杆。

释义 6. 当选择对自己有利的顺序打球时，伙伴不得不当延误比赛。

A–B 方的伙伴们按他们决定的最有利的顺序打球但可能会按照规则 5.6a 因过度延误比赛而受到处罚的情况包括以下场合：

球员 A 在一个 3 杆洞开球，准备把球从整个罚杆区上方打过去，但球静止在了罚杆区内。球员 B 的开球静止在推杆果岭上。球员 A 没有按照罚杆区规则打一个球而是和本方一起直接走向推杆果岭。之后，球员 B 用了 4 推完成该洞的比赛。球员 A 于是决定离开推杆果岭，回到发球区并把另一个球投入了比赛状态。

球员们开球后，球员 A 的球距球洞有 220 码远，球员 B 的球距球洞有 240 码远。球员 A 在球员 B 打球之前打了他的第二杆。球员 A 的球静止在距球洞 30 码远的地方，然后这一方决定让球员 A 往前走去打他的第三杆。

释义 7. 哪些场合下，四球比洞赛的一方可能会被对手取消击球？

四球比洞赛中，某一方的两名球员都从发球区之外开球，则只有最后进行的那次击球可以被按照规则 6.1b 取消。

例如，四球比洞赛中，A–B 方对抗 C–D 方，球员 A 和球员 B 都从发球区之外开的球，其中球员 A 首先打的球，随后球员 B 打的球，则 C–D 方可以取消球员 B 的击球，但是不能取消球员 A 的击球。规则 6.1b 要求，必须迅速做出取消击球的决定。这同样适用于在一洞比赛期间，当轮到球员 C 或球员 D 打球时，球员 A 和球员 B 却都打了球的场合。

释义 8. 伙伴在同时进行的比洞赛结束后可以继续提供助言并共用球杆吗?

当四球比洞赛和个人比洞赛同时进行时，在四球比洞赛结束后，一方的两名球员不再是伙伴。但是，在两场个人比洞赛的剩余比赛中，之前是伙伴的两名球员仍然可以相互提供助言并共用球杆。

例如，一场四球比洞赛中 A-B 方对抗 C-D 方，同时进行的还有球员 A 对抗球员 C 以及球员 B 对抗球员 D 的个人比洞赛，两场比洞赛均为 18 个球洞。球员 A 和球员 B 共用球杆，所有 14 支球杆都由球员 A 携带。如果四球比洞赛在第 16 洞结束，但是此时两场个人比洞赛均打平，则球员 A 和球员 B 可以继续使用他们已选择用来打球的那些球杆（共用的球杆），并且相互提供助言，但是球员 A 和球员 B 不再是伙伴。

释义 9. 哪些场合下，球员的违规有助于其伙伴的比赛?

在四球比洞赛和四球比杆赛中，当球员的违规有助于他的伙伴的比赛时，这个伙伴要受到同样的处罚。如 A-B 方的两名伙伴都受到同样的处罚的场合包括：

A- B 方对抗 C-D 方的比赛中，球员 B 的球停在球洞旁边，并且所在的位置有助于球员 A 为推球进行瞄线。球员 C 要求球员 B 标记并拿起这个球。但是球员 B 拒绝拿起这个球。之后，球员 A 用球员 B 的球帮助自己瞄线并推了球。球员 B 要因未拿起这个有助于打球的球而按照规则 15.3a（推杆果岭上的球有助于打球）受到一般性处罚，因为这个违规有助于球员 A 的比赛，所以球员 A 也要受到一般性处罚。

A 无论出于任何原因故意站在了球员 B 的打球线在球后方的延长线上或其附近的地方时，球员 B 为推球采取了站位并且进行了击球。则球员 B 要因在球员 A 站在这样的位置时采取站位而违反了规则 10.2b（4），并且将受到一般性处罚。

再进一步，当球员 A 的推球与球员 B 的推球在相同的打球线上，并且当球员 A 站在球员 B 的打球线的延长线上时，球员 B 进行了击球，则球员 B 的违规有助于球员 A 的比赛，所以球员 A 要受到和球员 B 同样的处罚。

球员 A 的球出界，并且球员 A 决定要放弃该洞。球员 B 的球到球洞的距离与球员 A 的球相似。球员 A 在球员 B 的球旁边抛了一个球，然后打向推杆果岭，通过这样做来帮助球员 B 打球。因为该洞的比赛尚未完成并且结果尚未被决定，所以球员 A 之后打的球被视为练习，违反了规则 5.5a（一洞比赛中禁止练习击球）。由于球员 A 的练习有助于球员 B 的比赛，所以球员 B 也要受到一般性处罚。

释义 10. 哪些场合下，球员的违规会影响对手的比赛？

四球比洞赛中，当球员的违规影响了对手的比赛时，球员的伙伴也要受到同样的处罚。

例如，四球比洞赛中，A-B 方对抗 C-D 方。在一洞比赛期间，当全部四名球员都处于比赛中时，球员 A 向球员 C 或球员 D 提供了他的错误的已打杆数。C-D 方根据这个信息制定了他们的比赛策略，然后他们中的一名球员进行了击球。

球员 A 要因为没有提供正确的已打杆数而按照规则 3.2d（1）（告诉对手已打杆数）受到一般性处罚。因为这个违规影响了对手的比赛，所以球员 B 受到同样的处罚。A-B 方因此在该洞负。

释义 11. 球员脱离比赛后提供了错误的已打杆数或未告知对手所受的处罚，会被视作影响对手的比赛吗？

四球比洞赛中的球员在某个球洞脱离了比赛并且他提供了错误的已打杆数或者未告知对手其受到的处罚时，不会被视作影响了对手的比赛，因为该球员在该洞的成绩与这场比赛无关。

例如，四球比洞赛中，A-B 方对抗 C-D 方。球员 A 已经打了 3 杆，球员 B 打了 5 杆，球员 C 打了 4 杆，球员 D 已经捡起了自己的球。球员 B 导致了他的球移动并按照规则 9.4 被罚 1 杆。球员 B 没有告诉任何人他受到了处罚，把这个球放置回原位并进行了击球。球员 A 和球员 C 随后都击球进洞，成绩都是 5 杆。因为球员 B 没有把受到的处罚告诉 C-D 方，他要按照规则 3.2d 从该洞被取消资格。但是，因为球员 B 的成绩不影响该洞的比赛结果（基于球员 B 的成绩超过了 5 杆，球员 C 下一次击球进洞后成绩为 5 杆，并且球员 D 已经捡起了球），这个违规没有影响球员 C 或球员 D 的比赛。因此，对球员 A 不予处罚。

【本节习题】

“四球赛”讲课视频

一、单选题

1. 关于四人四球比赛，以下说法不正确的是：

A. 在比洞赛和比杆赛中，只要互为伙伴的两人中任何一人从一号洞开球，这一方的比赛即开始

B. 比洞赛中，只要一方赢了比赛，则这一方的一轮比赛结束

C. 在比洞赛或比杆赛中，一方的伙伴可以在任何时间随时加入比赛

D. 以上说法均不正确

2. 下列哪项有关四球比杆赛记分卡的描述是正确的?

A. 每个洞都必须录入两个伙伴的成绩

B. 提交的记分卡只需两个伙伴之间的一人签名证实

C. 若某一洞录入的两个伙伴的成绩，其中一个伙伴的成绩是真实的，另一个成绩低于真实成绩，则这一方要被取消资格

D. 以上说法都正确

3. 球员 A 和 B 互为伙伴参加四球比洞赛。在 10 号洞，对方的成绩已经是标准杆，球员 A 的成绩也已经是标准杆，球员 B 需要推进 3 码推杆赢下该洞。但球员 B 推杆用力过多，导致球未入洞并继续滚离球洞，在球即将滚出果岭的瞬间，球员 A 故意用脚停止了球员 B 的球。该如何处理?

A. 该一方在该洞负　　B. 球员 A 被罚 1 杆

C. 球员 A 和 B 都不被罚杆　　D. 球员 A 和 B 这一方被取消资格

4. 球员 A 和 B 互为伙伴参加四球比洞赛，对抗球员 C 和 D。在 10 号洞，对方的成绩已经是标准杆，球员 A 的成绩也已经是标准杆，球员 B 需要推进 3 码推杆赢下该洞。但球员 B 推杆用力过多，导致球未入洞并继续滚离球洞，在球即将滚出果岭的瞬间，球员 C 故意用脚停止了球员 B 的球。该如何判罚?

A. 球员 C 和 D 在该洞次

B. 球员 C 不被罚杆，双方在该洞打平

C. 球员 B 的推杆被取消，球员 B 必须重推

D. 球员 C 和 D 这一方被取消资格

5. 球员 A 和 B 互为伙伴参加四球比赛，以下哪种行为会被处罚？

A. 球员 A 的球童标记并拿起了球员 B 的球，球员 B 的球童把球放回原位，球员 B 完成了推球

B. 球员 A 的球童抛了球员 B 的球，球员 B 完成了击球

C. 球员 A 抛球，球落在补救区后碰到了球员 B 的球童，球最后静止在了补救区内，球员 A 完成了击球

D. 以上情景都会受到处罚

6. 球员 A 和 B 互为伙伴参加四球比杆赛，他们的第二打都没有上果岭，但停留在了果岭外可以用推杆的地方。球员 A 在使用推杆击球前，修复了果玲外、但在其打球线上了一个球的落痕，正好这个落痕也位于球员 B 用推杆击球的打球线上，该如何判罚？

A. 只有球员 A 要被罚 2 杆

B. 只有球员 B 要被罚 2 杆

C. 球员 A 和 B 都要被罚 2 杆

D. 球员 A 和 B 都不会受到处罚

二、判断题：

1. 在四球比杆赛中，一方的两名伙伴都必须在记分卡上面证实成绩。（　　）

2. 在四球比杆赛中，球员 A 和球员 B 互为伙伴。球员 A 的球受到异常球场状况的妨碍，按照规则采取补救时，球员 B 替球员 A 抛了球，球员 A 要被罚 1 杆。（　　）

3. 在四球赛中，球员针对其伙伴的球违反了规则，则其伙伴要受到处罚。（　　）

4. 在四球比赛中，球员 A 和 B 互为伙伴．在任一洞，A 和 B 两位伙伴的杆数相加之和为该一方在该洞的成绩。（　　）

5. 在四球比杆赛中，一方提交的记分卡只需每洞的成绩为该方在每洞最好的成绩，不必分辨出该成绩归属于哪位伙伴。（　　）

6. 在一次四球比洞赛中，球员 A 和 B 互为伙伴。球员 A 迟到了，他到达球场时，比赛已经在 3 号洞的过程中。球员 A 没有在这个洞加入比赛，但他在这个洞的过程中向球员 B 提供了助言。这种情况下，球员 A 和 B 都不受处罚。（　　）

7. 在一次四球比杆赛中，球员 A 和 B 互为伙伴，他们的开球时间为 9：00，球员 A 按时到达，并按出发员指令在 9：02 开始比赛。此时（9：02）球员 B 才到达，则 A 和 B 都要受到 2 杆的处罚。（　　）

第四节　团体赛（规则 24）

一、团体赛概述（规则 24.1）

一支“队伍（团队）”由一群球员组成，并与其他队伍对抗。这群球员可以单独参赛，也可以组成若干方参赛。他们在团队中的比赛也可以是同时进行的其他比赛（例如个人比杆赛等）的一部分。

规则 1~23 亦适用于团体赛，但根据以下特定规则做了适度调整。

二、团体赛的竞赛规程（规则 24.2）

委员会决定赛制、如何计算团队总成绩以及其他竞赛规程，例如：比洞赛中，每场比赛获胜或打平的得分；比杆赛中，用于计算各队总成绩所需成绩的数量；以及是否允许比赛以并列结束，如果不允许，如何决定并列。

三、队长（规则 24.3）

每支队伍可以指定一名队长，以便领导团队并代表团队做决定，例如团队中的哪些队员将参加哪些轮次或场次的比赛，他们比赛的出场顺序，以及团队中哪些球员作为伙伴参赛等。

队长可以是参赛的球员。

四、团体赛中允许的助言（规则 24.4）

（一）允许向队伍提供助言的人（助言人）

委员会可以采用一条当地规则，在一轮比赛中允许各队指定一人（助言人）向团队中的球员提供助言和规则 10.2b（2）所允许的其他帮助，团队中的球员亦可以向其征询助言：助言人可以是队长、教练或其他人（包括参加比赛的团队成员）；助言人在提供助言之前必须向委员会确认其身份；委员会可以允许在一轮比赛中或整个比赛期间变更助言人。

（注：委员会可以采用当地规则，允许各支队伍指定两名助言人。）

（二）对参赛助言人的限制

如果一支队伍的助言人是该队的参赛球员，他在进行其自身的一轮比赛中不允许行使助言人之职。出于应用规则 10.2a 限制助言的目的，这个助言人在进行其自身的一轮比赛中，与任何其他参赛的团队成员一样予以对待。

（三）除伙伴外，团队成员之间不得助言

除了在一方中一起比赛的伙伴，一名球员不得向正在球场上比赛的团队成员征询助言或提供助言。无论该团队成员在球场上与球员同组比赛或在另一组别比赛，上述规定均适用。

（注：在一些团体比杆赛中，一名球员在一轮比赛的成绩只是团体成绩的一部分时，委员会可以采用当地规则，允许同组比赛的团队成员之间互相提供助言，即使他们不是互为伙伴关系。）

违反本规则的处罚：一般性处罚。

规则 24

释义 1. 取消资格的处罚可能施加在团体赛的一轮或全部轮次的比赛中吗?

团体赛中，不使用全部成绩计算团体成绩时，如果一名球员在一轮比赛中被取消资格，则该取消资格的处罚仅施加在这场比赛的这一轮。

但是，如果一名球员因违反了行为准则而按照规则 1.2b 被取消资格，则要由委员会来决定这个取消资格的处罚是仅施加于本轮，还是整场比赛。

释义 2. 委员会可以规定对队长和助言人的限制吗?

委员会可以制定当地规则来限制谁可以担任队长或助言人，也可以限制队长或助言人的行为。限制的示例包括：

- 仅允许业余高尔夫球员担任队长和 / 或助言人。
- 明确队长和 / 或助言人不得在推杆果岭上提供助言。
- 助言必须亲自提供，不能通过无线电、电话或其他电子方式。

【本节习题】

"团体赛"讲课视频

一、单选题

以下关于允许向队伍提供助言的说法，哪项是正确的?

A. 助言人只能是队长或教练

B. 助言人在提供助言前，无须向委员会确认其身份

C. 委员会可以允许在比赛中变更助言人

D. 以上说法都正确

二、判断题

在一场计算个人比杆赛成绩的团队赛中，参赛球员可以接受任何队友任何时候的助言。 (　　)

第十三章　对残疾球员规则的修改（规则 25）

一、概述（规则 25.1）

规则 25 适用于所有比赛，包括所有的赛制。球员是否可以使用规则 25 中特定的修改规则，由该球员的残疾类别和资格决定。

规则 25 针对以下类别的残疾球员修改了部分规则：

（1）盲人球员（包括某些级别的视力障碍）；

（2）截肢球员（包括肢体缺陷和肢体缺失）；

（3）使用辅助移动设备的球员；

（4）智力残疾球员。

除上述四种类型外，规则不涉及其他类型的残疾，如神经、骨骼等方面的疾病，身材矮小或听力障碍等。有关出于医疗原因使用装备（球杆和球除外）的相关信息，参见规则 4.3b。

二、对盲人球员的规则修改（规则 25.2）

对于盲人球员（包括患有某些级别视力障碍的球员），规则 25.2 允许其可以同时获得辅助人员和球童的协助，可以在瞄准方面获得帮助，在沙坑内禁止用球杆触碰沙子方面给予一定程度的宽限，可以在拿起球、抛球、放置球和放置球回原位时获得帮助。

（一）辅助人员的帮助

盲人球员可以从以下几方面接受辅助人员的帮助：站位；击球前瞄准；征询和接受助言。

除规则 25.2e 中规定的例外情况外，辅助人员与规则中球童的身份一致（参见规则 10.3）。出于应用规则 10.2a（助言）的目的，球员可以同时向辅助人员和球童征询和获得助言。

（二）仅允许球员有一名辅助人员

盲人球员在同一时间内只能有一名辅助人员。

如果球员在同一时间有多于一名辅助人员，他在违规发生的每一洞都要受到一般性处罚，处罚方式与规则 10.3a（1）（球员在同一时间只能有一名球童）的规定一致。

（三）对规则 10.2b（3）（不得放置物品帮助瞄准、站位或挥杆）的修改

规则 10.2b（3）修改为：如果球员、球童或辅助人员放置物品帮助瞄准，或帮助为击球而进行站位（例如在地上放置球杆，为球员指示瞄准的方向或放置双脚的位置），不予处罚。但在击球前必须将该物品移走，否则，球员将因违反规则 10.2b（3）受到一般性处罚。

（四）对规则 10.2b（4）（球员击球前球童的受限区域）的修改

规则 10.2b（4）修改为：如果辅助人员或球童在球员击球前或击球过程中的任何时候位于打球线在球后方的延长线上或附近，只要他们没有在击球时帮助球员，就不予处罚。

（五）对规则 10.3（球童）的修改

盲人球员的辅助人员可以兼任球员的球童，但这不是必须的。球员可以在同一时间有辅助人员和球童，这种情况下：

（1）辅助人员不得携带或管理球员的球杆，但在引导球员，击球前帮助球员站位或瞄准，或者（按照球童定义的规定）出于礼貌帮助球员时除外。

（2）如果辅助人员违反本规则携带或管理了球员的球杆，该球员将因为在同一时间拥有两名球童而在发生违规的各洞受到一般性处罚［参见规则 10.3a（1）］。

（六）对规则 12.2b（1）（触碰沙子导致处罚）的修改

在击打沙坑内的球之前，盲人球员在以下场合用球杆触碰沙坑内的沙子不受处罚：

（1）在将球杆置于紧靠球前或球后的区域时；

（2）为击球而上杆时。

但在这样做时，球员不得将球位改善至超过将球杆轻放在地面上的效果。

球员仍然受到规则 12.2b（1）的限制：不得为测试沙子的状况而故意触碰沙坑内的沙子，也不得在试挥时用球杆触碰沙子。

（七）对规则 14.1b（可以拿起球的人）的修改

当球员的球位于推杆果岭上时，规则 14.1b 修改为：除球员的球童外，其辅助人员也可以不经球员授权拿起他的球。

（八）帮助球员抛球、放置球和放置球回原位

对于盲人球员，所有要求球员抛球、放置球和放置球回原位的规则均修改为：允许球员不受限制地给予他人通用性授权来为其抛球、放置球和放置球回原位。

三、对截肢球员的规则修改（规则 25.3）

规则 25.3 允许截肢球员（包括肢体缺陷和肢体缺失）使用假肢以及以固定球杆的方式击球，另外还允许其在抛球、放置球以及把球放置回原位时获得帮助。

（一）假肢的性质

只要球员出于医疗原因使用人造假肢（上肢或下肢），且委员会确定这样做并未使球员获得对其他球员的不公平优势（参加规则 4.3b），就不会违反规则 4.3。如果球员对于使用某种设备存有疑问，应当尽快向委员会征询意见。

使用假肢的球员仍然受到规则 4.3a 的限制，不得用异常方式使用装备。

（二）对规则 10.1b（固定球杆）的修改

如果肢体缺陷或肢体缺失致使截肢球员不固定球杆就无法握住和挥动其多数球杆，该球员即可以在击球时固定球杆，而无须受到规则 10.1b 的处罚。

（三）抛球、放置球和把放置球回原位时获得帮助

对于截肢球员，所有要求球员抛球、放置球和放置球回原位的规则均修改为：允许球员不受限制地给予他人通用性授权来为其抛球、放置球和放置球回原位。

（四）对定义“放置回（原位）”的修改

对于截肢球员，放置回（原位）的定义以及规则 14.2b（2）修改为：允许球员用手或使用其他装备把一个球放置回原位（例如用球杆拨球等方式）。

四、对使用辅助移动设备球员的规则修改（规则 25.4）

规则 25.4 允许使用辅助移动设备的球员可以同时获得一名辅助人员和一名球童的协助，并解释了球员可以如何使用辅助移动设备（例如轮椅、其他有轮移动设备、手杖和拐杖）来帮助其站位和击球，并对某些补救程序进行了修改。

规则 25.4 用于所有辅助移动设备，包括手杖、拐杖、轮椅和其他有轮移动设备（其中，规则 25.4m 和规则 25.4n 适用于轮椅和其他有轮移动设备）。

（一）辅助人员或任何其他人员的帮助

使用辅助移动设备的球员可以在以下三种情况接受来自辅助人员或任何其他人员（包括另一名球员）的帮助：

（1）在推杆果岭上拿起球：当球员的球位于推杆果岭上时，规则 14.1b 修改为：除球员的球童外，其辅助人员也可以不经球员授权拿起他的球。

（2）抛球、放置球以及把球放置回原位：所有要求球员抛球、放置球和放置球回原位的规则均修改为：允许球员不受限制地给予他人通用性授权来为其抛球、放置球和放置球回原位。

（3）将球员或设备定位：经规则 10.2b（5）允许，球员在击球前可以接受任何人的肢体协助，帮助其固定位置，或者帮助放置或移走辅助移动设备。

（二）辅助人员的助言

使用移动辅助设备的球员可以向辅助人员征询和获得助言，方式与规则 10.2a（助言）中的球员向球童征询和获得助言的方式一致。

辅助人员的身份性质与规则中规定的球童（参见规则 10.3）一致，但规则 25.4j 中描述的例外情况除外。

出于应用规则 10.2a（助言）的目的，球员可以同时向辅助人员和球童征询并获得助言。

（三）球员只允许有一名辅助人员

使用移动辅助设备的球员在同一时间只能有一名辅助人员。

如果球员在同一时间有多于一名辅助人员，他在违规发生的每一洞都要受到一般性处罚，处罚方式与规则 10.3a（1）（球员在同一时间只能有一名球童）的规定一致。

（四）对定义“站位”的修改

出于应用多条不同规则的目的，球员使用辅助移动设备可能会对其站位产生影响，例如按照规则 8.1a 确定预期站位区域，或者按照规则 16.1 确定是否存在异常球场状况的妨碍。

为解决此问题，将站位的定义修改为："球员在准备击球和击球时双脚和身体的位置，以及辅助移动设备的位置（基于实际使用）"。

（五）对定义"放置回（原位）"的修改

对于使用辅助移动设备的球员，放置回（原位）的定义以及规则 14.2b（2）修改为：允许球员用手或使用其他装备把一个球放置回原位（例如用球杆拨球等方式）。

（六）规则 4.3（装备的使用）的运用

规则 4.3 适用于辅助移动设备的使用：如果符合规则 4.3b 的标准，球员可以在其比赛中使用辅助移动设备，但使用辅助移动设备的球员仍然受到规则 4.3a 的限制，不得用异常方式使用装备。

（七）规则 8.1b（5）修改为：进行站位时允许使用辅助移动设备

按照规则 8.1b（5），如果球员进行站位时稳固地放置双脚，"包括在合理的范围内把双脚陷入沙子"时，即使改善了击球环境，也不予处罚。

对于使用辅助移动设备的球员，规则 8.1b（5）修改为："在合理的范围内把双脚陷入沙子"，包括在合理范围内将辅助移动设备陷入沙子中，以及在进行站位和试图避免滑倒时采用合理措施安放辅助移动设备。

但是，以上修改不允许球员为了防止辅助移动设备在挥杆过程中打滑而制造站位，例如制造一堆隆起的泥土或沙子来抵住设备。如果球员这样做，他将因为改变地表状况制造站位而违反规则 8.1a（3），要受到一般性处罚。

（八）对规则 10.1b（固定球杆）的修改

如果使用辅助移动设备导致球员不固定球杆就无法握住和挥动其多数球杆，该球员可以在击球时固定球杆，而不会受到规则 10.1b 的处罚。

（九）对规则 10.1c（跨立或者站在打球线上击球）的修改

考虑到辅助移动设备的使用，规则 10.1c 修改为：球员不得在击球时故意将其辅助移动设备的任何部分置于打球线或该线在球后方的延长线两侧，也不得故意使其触碰打球线或该线在球后方的延长线。

（十）对规则 10.3（球童）的修改

使用辅助移动设备的球员的辅助人员可以兼任球员的球童，但这不是必须的。球员可以在同一时间有辅助人员和球童，这种情况下：

（1）辅助人员不得携带或管理球员的球杆，但在击球前帮助球员进行站位或瞄准，或者（按照球童定义的规定）出于礼貌帮助球员时除外。但本规定不对规则 10.2b（3）（不得放置物品帮助瞄准、站位或挥杆）进行修改。

（2）如果辅助人员违反本规则携带或管理了球员的球杆，该球员将因为在同一时间拥有两名球童而在发生违规的各洞受到一般性处罚［参见规则 10.3a（1）］。

（十一）对规则 11.1b（2）的修改

对于使用辅助移动设备的球员，规则 11.1b（2）修改为：如果球员从推杆果岭上所打的运动中球意外撞到辅助移动设备，必须在现有位置打这个球。

（十二）使用辅助移动设备测试沙坑内沙子的状况时规则 12.2b（1）的运用

按照规则 12.2b（1），球员不得“用手、球杆、沙耙或其他物体故意触碰沙坑内的沙子，以测试这些沙子的状况，为下一杆击球获取信息”。该规定同样适用于使用辅助移动设备来测试沙子的状况。但球员可以出于任何其他原因使用辅助移动设备来触碰沙子而不受处罚。

（十三）使用有轮移动设备的球员：对红色罚杆区和不可打之球的侧面补救方式的修改

使用有轮移动设备的球员在按照红色罚杆区或不可打之球的侧面补救方式处理时，规则 17.1d（3）和规则 19.2c 修改为：允许的补救区范围从两支球杆长度扩大至四支球杆长度。

（十四）使用有轮移动设备的球员：对规则 19.3b（沙坑内不可打之球的补救）处罚的修改

使用有轮移动设备的球员对沙坑内的球进行不可打之球的补救时，规则 19.3b 修改为：球员可以接受一杆的处罚后，在沙坑外使用向后连线的方式补救。

五、对智力残疾球员的规则修改（规则 25.5）

对于智力残疾球员，规则 25.5 允许其可以同时获得辅助人员和球童的协助，并阐明了监管员的角色：不指定其为特定球员服务，也不允许其提供助言。

（一）辅助人员或监管员的协助

智力残疾球员需要的帮助范围因个体差异而不同。委员会可以提供或允许智力残疾球员有一名辅助人员或监管员：

1. 辅助人员帮助个体球员进行比赛并运用规则

（1）辅助人员与规则中球童的身份一致，但要受到规则 25.5c 的限制。

（2）出于应用规则 10.2a（助言）的目的，球员可以同时向辅助人员和球童征询并获得助言。

2. 监管员是由委员会指定的在整个比赛过程中协助智力残疾球员的人员

（1）监管员并非指定为某个特定球员服务，其角色是帮助任何有需要的智力残疾球员。

（2）出于应用规则的目的，监管员属于外部因素。

（3）球员不得向监管员征询或获得劝言。

（二）球员仅允许有一名辅助人员

智力残疾球员在同一时间内只能有一名辅助人员。如果球员在同一时间有多于一名辅助人员，他在违规发生的每一洞都要受到一般性处罚，处罚方式与规则 10.3a（1）（球员在同一时间只能有一名球童）的规定一致。

（三）规则 10.3（球童）的修改

智力残疾球员的辅助人员可以兼任球员的球童，但这不是必须的。球员可以在同一时间有辅助人员和球童，这种情况下：

（1）辅助人员不得携带或管理球员的球杆，但在击球前帮助球员站位或瞄准（如果得到委员会授权），或者按照球童定义的规定出于礼貌帮助球员时除外。但本规定不对规则 10.2b（3）（不得放置物品帮助瞄准、站位或挥杆）进行修改。

（2）如果辅助人员违反本规则携带或管理了球员的球杆，该球员将因为在同一时间拥有两名球童而在发生违规的各洞受到一般性处罚［参见规则 10.3a（1）］。

（四）对规则 14.1b（可以拿起球的人）的修改

当球员的球位于推杆果岭上时，规则 14.1b 修改为：除球员的球童外，其辅助人员也可以不经球员授权拿起他的球。

（五）同时有智力和肢体残疾的球员

对于同时有智力和身体残疾的球员，建议委员会使用规则 25 中多款规则的组合，以确保两种类型的残疾均可被覆盖。

六、对所有残疾类别的通用规定（规则 25.6）

（一）过度延误比赛

在过度延误比赛方面对残疾球员执行规则 5.6a 的禁令时，委员会应当根据球场难度、天气状况（要考虑其对使用辅助移动设备产生的影响）、比赛的性质以及参赛球员的残疾程度来酌情设定合理的标准。

考虑到以上因素，委员会对过度延误使用更宽松一些的标准会更加合适。

（二）抛球

执行规则 14.3b（必须用正确的方式抛球）时，身体方面的限制可能会使某些类型的残疾球员很难或不可能知道自己是否从膝盖高度抛了球，此时委员会应当接受球员（关于在膝盖高度抛球）的合理判断。同样，考虑到球员身体方面的限制，委员会也要接受其为了从膝盖高度抛球而做出的所有努力。

第十四章　差点系统的运用与管理

第一节　差点系统简介

一、差点系统概述

建立差点系统的目的是允许水平不同的所有业余高尔夫球员能在任何球场公平竞争，从而使高尔夫运动更加富于乐趣。无论球员水平如何，差点系统均可为他提供合理的个人差点指数，并随球员打球水平的改变作相应调整。差点指数建立过程中将忽略一些与球员潜在打球水平不符的偏高成绩，并保持连续性。

使用差点系统并建立个人差点指数的前提条件是：每一位业余球员无论在哪里打球，都尽量在每场球的每一洞打出其最好成绩，并提交所有符合要求的成绩，以配合完成球友监督程序（即提交完整且准确的记分卡）。

由高尔夫球会或授权的高尔夫协会发给业余球员的差点指数，是可以体现球员打球水平的数值，含小数点后一位，例如：9.2。差点指数使一个普通球员可将其在标准难度的球场打球的成绩与高水平业余球员相比较，球员可根据球场难度的不同，以及同一球场的不同发球台的难度不同，将其差点指数换算为相应的球场差点，并以此决定他在该球场打球能够取得的让杆数。球员将每次的打球成绩连同相应的球场评定值一同提交，从而建立个人的成绩记录。一个差点指数是从最近的不多于 20 次的成绩记录中计算出来的。由于差点指数是从所提交的一定次数的打球成绩中选择出若干个最好的计算得出，（最理想的情况是从最近的 20 次成绩的差点微分中选择 10 个最低的），因此它可反映出该球员当前的潜在打球能力。

二、球场难度评定办法

球场难度评定值是对一个球场与其他已评定过的高尔夫球场之间打球难度相比较的评估值，目的在于为差点计算提供一个统一标准。球场难度评定是一个属于美国高协（USGA）的服务项目，并可与 USGA 差点系统配套使用。现今国际上大部分国家使用 USGA 球场评定系统。

（1）USGA 球场难度值（USGA COURSE RATING）是根据 USGA 标准，基于球场长度和其他场上障碍物对零差点球员打球水平的影响而推算出的。是球场在正常的球场和气候条件下，以零差点球员（SCRATCH GOLFER）打球成绩为基础评定出的球场难度值。它是一个保留到小数点后一位的数值，是根据球道长度和其他障碍系数总结出对零差点球员打球成绩的影响，并套用一定的公式而得出的。

（2）USGA 坡度难度值（USGA SLOPE RATING）是 USGA 标准下用于衡量对于非零差点球员打球的球场难度值。最低的球场坡度难度值是 55，最高是 155。一个标准难度的球场其坡度难度值对男子、女子球员而言均为 113。

进行球场评定时将针对零差点球员（SCRATCH GOLFER）和普通差点球员（BOGEY PLAYER，男子 17.5–22.4，女子 21.5–36.4）在该球场的打球能力评定每组发球台。在某一球场打球，零差点球员与普通差点球员的成绩相差越多，USGA 坡度难度值越高，球员在该球场能够得到的让杆数就越多。反之，两者成绩相差越少，USGA 坡度难度值越低，球员在该球场得到的让杆数也越少。

（3）球场评定所依据的因素及公式。

①有效击球距离。评定小组将在每洞的测量长度基础上，按照几项影响打球距离的因素评估出有效击球距离，影响因素包括：不同球道条件增加或减少球的滚动距离、发球台与球洞区之间的高度对比，即上坡或下坡增加或减少击球距离、狗腿洞弯度或场上其他影响状况（如水塘、沙坑等）位置迫

使球员缩短击球距离、主要风向和风力以及海拔对球飞行距离的影响等。

②障碍修改系数。针对零差点球员和普通差点球员按照系统设定的标准逐洞评估球场障碍影响因素，并代入计算公式计算出障碍修改系数。障碍影响因素包括：球道地形、球道落球区宽度、推杆果岭目标、长草区击球难易度、沙坑位置及大小、界外及特长草区、罚杆区、树木分布、推杆果岭坡度及大小、心理因素等。

第二节　球员如何获得差点

一、根据球员提交的平日打球成绩计算差点指数

1. 选取记分卡

按照下表选择用于计算差点指数的记分卡：

提交的记分卡数量（张）	选用的记分卡数（张）
5 or 6	最低的 1 张
7 or 8	最低的 2 张
9 or 10	最低的 3 张
11 or 12	最低的 4 张
13 or 14	最低的 5 张
15 or 16	最低的 6 张
17	最低的 7 张
18	最低的 8 张
19	最低的 9 张
20 或更多	最低的 10 张

2. 计算记分卡成绩的差点微分

差点微分 =（调整后的总杆 − USGA 球场难度值）X113 ÷ USGA 球场坡度难度值。

如一名球员在某球场打球，该球场的 USGA 球场难度值为 71.5，球场坡

度难度值为 125。球员完成 18 洞后，提交的成绩为 95 杆：

总杆 - 球场难度系数：	95−71.5=23.5
差值 × 标准坡度系数：	23.5 × 113=2655.5
乘积 ÷ 球场坡度系数：	2655.5 ÷ 125=21.244
保留一位小数得出成绩的差点微分：	21.2

3. 计算差点指数

（1）差点微分乘以 0.96，保留一位小数。

（2）如有多张记分卡：累计差点微分之和，计算差点微分之平均值，用平均值乘以 0.96 保留一位小数。

二、球员的差点指数如何转换成球场差点

像大多数的业余高尔夫球友一样，当你在难度高的球场打球时，你需要的让杆数就多，反之在较容易的球场打球需要的让杆数就少。但如何得到准确地让杆呢？这时就需要用上你的差点指数了。差点指数是一种十分方便的工具，可以让球友在不同球场或同一球场不同的发球台打球时，根据球场或发球台难度的不同换算出相应的准确的差点让杆数。

对于难度不同的球场将如何调整差点让杆数呢？美国高协（USGA）发明了一种被称为“坡度”（Slope）的概念。在对每个球场的每个发球台作难度评定时，将分别根据零差点球员（Scratch Golfer）和普通球员（Bogey Golfer）的打球成绩得出相应的难度值。两种难度值之间的差值越大，坡度难度值（Slope Rating）就越高，球员在该发球台打球得到的让杆数也就越多。反之坡度难度值越低，球员得到的让杆数也就越少。球场最低的坡度难度值是 55，最高是 155。当球员到某球场打球时，可以用自己的差点指数根据球场提供的球场差点换算表换算成所在球场及发球台的球场差点，即当日打球所使用的差点让杆数。如果球场不能提供球场差点换算表，球员也可以通过下列公式来自行计算：

球场差点（保留到整数位）= USGA 差点指数 × 发球台坡度难度值 ÷ 113

例如：球员 A 的 USGA 差点指数是 11.6，球员 B 是 17.8。周二他们约好

在某平原高尔夫球会白色发球台比试一下，这是一个难度较低的球场，白色发球台的坡度难度值是 75。从球会的球场差点换算表中，球员 A 查到自己当天的球场差点是 8，球员 B 查到自己的球场差点是 12。那么球员 B 在周二这天从白色发球台打球时，总共能从 A 那里得到 4 杆让杆（12−8=4）。

周三，这两位球友又相约到较远的某滨海高尔夫俱乐部较量一番。这个球场相对平原球会难度高一些，属于标准难度的球场，他们决定当天打蓝色发球台，其坡度难度值是 113。球员 A 从球会的球场差点换算表中查出自己当日使用的球场差点是 12，（注意，比他在某平原球场得到的差点高出 4 杆，原因是某滨海球场难度值较高），球员 B 也得到自己的当日球场差点 18。球员 B 在这一天从某滨海球会蓝色发球台打球总共能从球员 A 那得到 6 杆让杆（18−12=6）。

周四，两位打球的伙伴球兴正浓，意犹未尽，他们又来到更远的某山地高尔夫度假村决定再一争高下。某山地高尔夫度假村球场难度极高，他们当天使用的蓝色发球台坡度难度值达到 144。球员 A 从球场差点换算表中查出他的当日球场差点是 15，比在前一日的某滨海球场又高出 3 杆。球员 B 的当日球场差点是 23，比他在前一日的某滨海球场时高出 5 杆。球员 B 当天总共能从同伴那得到 8 杆让杆（23−15=8）。

从以上两位球友的几次打球经历我们可以看出差点指数大致是如何应用的。请注意，随着球场难度的增加，差点指数高的球员从同伴那里得到的让杆数也会逐渐增加（从 4 杆到 6 杆，再到 8 杆）。所以无论你在哪个球场打球或用哪一组发球台打球，只要有了差点指数这个可以跟随球员到处旅行打球的“法宝”，球员就能够安心打球，充分享受与同伴平等竞技的乐趣。

第三节　差点系统在比赛中的应用

一、拥有差点指数是参加比赛的前提条件

美国高协 USGA 建议任何由高尔夫球会、高尔夫球协会和其他团体组织

的正规业余高尔夫球比赛都应将拥有有效 USGA 差点指数作为取得参赛资格的前提条件，从而保证比赛的公正性。竞赛委员会对球员所提交的差点指数有如下要求：

（1）差点指数必须处于有效期：球员在报名参加比赛时，他所提交的差点指数必须是处于有效期的，即是最近的差点指数更新日之后获得的最新差点。否则将视为无效。

（2）经差点委员会调整过的球员差点指数经过差点委员会调整降低的球员的 USGA 差点指数可作为有效的 USGA 差点指数使用；如果由于球员平日打球虚报成绩，差点委员会将其差点指数升高，这种调整后的差点指数可以视为有效的 USGA 差点指数在比赛中使用。除此以外其他原因造成的差点委员会经过调整增加的球员差点指数都将被作为当地差点（Local Handicap），该差点指数能否批准被用于比赛应由竞赛委员会决定。

二、比赛中使用有效的差点指数

（1）比赛开始时的差点指数球员在比赛开始时所使用的 USGA 差点指数应经过竞赛委员会的认证，其使用的差点指数在比赛开始当日必须是有效的。

（2）竞赛委员会赛前应公布比赛条件。竞赛委员会应在赛前公布的竞赛条件中写明球员在比赛中是否应该使用变化了的差点指数。USGA 建议如果条件允许，每个球员在比赛的每一轮都使用其在当日有效的 USGA 差点指数。这样，如果某个比赛的前后时间正好跨越了一次差点更新日，那么在该日期之后的各轮比赛球员应使用新的差点指数。

（3）参赛球员持有两个或以上的 USGA 差点指数如果某个球员属于多个高尔夫球会，由于各个球会的差点指数更新日期不同他持有两个或以上不同的 USGA 差点指数，且其他参赛球员分别来自不同的球会，此时竞赛委员会应要求该球员在比赛中使用最低的一个 USGA 差点指数。

三、比赛中差点让杆的常见分配方法

1. 比赛中如何决定球员得到或给出的让杆数

如果差点让杆是在总杆成绩中使用（如个人比杆赛），竞赛委员会应负责将球员当日球场差点写在球员记分卡上。对于那些只在特定的球洞才产生让杆的比赛形式，委员会应在赛前确定并公布正式的18洞差点让杆值的先后顺序，或要求球员按照记分卡上已分配好的球洞差点让杆值的次序决定让杆。例如：某球员在比赛中能得到总共3杆让杆，那么他应在差点让杆值分别是1、2、3的三个洞上每洞各得到一杆让杆。在男女混合的比赛中如果每个球员只打自己的球，且球洞差点让杆值的分配相对男女选手有所不同，球员将按照其各自的球洞差点让杆值获得让杆。在男女混合的、同队球员可选择最佳击球位置的队际比洞赛中，应按照男子的球洞差点让杆值来决定何时获得让杆。

对于球场差点低于零的球员，则应从最后需要让杆的洞，即球洞差点让杆值是18的洞开始依次向前，逐洞在其打球成绩基础上每洞各加上一杆。例如：当有球场差点低于零的球员参加配对比杆赛时，球场差点是负1的一队在打到18洞中球洞差点让杆值定为18的那一洞时，其所得成绩应再加上一杆。而在比洞赛中如果差点较低的一方其球场差点是负1，该方球员按照零差点参赛，对方球员则在其球场差点上另加一杆。

2. 不同比赛形式中球员的差点让杆分配

球员的USGA差点指数所涉及的是其18洞成绩。虽然大型赛事多是由一轮以上的比赛所组成，以下提到的比赛中的差点分配都应只用于一轮18洞的比赛，也就是说每一轮18洞比赛中球员的差点让杆分配都应独立确定。

（1）个人比赛中参赛球员从不同的发球台开球：通常球场不同的发球台USGA球场难度值也不同。由于球场难度值反映的是零差点球员可能的打球成绩，球场难度值较高的发球台说明其难度较大，从难度值较高的发球台打球的球员应得到与发球台之间球场难度值的差值（四舍五入取整）相同的让杆数。

例1：在由男子参加的比赛中双方球员分别从白色（中部）和蓝色（后部）发球台打球，白色发球台的球场难度值是70.3，蓝色发球台球场难度值是72.6，则从蓝色发球台打球的球员应在其原有球场差点中加上2杆（72.6−70.3=2.3四舍五入取整）。

例2：男子与女子球员同场竞技，规定女子从红色（前方）发球台打球，其对女子而言的球场难度值是 73.4，男子球员则从对男子球员的球场难度值为 70.9 的白色（中部）发球台打球。女子球员在参加比赛时应在各自的球场差点中额外加上 3 杆（73.4−70.9=2.5 四舍五入取整）

（2）个人比赛中参赛球员从相同的发球台开球：男子对女子同一发球台对男子球员和女子球员的球场难度值是不同的，通常是相对女子的球场难度值较高，所以，当比赛中男子和女子球员从同一发球台打球时，女子球员应得到与双方球场难度值之差（四舍五入取整后）相同的额外让杆数。

例如：比赛中男子与女子双方球员从同一发球台打球，该发球台对女子的难度值是 77.3，男子的难度值是 70.9，参赛的女子球员应在各自的球场差点中额外加上 6 杆（77.3 − 70.9 = 6.4 四舍五入取整）。

【思考题（作业）】

1. USGA 差点系统设置和使用的目的是什么？
2. 球场如何评定球场难度值和坡度难度值？
3. USGA 差点指数的计算公式。
4. 球场间的差点如何换算？

参考文献

［1］R & A 规则有限公司，美国高尔夫球协会 .New Rules of Golf for 2023.

［2］R & A，USGA.Official Guide to the Rules of Golf 2019.

［3］李今亮 . 高尔夫球规则教程［M］. 南宁：广西人民出版社，2016.

［4］张国华 . 高尔夫球运动规则及案例解析［M］. 广州：暨南大学出版社，2020.

附录　《高尔夫球规则》2023 版

规则 1　高尔夫球运动、球员的行为和规则

1.1 高尔夫球运动

1.2 球员的行为标准

1.3 遵照规则打球

规则 2　球场

2.1 球场的边界线和界外

2.2 规则划分的球场区域

2.3 可能妨碍打球的物体或状况

2.4 禁打区

规则 3　高尔夫球比赛

3.1 所有比赛的核心要素

3.2 比洞赛

3.3 比杆赛

规则 4　球员的装备

4.1 球杆

4.2 球

4.3 装备的使用

规则 5 一轮比赛

5.1“轮”的含义
5.2 一轮比赛之前或两轮比赛之间在球场内练习
5.3 开始和结束一轮比赛
5.4 按组别比赛
5.5 一轮比赛期间或中止比赛期间练习
5.6 过度延误；快速打球
5.7 中止比赛；恢复比赛

规则 6 一洞比赛

6.1 开始一洞的比赛
6.2 从发球区打球
6.3 一洞比赛中使用的球
6.4 一洞比赛期间的打球顺序
6.5 完成一洞比赛

规则 7 寻找球：找到和辨认球

7.1 适度寻找球的方式
7.2 辨认球的方式
7.3 拿起球辨认
7.4 试图找到或辨认球时意外移动了球

规则 8 在球场的现有状况下打球

8.1 球员改善击球环境的行为

8.2 球员为影响自己的静止中球或后续击球而故意改变其他客观环境的行为

8.3 球员为影响另一名球员的静止中球或后续击球而故意改变客观环境的

行为

规则 9　在球的现有位置打球；静止中球被拿起或移动

9.1 在球的现有位置打球
9.2 判定球是否移动以及导致其移动的原因
9.3 球被自然力移动
9.4 球被球员拿起或移动
9.5 比洞赛中球被对手拿起或移动
9.6 球被外部因素拿起或移动
9.7 球标被拿起或移动

规则 10　准备击球与击球；助言与帮助；球童

10.1 击球
10.2 助言与其他帮助
10.3 球童

规则 11　运动中球意外撞到人、动物或物体；故意影响运动中球的行为

11.1 运动中球意外撞到人或外部因素
11.2 运动中球被人故意变向或停止
11.3 故意移走物体或改变环境以影响运动中球

规则 12　沙坑

12.1 球位于沙坑内的条件
12.2 击打沙坑内的球
12.3 对沙坑内的球进行补救的特别规则

规则 13　推杆果岭

13.1 推杆果岭上允许或要求的行为

13.2 旗杆

13.3 球悬在球洞边

规则 14　球的处置程序：标记、拿起和擦拭球；放置球回原位；在补救区内抛球；从错误的地方打球

14.1 标记、拿起和擦拭球

14.2 放置球回原位

14.3 在补救区内抛球

14.4 初始球脱离比赛状态后球员再次拥有比赛中球的方式

14.5 纠正替换球、把球放置回原位、抛球或放置球过程中的错误

14.6 从上一杆击球的地点打下一杆

14.7 从错误的地方打球

规则 15　散置障碍物和可移动妨碍物（包括有助于或妨碍打球的球或球标）的补救

15.1 散置障碍物

15.2 可移动妨碍物

15.3 球或球标有助于或妨碍打球

规则 16　异常球场状况（含不可移动妨碍物）、危险动物情景及陷入地面的球的补救

16.1 异常球场状况（含不可移动妨碍物）

16.2 危险动物情景

16.3 陷入地面的球

16.4 拿起球查看其是否位于允许补救的状况内

规则 17　罚杆区

17.1 球位于罚杆区内的选项

17.2 从罚杆区打球后的选项

17.3 球在罚杆区内不适用的补救规则

规则 18　一杆加距离补救；球遗失或出界；暂定球

18.1 任何时候都允许按照一杆加距离的处罚进行补救
18.2 球遗失或出界：必须进行一杆加距离补救
18.3 暂定球

规则 19　不可打之球

19.1 球员可在除罚杆区之外的任何地方决定进行不可打之球的补救
19.2 普通区或推杆果岭上不可打之球的补救选项
19.3 沙坑内不可打之球的补救选项

规则 20　解决一轮比赛中的规则问题；裁判员和委员会的裁决

20.1 一轮比赛中解决规则问题
20.2 裁决
20.3 规则未涉及的情况

规则 21　个人比杆赛和比洞赛的其他赛制

21.1 定分式比赛
21.2 封顶赛
21.3 标准杆比赛 / 波基比赛
21.4 三球比洞赛
21.5 其他赛制

规则 22　四人二球赛（也称轮换击球赛）

22.1 四人二球赛的概述
22.2 任何一名伙伴均可代表本方行动
22.3 一方必须轮换击球
22.4 开始一轮比赛

22.5 伙伴可以共用球杆
22.6 对球员在伙伴击球时站在其后方的限制

规则 23 四球赛

23.1 四球赛概述
23.2 四球赛的记分
23.3 一轮比赛开始和结束的时间；完成一洞的时间
23.4 一方可由一名或两名伙伴代表
23.5 球员影响伙伴比赛的行为
23.6 一方的打球顺序
23.7 伙伴可以共用球杆
23.8 对球员在伙伴击球时站在其后方的限制
23.9 处罚仅施加于一名伙伴或施加于所有两名伙伴的场合

规则 24 团体赛

24.1 团体赛概述
24.2 团体赛的竞赛规程
24.3 队长
24.4 团体赛中允许的助言

规则 25 对残疾球员规则的修改

25.1 概述
25.2 对盲人球员的规则修改
25.3 对截肢球员的规则修改
25.4 对使用辅助移动设备球员的规则修改
25.5 对智力残疾球员的规则修改
25.6 对所有残疾类别的通用规定

练习题参考答案

第四章　高尔夫球运动的基本原则

第一节

答案：1. D　2. B　3. C　4. A　5. B　6. B // 1. 错误　2. 错误　3. 正确

第二节

答案：1. B　2. A

第三节

答案：1. D　2. C　3. B　4. C　5. C // 1. 正确　2. 正确　3. 错误　4. 正确

第四节

答案：1. B　2. A　3. A　4. B // 1. 正确　2. 错误　3. 错误　4. 正确

第五章　一轮和一洞比赛

第一节

答案：1. B　2. A　3. A　4. B　5. A　6. B // 1. 错误　2. 正确　3. 正确　4. 错误

第二节

答案：1. C　2. B　3. A　4. B　5. B　6. B // 1. 错误　2. 正确　3. 正确　4. 错误

第六章　关于打球

第一节

答案：1. C　2. C　3. B　4. B　5. C　6. C // 1. 正确　2. 错误　3. 正确

4. 错误

第二节

答案：1. B 2. B 3. C 4. B 5. C 6. B // 1. 错误 2. 错误

第三节

答案：1. C 2. D 3. C 4. D // 1. 错误 2. 错误 3. 正确 4. 错误 5. 错误 6. 错误 7. 正确

第四节

答案：1. D 2. B 3. D 4. B 5. A // 1. 错误 2. 正确 3. 错误 4. 正确 5. 错误 6. 错误

第五节

答案：A // 1. 错误 2. 正确 3. 错误 4. 错误 5. 正确

第七章 沙坑和推杆果岭的特定规则

第一节

答案：1. C 2. C // 1. 正确 2. 错误 3. 正确 4. 错误 5. 正确

第二节

答案：A // 1. 错误 2. 正确 3. 错误 4. 错误 5. 错误 6. 正确 7. 错误 8. 错误 9. 错误 10. 正确 11. 正确 12. 正确 // 1. 略 2. 略 3. 略

第八章 拿起球、抛球和放置球；从错误的地方打球

答案：1. D 2. C 3. D 4. C 5. D 6. C 7. C // 1. 正确 2. 正确 3. 错误 4. 正确 5. 错误 6. 正确 7. 正确 8. 错误 // 1. 略 2. 略 3. 略

第九章 免罚补救

第一节

答案：1. D 2. C 3. B 4. A 5. B 6. C 7. A // 1. 正确 2. 错误 3. 正确 // 1. 略 2. 略

第二节

答案：1. D 2. B 3. C // 1. 错误 2. 错误 // 略

第十章　罚杆补救

第一节

答案：1. C　2. A // 1. 正确　2. 正确　3. 错误　4. 正确　5. 错误　6. 正确　7. 正确　8. 正确　9. 错误

第二节

答案：C // 1. 正确　2. 正确

第三节

答案：B // 正确

第十一章　争议与裁决

答案：1. B　2. A // 1. 错误　2. 正确　3. 错误　4. 正确

第十二章　其他赛制

第一节

答案：1. B　2. B　3. D　4. C // 1. 错误　2. 正确

第二节

答案：C // 1. 正确　2. 正确　3. 错误　4. 错误　5. 正确　6. 错误　7. 错误　8. 正确

第三节

答案：1. C　2. B　3. C　4. B　5. B　6. C // 1. 错误　2. 错误　3. 正确　4. 错误　5. 错误　6. 正确　7. 错误

第四节

答案：C // 错误

项目策划：段向民
责任编辑：孙妍峰
责任印制：钱　宬
封面设计：武爱听

图书在版编目（CIP）数据

高尔夫球规则与裁判 / 高元龙主编 ; 楼恒阳， 盛炜垚， 何兵雄副主编． -- 北京 : 中国旅游出版社， 2024.8
高尔夫球运动与管理专业精品教材
ISBN 978-7-5032-7323-0

Ⅰ．①高… Ⅱ．①高… ②楼… ③盛… ④何… Ⅲ．①高尔夫球运动－竞赛规则－教材 Ⅳ．①G849.34

中国国家版本馆 CIP 数据核字（2024）第 094882 号

书　　名：高尔夫球规则与裁判

主　　编：高元龙
副 主 编：楼恒阳　盛炜垚　何兵雄
出版发行：中国旅游出版社
（北京静安东里 6 号　邮编：100028）
https://www.cttp.net.cn　E-mail:cttp@mct.gov.cn
营销中心电话：010-57377103，010-57377106
读者服务部电话：010-57377107
排　　版：北京旅教文化传播有限公司
经　　销：全国各地新华书店
印　　刷：三河市灵山芝兰印刷有限公司
版　　次：2024 年 8 月第 1 版　2024 年 8 月第 1 次印刷
开　　本：720 毫米 × 970 毫米　1/16
印　　张：21.5
字　　数：341 千
定　　价：59.80 元
ISBN　978-7-5032-7323-0

版权所有　翻印必究
如发现质量问题，请直接与营销中心联系调换